JOSHUA LEVINE ha escrito siete libros superventas que relatan historias, además de siete títulos en la serie Forgotten Voices. *Beauty and Atrocity,* su recapitulación del conflicto de Irlanda del Norte, fue nominado para el premio Libro del Año del Sindicato de Guionistas. *On a Wing and a Prayer,* su historia de los pilotos de la I Guerra Mundial, se convirtió en un documental televisivo importante. Ha escrito y presentado varios programas para Radio 4 de la BBC. Recientemente ha actuado de consultor histórico para la producción de la película de Christopher Nolan *Dunkerque.* Nació en las Bahamas, y ejerció de abogado criminal en una vida anterior. Joshua Levine vive en Londres.

ELOGIOS PARA JOSHUA LEVINE:

«Joshua Levine tiene un don natural
para la descripción narrativa».
Daily Express

«Fascinante y tremendamente entretenido».
Observer

«Un retrato de primera clase de un momento
traumático y trágico».
Sunday Telegraph

DUNKERQUE

INCLUYE UNA ENTREVISTA EXCLUSIVA CON
EL DIRECTOR DE LA PELÍCULA, CHRISTOPHER NOLAN

JOSHUA LEVINE

DUNKERQUE

LA HISTORIA QUE INSPIRÓ LA PELÍCULA

HarperCollins *Español*

Editora en Jefe: *Graciela Lelli*
Adaptación del diseño al español: *M.T. Color y Diseño, S.L.*

ISBN: 978-1-41859-778-8

Impreso en Estados Unidos de América
17 18 19 20 21 DCI 6 5 4 3 2 1

A Lionel, que me sirvió de inspiración.

A Peggy, a la que quisiera inspirar.

Y a Philip Brown, Eric Roderick, Harold «Vic» Viner
y Charlie Searle, con gratitud.

CONTENIDO

PREFACIO

Una tarde, estando en los Archivos Nacionales en Kew, abrí un legajo que contenía un informe del comandante Michael Ellwood, responsable de comunicaciones durante la evacuación de Dunkerque. En él, hablaba de pasada de un radiotransmisor Marconi que pudo emplear apenas unas horas debido a que se averió porque había entrado «arena en el generador».

Aquello me sorprendió. ¿Cómo es posible que entrara arena en un equipo cuyo uso era tan necesario en esos momentos? El Marconi TV5 era un cajón de buen tamaño, y enseguida me acordé de Laurel y Hardy transportando un piano en *Con la música a otra parte*. ¿Se les habría caído en la playa a dos marineros especialmente torpes? ¿Les había gritado el capitán William Tennant, responsable naval de la evacuación, al enterarse de lo que habían hecho con el único radiotransmisor que tenía a mano? ¿O quizá no se lo dijeron, con la esperanza de que otro cargara con las culpas?

Un tiempo, en mayo de 2016, me hallaba a la entrada del espigón de Dunkerque, muy cerca de donde el capitán Tennant había instalado su puesto de mando. Al mirar a mi alrededor, podía ver tramos de la playa atestados de soldados, o de hombres que parecían soldados. Había buques de guerra anclados mar adentro y un barco hospital blanco, claramente señalizado con cruces rojas, atracado al final del espigón. Un humo negro se agitaba a lo lejos, y del paseo marítimo había desaparecido todo rastro de las últimas décadas del siglo xx. Así debía de ser Dunkerque a finales de mayo de 1940.

Hubo algo que me llamó especialmente la atención. Se había levantado el viento y la arena azotaba por doquier, metiéndose en los ojos y entre el pelo. La mayoría de la gente llevaba gafas protectoras y se cubría la cara, y de pronto me di cuenta de que aquella radio Marconi TV5 *no se le cayó a nadie*. Los marineros patosos que yo había imaginado nunca existieron. La arena se introdujo en el generador en mayo de 1940 igual que ahora se me metía a mí en los ojos y en las orejas. Mi estancia en Dunkerque me enseñó cosas acerca de la evacuación que no habría descubierto de otro modo.

De ahí que animaría a visitar Dunkerque a todo aquel que esté interesado en la historia de la evacuación. Caminar por las playas y recorrer el espigón, explorar el perímetro defensivo en el que las tropas británicas y francesas mantuvieron a raya a los alemanes, visitar el estupendo Museo de la Guerra, el conmovedor cementerio y la iglesia de Saint-Éloi, con sus paredes acribilladas de balazos y metralla... Son cosas que hacen que lo ocurrido en mayo y junio de 1940 cobre vida de nuevo. El paisaje conserva dentro de sí la historia y rellena las lagunas que no suplen las palabras.

Con este libro he tratado de contar las cosas de otro modo, o al menos de ampliar el relato de lo que sucedió en Dunkerque. Del mismo modo que visitar aquellas playas cambia nuestra forma de ver la evacuación, este libro trata de explicar los acontecimientos históricos situándolos en un contexto más rico, no solo en el plano militar, sino también político y social. En él intento explicar cómo era ser un joven soldado en 1940 y la importancia que cobró la cultura juvenil, en sus diversas manifestaciones, durante el periodo de entreguerras. Me centro principalmente en los combates (y a veces en la falta de ellos) que condujeron a la evacuación, e indago en las repercusiones que ha tenido la Operación Dinamo a lo largo del tiempo, entre ellas la más reciente: la película de Chris Nolan estrenada en 2017.

He tenido la fortuna de trabajar como asesor histórico de dicha película. Fue un auténtico placer, en parte porque disfruté conociendo a tantas personas interesantes y entusiastas, pero sobre todo porque el film recrea de un modo excepcional un fragmento de la historia infravalorado en la actualidad. En el último capítulo de este libro se explican los desvelos del director, la productora y los jefes de departamento por ser lo más fieles posibles a la realidad histórica. Su labor ha permitido recrear el espíritu de la evacuación con una viveza y fidelidad que considero inigualables. El resultado nos permite experimentar la historia tal y como fue: una ardua y desesperada lucha por la supervivencia que impidió el triunfo de la tiranía.

No puede haber nada más importante. Desearía que todos recordáramos, al ver la película, que sin los verdaderos Tommy, George y Alex hoy en día viviríamos en un mundo mucho más sombrío. Y algunos de nosotros no existiríamos.

Joshua Levine
Abril de 2017

*No la veo como una película
de guerra.
La veo como una historia
de supervivencia.*

JOSHUA LEVINE ENTREVISTA
AL DIRECTOR
CHRISTOPHER NOLAN

Joshua Levine: Eres un inglés, que trabaja en Estados Unidos. Cuando dijiste que querías llevar este tema tan británico a la gran pantalla, ¿cómo fue acogida tu idea?

Christopher Nolan: Terminé el guion antes de decírselo a nadie. Emma [Thomas, productora de *Dunkerque*] sí lo sabía. Fue ella quien me dio a leer tu libro [*Forgotten Voices of Dunkirk*] en un principio. Hicimos la travesía del Canal hace muchos años, con un amigo nuestro que sale en la película, en uno de los barcos. Queríamos recrear ese viaje histórico. Fue una de las experiencias más difíciles y, francamente, más inquietantes que he tenido jamás. Me alegré muchísimo de llegar de una pieza, y eso que a nosotros nadie nos tiraba bombas. Solo estábamos, literalmente, el Canal, los elementos y nosotros tres en aquel barquito.

JL: ¿Hicisteis la travesía a modo de homenaje?

CN: Sí. La hicimos un poco pronto, en Pascua. Creo que era abril y no mayo. Hacía bastante frío y fuimos a Dunkerque expresamente para eso, aunque no como grandes apasionados de la historia. Sabíamos lo que había pasado, habíamos crecido oyendo hablar de ello y nuestro amigo tenía un velero y nos dijo «venga, vamos». Fue muy, muy difícil (por lo menos para Emma y para mí) aventurarse en el Canal en un barquito. Es toda una hazaña, pero si además emprendes la travesía sabiendo que te diriges a una zona de guerra la cosa se vuelve inimaginable. De ahí que no pueda exagerarse lo que significa Dunkerque como mitología, o como mitología contemporánea, o como quieras llamarlo. Cuando te subes a un barquito y haces esa travesía, puedes vislumbrar lo valiente que fue aquella gente. Hace falta mucho valor para hacer algo así.

Emma y yo lo comentamos años después y nos pusimos a leer testimonios de primera mano sobre la evacuación. Nos extrañaba que nadie hubiera hecho una película, por lo menos en las últimas décadas, porque es una historia grandiosa. Muy universal, a mi modo de ver. Así que leí muchísimo, estuve dándole vueltas a cómo podía plantear la película y a por qué nadie lo había intentado hasta entonces. Y finalmente llegamos a la conclusión de que se debía a que Dunkerque fue una derrota. Y a que sería una película muy cara de producir. Muy aparatosa. Es una historia épica, da igual cómo la estructures. Nosotros tratamos de abordarla de un modo muy íntimo, pero de todos modos es una epopeya, así que para ponerla en marcha hacían falta los recursos y la maquinaria industrial de Hollywood, y conseguir canalizar esos recursos para contar la historia de una derrota, por épica que sea, resulta un tanto difícil. Pero la verdad es que lo que más nos atraía de la historia era precisamente que no se trataba de una victoria ni de una batalla, sino de una evacuación. De una historia de supervivencia.

De modo que no la veo como una película de guerra. La veo como una historia de supervivencia. Por eso no se ve a los alemanes en pantalla y por eso está planteada

desde el punto de vista de los puros mecanismos de supervivencia, más que desde un enfoque político.

JL: No parece una película bélica. A mí me recuerda a la
Habitación 101 de George Orwell, esa estancia que con-
tiene lo peor del mundo para cada cual, ese enemigo sin
rostro que es la peor pesadilla de cada individuo, lo que
más le aterroriza. ¿No es casi una película de terror, o de
terror psicológico, o algo así?

CN: Es una película de suspense, pero tratamos de llevar el suspense visceral lo más lejos posible. De modo
que sí, indudablemente te adentras en el lenguaje propio de las películas de terror.

JL: Hay casi un pacto tácito según el cual, si vas a hacer
una película acerca de los nazis, tienes que mostrarlos tal
y como eran, pero tú no lo has hecho.

CN: No. Bueno, cuando empecé a escribir el guion (al
principio avanzas muy despacio, pero así vas tomándole
el pulso a la historia), utilizaba constantemente la palabra
«nazi» y hacía que la gente se refiriera a los alemanes en
los diálogos. Quería recordar continuamente al público
actual lo malvado y terrible que era el enemigo y llevarle
de la mano. Pero luego, en algún momento, creo que fue
hablando con Mark Rylance, que fue el primer actor en
sumarse al proyecto, me di cuenta de que, ya que había
decidido no mostrar en ningún momento a los alemanes,
tampoco tenía sentido referirse a ellos de palabra. Las medias tintas no son buenas. Es decir, que o tratas de abar-
car toda la maldad y la ideología nazis, o tienes que eludir
por completo ese aspecto no mostrando a los nazis, con-
virtiéndolos en cierto modo en entes subliminales, en un
peligro que acecha siempre fuera de la pantalla. Es como
el monstruo de *Tiburón*. Puede que veas la aleta, pero
no ves el tiburón. De esa forma, tu mente, e incluso tu

sentido ético a la hora de decidir con quién te identificas en la película, los convierte automáticamente en lo peor que puede haber.

JL: De ese modo el espectador puede dejarse llevar por su imaginación y llegar hasta donde quiera. Pero, dado que esta película van a verla muchos jóvenes que no saben nada o casi nada sobre la II Guerra Mundial, ¿no te sentías en la obligación de recalcar cómo eran los nazis?

CN: Creo que tenemos la obligación de no retratar de manera engañosa a los nazis, pero el nazismo se deja sentir en la película precisamente por su ausencia, y creo que eso es lo más adecuado en este caso. Lo que se pretendía era evocar esa sensación de crisis en Europa, la inminencia del peligro. Transmitir las emociones de esos soldados británicos y franceses que están en tierra en un momento crucial de la historia. Sentir que se trata de un punto crítico absoluto. Desde un enfoque cinematográfico, lo conseguí evitando caracterizar y humanizar al enemigo, cosa que tienden a hacer de un modo u otro todas las películas bélicas. Desde tiempos de *Sin novedad en el frente*, las películas de guerra han tenido esa pretensión de hilar muy fino, de querer humanizar al enemigo. Pero, claro, cuando te pones en el pellejo de un soldado que espera en esa playa, te das cuenta de que su contacto con el enemigo es, en casi todos los casos, sumamente limitado y discontinuo. Lo que ves son básicamente bombas cayendo. Y lo que oyes son disparos a kilómetros de distancia, lo que debía de ser mucho más aterrador de lo que podemos imaginar, porque ese ruido iba acercándose continuamente. Ahora que estamos haciendo la mezcla de sonido, intentamos descubrir la manera de recrear ese espacio sonoro para que la batalla parezca estar a quince kilómetros de distancia y luego a diez, y luego a cinco, y transmitir lo espantoso que tuvo que ser aquello para los tipos que estaban en la playa.

Lo que importa en esta película es precisamente lo que no se sabe. Por eso, en las escenas preliminares damos la información histórica justa, al menos eso espero. La idea es que los personajes de Tommy y Gibson no sepan nada de lo que está pasando y que luego les vayan llegando retazos de información inquietantes, como que «vamos a intentar sacar a cuarenta y cinco mil personas de la playa», «hay cuatrocientas mil personas en la playa», y que posteriormente el espectador tenga esa sensación de «vale, aquí cada cual tiene que buscarse la vida como pueda». Me interesaba la idea de lo que ignoraba la gente, más que explicar todo lo que sabemos. Cuando estás inmerso en un acontecimiento histórico, especialmente en aquella época, cuando no había *smartphones* ni todas esas cosas, es muy difícil tener una visión de conjunto de lo que está pasando. Para mí, unas de las cosas más emotivas de Dunkerque, o la más emotiva, sin duda alguna, es que cuando esos chicos son rescatados por fin, cuando por fin consiguen volver a casa, llegan con un sentimiento de vergüenza. El hecho de que se fueran de Dunkerque pensando, la inmensa mayoría de ellos, que iban a ser una decepción inmensa para el pueblo británico y que luego se encontraran con que los recibían como a héroes. Para mí, es uno de los vuelcos emocionales más potentes de la historia, y se debió precisamente a que no sabían lo que estaba sucediendo. Por eso aparecen leyendo el discurso de Churchill en la prensa. Ellos no habrían estado presentes en la sesión del Parlamento, ni habrían podido hacer lo que suele hacerse tradicionalmente en el cine, que es intercalar una imagen de Winston Churchill hablando ante el gabinete de gobierno o preparando su discurso. Se enteran por la prensa, de modo que solo a posteriori descubren en lo que estaban metidos.

JL: ¿Hay algún paralelismo con el mundo actual? ¿El espectador va a ver Dunkerque como algo que ocurrió hace equis años o como algo que podría volver a pasar?

CN: Uno de los mayores infortunios de nuestra época, una de las cosas más terribles de la crisis migratoria que vive Europa, es que nos enfrentamos de nuevo a los problemas físicos, materiales, que plantea el hecho de que un gran número de personas traten de abandonar un país en pequeñas embarcaciones para llegar a otro. Es un paralelismo espantoso, pero en nuestro mundo tecnológicamente avanzado es muy fácil olvidar la importancia que reviste la física más elemental. La realidad es insoslayable. Así que, si tienes un enorme número de personas en un lugar concreto que quieren llegar a otro sitio y no pueden ir en avión sino por mar, en barquitos atestados, con ese afán tan humano de sobrevivir... Causa espanto ver eso en la prensa en estos tiempos, pero ahí está. Teniendo en cuenta que eso está pasando en el mundo actual, no creo que nadie pueda desdeñar lo sucedido en Dunkerque como algo perteneciente a otro mundo o a otra era.

JL: ¿Qué películas bélicas te gustan?

CN: Una de mis películas favoritas, una de las que más admiro, es *La delgada línea roja* de Terrence Malick. No tiene prácticamente nada que ver con esta película, pero sí con muchas de mis películas anteriores. Creo que *Memento* está muy en deuda con ella. La proyectamos antes de hacer esta película, pero no ha influido apenas en ella, salvo en un sentido estilístico, de textura de la imagen, que es intemporal. Parece muy inmediata y contemporánea a pesar de que trata de la II Guerra Mundial, y eso era precisamente lo que queríamos probar a hacer con la textura de esta película, pero en cuanto a fundamentos artísticos y estructura narrativa no tienen nada que ver una con la otra. No vi muchas películas bélicas. Vimos *Salvar al soldado Ryan* de Spielberg, que también fue muy reveladora porque tiene esa estética de película de terror. Plasma la intensidad del momento y su truculencia de una manera tan absoluta y tan eficaz que uno siente el impulso de escapar. No puedes intentar competir con esa película. Sería como intentar competir con *Ciudadano Kane*. Quiero decir que son películas absolutas. El horror de la guerra está ahí mismo. Así que nos decantamos más por el suspense. No vi muchas películas de guerra porque leí un texto sobre el cine bélico de James Jones, el autor de la novela en la que está basada *La delgada línea roja* (creo que está reeditado en el librito que acompaña la edición en Blu-ray de Criterion) y fue muy aleccionador. El autor es alguien que estuvo en la guerra y que ha escrito sobre ella y que pone en evidencia las trampas y los despropósitos de las películas bélicas de una manera tan implacable que te pone las cosas muy difíciles, si eres director y te sientas a escribir una película ambientada en un momento histórico real. Uno de los interrogantes que plantea es «¿Qué más puede decirse sobre la guerra después de *Sin novedad en el frente*?». Así que volví a ver *Sin novedad en el frente*, que hacía muchos, muchísimos años que no la veía. Es increíble lo universal que es como manifiesto sobre la guerra, sobre lo espantosa que es la guerra. A pesar de que el arte cinematográfico estaba más en pañales que ahora (es una película en blanco y negro, sin apenas sonido), está magníficamente hecha. Y puesto que trata sobre los alemanes pero se hizo dentro de los parámetros de Hollywood, el punto de vista antinacionalista resulta especialmente potente y vigoroso. Y eso es justamente lo que la sitúa por encima de cualquier otra película antibelicista. Es muy contundente en su forma de plasmar lo terrible que es la guerra, no hace concesiones a la hora de describir cómo los mitos nacionalistas, del patrioterismo agresivo, propagan la idea de la guerra como glorificación. Creo que no les habrían permitido hacer algo así si se hubiera tratado de una película sobre estadounidenses y británicos.

JL: Entonces, ¿tu película sigue esa misma línea?

CN: No, para nada. Mis lecturas y la labor de documentación me hicieron avanzar en el camino que ya había tomado: no hacer una película de guerra, sino narrar una historia acerca del instinto de supervivencia porque ahí sí sentía que pisaba terreno firme. Yo no he luchado en una guerra, y luchar en una es mi peor pesadilla. No me imagino haciendo algo así. Por eso para mí Dunkerque adopta la forma de una historia de supervivencia. A mi modo de ver, la supervivencia era la medida del éxito o del fracaso, y por eso cuando uno de los soldados dice al final «lo único que hicimos fue sobrevivir», el ciego contesta «con eso basta». Porque, en el contexto de Dunkerque, eso era lo que definía el éxito. De ahí la famosa frase de Churchill «dentro de esta derrota hay una victoria». Esas son las circunstancias concretas que me sentía capaz de contar.

JL: ¿Alguien de tu familia luchó en la guerra?

CN: Mi abuelo murió en la II Guerra Mundial. Pilotaba un Lancaster.

JL: Santo cielo. ¿Sabes a cuántas misiones sobrevivió?

CN: A cuarenta y cinco. Ya iba a retirarse, pero creo que murió en la misión cuarenta y seis. Después de la cuarenta y cinco, los aviadores pasaban a ser instructores de los pilotos novatos, y mi abuelo ya casi había llegado a ese punto. Está enterrado en Francia y fuimos a visitar su tumba cuando estábamos rodando la película. Fue muy emotivo. Tenía treinta y tantos años cuando murió y era el más veterano de la tripulación, sus compañeros le consideraban una especie de figura paterna. Quiero decir que eran unos críos. Tenían dieciocho, diecinueve años.

JL: ¿Revisas tus películas pasado un tiempo?

CN: Sí, sí.

JL: ¿Y las juzgas cuando las ves? ¿Cómo ve uno una película que hizo hace años?

CN: Acabas viéndolas por diversos motivos poco después de terminarlas: para el lanzamiento en vídeo, por esto o aquello, por toda clase de razones técnicas. Y ahora a mis hijos quieren ver *El caballero oscuro*, por ejemplo, y me siento a verla con ellos. Pero con el paso del tiempo esos motivos desaparecen y dejas de verlas. Hace mucho tiempo que no veo *Memento*. Hay cineastas que nunca vuelven a visionar sus películas, pero a mí siempre me interesa verlas porque van cambiando con el tiempo, a medida que te alejas de ellas. Empiezas a valorarlas de una manera más objetiva (lo que está bien, lo que está mal) y supongo que quedan un poco más contextualizadas en la época concreta en que las hiciste.

JL: Sí.

CN: Lo que no resulta muy alentador, porque no quiere uno pensar que va envejeciendo y que está muy sujeto a su época, pero así es.

JL: Pero ¿cómo podría ser de otro modo?

CN: Sí, así es para todos. Así que lo máximo a lo que puede uno aspirar es a hacer una película que parezca intemporal.

JL: ¿Te preocupa que la historia de Dunkerque vaya a ser, al menos durante un tiempo, para una generación, *tu* historia de Dunkerque?

CN: Es una responsabilidad, sí, y la tengo muy presente, claro. Pero seguramente es una de las razones por las que

13

la película no trata de abarcarlo todo. No hablamos de la situación política, ni del panorama internacional que rodea los hechos porque creo que sería una carga demasiado onerosa tratar de plasmar un momento de la historia tan complejo que en realidad no puede condensarse en un relato dramático de dos horas de duración.

Me siento a gusto plasmando la experiencia visceral de Dunkerque y con el hecho de que la película defina durante un tiempo, durante los próximos años, lo que la gente piense sobre cómo pudo ser esa experiencia, porque para eso sí me siento cualificado, porque nos hemos documentado y somos capaces de filmarlo de una manera comprensiva. Pero abordar las consecuencias de la evacuación, de la historia misma, en un sentido más amplio, eso no quiero asumirlo. Y no creo que la película lo pretenda. Su sencillez intrínseca te permite imaginar más hilos argumentales. Y está hecha así a propósito. De ahí, en parte, su estructura. Queremos dejar espacio al espectador para que entienda que hay muchísimas más experiencias asociadas a ese acontecimiento histórico.

JL: En el libro comento lo siguiente:

> Cada soldado que esperaba en la playa o en el espigón (la larga escollera desde la que se evacuaban las tropas), o que avanzaba a lomos de una vaca, tuvo una vivencia distinta de la retirada. A menudo, estas vivencias se contradicen entre sí. Es imposible escoger un solo elemento simbólico: las playas cubrían una gran extensión de terreno y estaban ocupadas por miles y miles de personas cuyo estado físico y mental varió enormemente durante aquellos diez intensos días, en los que las condiciones cambiaban continuamente y a gran velocidad. ¿Cómo *no* van a contradecirse estas experiencias? El mundo entero se hallaba presente en aquellas playas.

> Para mí, eso es lo esencial. ¿Estás de acuerdo?

CN: Sí. Creo que la película parte en gran medida de esa misma premisa, de lo sutil y esquiva que es la experiencia subjetiva individual que define la realidad objetiva. Lo que es una constante en todas mis películas. Todas ellas tratan de experiencias individuales, de contradicciones potenciales con la realidad objetiva, y esta película intenta dejar espacio para el número infinito de vivencias y anécdotas que se contradicen entre sí o que sirven de glosa unas a otras. Contamos fundamentalmente tres historias que se cruzan en algún punto. Mostramos el momento en que coinciden, y son vivencias muy, muy distintas. Cuando ves el aterrizaje de emergencia de un Spitfire desde otro Spitfire, todo parece muy medido y controlado, pero pasar por esa experiencia, como ocurre después en la película, es completamente distinto. El contraste es brutal. Y eso es algo que siempre me ha fascinado de la experiencia humana.

JL: Hicimos un viaje por distintas partes de Inglaterra para conocer a veteranos de Dunkerque. ¿Qué aprendiste de esa experiencia?

CN: Cosas absolutamente cruciales. Pero, curiosamente, aunque cuando estábamos hablando con esas personas me sentía honrado y agradecido, no tuve una inspiración inmediata ni fui consciente en ese momento de qué iba a sacar exactamente en claro de esas conversaciones. Sabía que era algo que convenía hacer. Teníamos que hablar con personas que hubieran estado allí de verdad si queríamos tener la pretensión de llevar su experiencia al cine. La verdad es que solo ahora, cuando reviso la película, cuando veo la escena en la que los soldados ven meterse a ese tipo en el mar, no sé qué está haciendo ese hombre, si piensa suicidarse o si de verdad cree que puede escapar de allí a nado. Y la razón de que no lo sepa es que creo que incluso le pregunté [al veterano] si ese hombre iba a suicidarse, y el hombre no sabía la respuesta. Y era algo que había visto con sus propios ojos.

JL: ¿Y crees que el hombre que se metió en el mar sí sabía lo que iba a hacer?

CN: No lo sé. De eso justamente se trata.

JL: Buscamos siempre certezas («Va a hacer esto o aquello»), y en realidad la mitad de las veces ni siquiera sabemos por qué hacemos lo que hacemos. Y en una situación como esa, en la que la presión es inimaginable...

CN: Una cosa fundamental que extraje de las conversaciones con esas personas maravillosas fue la convicción de que lo que pretendíamos hacer tenía un apoyo sólido en sus vivencias personales. Personas distintas hablando de cómo era estar en el espigón, de cómo era saltar del barco... Estaba el tipo que traía agua a Dunkerque, lo que suponía bajarse del barco y luego no poder volver a montar en el mismo barco. Esa sensación de caos, como de pesadilla. Un caos ordenado, supongo que podría llamarse, o el caos casi burocrático que parecía reinar en el espigón. Es muy interesante escuchar hablar a personas concretas sobre esos momentos. Y también está ese tipo que, aunque no era un civil, iba desde Inglaterra a llevar agua... Una de las cosas que me fascina es el aspecto material del asunto. Por eso Tommy trata de ir al retrete al principio, porque esas cosas son interesantes: los aspectos logísticos. ¿De dónde vas a sacar la comida? ¿Y el agua? Era algo que no estaba previsto y hubo que improvisar, así que escuchar el relato de alguien que venía con agua y que veía todos esos incendios desde lejos sabiendo que se dirigía hacia allí... Es una imagen omnipresente en la película: dirigirse hacia esos incendios. Son el horizonte. El último sitio al que quieres ir. Extraje toda clase de enseñanzas de esas conversaciones. Fueron calando con el paso del tiempo. Creo que fue muy revelador preguntarles, como hiciste tú, cuál era su visión del espíritu de Dunkerque, porque hay interpretaciones para todos los gustos. Tres interpretaciones muy distintas, que yo recuerde. Una es la de los barquitos que simbolizan el espíritu de Dunkerque. Otra, no recuerdo las palabras que utilizó el veterano en cuestión, pero vino a decir que era una perfecta majadería. Y luego estaba el último veterano con el que hablamos, que equiparaba el espíritu de Dunkerque con la gente que defendía el perímetro y que se quedó atrás. Y todos ellos, aunque sus interpretaciones fueran tan distintas, se mostraban absolutamente rotundos: esto es el espíritu de Dunkerque y esto fue lo que significó.

JL: Sí, desde luego. Recuerdo que uno dijo que allí cada uno iba a lo suyo.

CN: Sí. Creo que fue una de las personas más interesantes con las que hablamos. Nos dio a entender que había pasado por una serie de experiencias de las que no se sentía orgulloso, pero que estaba convencido de que eran lo normal en esas circunstancias, para la gente que estaba allí. Tuve la sensación de que no quería decir de ningún modo que hubiera hecho algo malo o distinto, sino que había cosas de las que no se podía hablar, que era mejor no tocar. Y para mí toda la relación entre Alex, Tommy y Gibson se resume en eso. No hay intención de criticar a nadie. Sentía que había una ventana que permitía acceder a la intimidad de esa experiencia subjetiva.

JL: Me parece interesante que, al llegar uno a cierta edad, el orden de las cosas tienda a desaparecer. Los relatos ya no avanzan del principio al fin. El tiempo se vuelve cada vez más irrelevante. En mi caso, como abogado y escritor, tiendo instintivamente a reordenar las historias de los demás, a darles un sentido lógico. Pero tú partes de una perspectiva totalmente distinta que me resulta muy interesante. Has tratado tantas veces en tus películas el tema del tiempo que imagino que la actitud de ese hombre te pareció muy honesta.

CN: Sí, mucho. Mi labor consiste en narrar una historia de una forma muy disciplinada y ordenada, sea por orden cronológico o no, y no tendría trabajo si eso fuera algo que a la gente le saliera de manera natural al hablar. Lo cierto es que, sea por la razón que sea, el ser humano es incapaz por naturaleza de narrar sus experiencias propias de una manera absolutamente coherente. De modo que la narración de historias, adopte la forma que adopte, siempre tiene valor social, porque cumple una función muy concreta. Se trata de darle a algo una forma distinta, por eso el hecho de que ese hombre no nos contara esa vivencia suya crea una laguna interesante en nuestro conocimiento que creo que es mucho más expresiva que cualquier enunciado. Al margen de lo que pasara, creo que ese veterano era consciente hasta cierto punto de que o bien nos parecería trivial, porque quizá lo que ocurrió fue que insultó a un oficial, por ejemplo, o nos parecería verdaderamente bochornoso y no podríamos entenderlo. En todo caso, su experiencia subjetiva, al convertirse en relato, quedaría enormemente disminuida. Me parece muy estimulante, muy digno de reflexión, considerarlo una pequeña laguna en nuestro conocimiento. Confirma lo que ya habíamos deducido durante el proceso de documentación histórica, y es que hubo una inmensa variedad de experiencias individuales.

Uno

Supervivencia

A principios del verano de 1940, Anthony Irwin era un joven oficial del Regimiento de Essex. Mientras su batallón llevaba a cabo un repliegue táctico hacia la costa francesa, entorpecido por el flujo de refugiados, el acoso de la artillería y la aviación enemigas y el avance de la infantería alemana, Irwin, como la mayoría de los soldados y oficiales de su batallón, vivía la guerra por primera vez.

Vio sus primeros cadáveres una tarde, bajo el fuego de los bombarderos alemanes. Los dos primeros le impresionaron; los dos siguientes le hicieron vomitar, y posteriormente seguirían apareciéndosele en sueños durante años. La diferencia radicaba no en su forma de morir ni en lo espantoso de sus heridas, sino en la «obscenidad» de los dos últimos: desnudos, degradados, hinchados y deformes, encarnaban algo peor que la muerte.

Esa noche, su batallón sufrió un nuevo ataque. Desbordado por la situación, un joven soldado se echó a llorar. Irwin trató de llevarse al chico a un lado con intención de alejarlo de allí, pero el soldado, paralizado por la angustia, se negó a moverse. Lo único que cabía hacer —resolvió Irwin— era noquearlo. Ordenó a un sargento que le diera un buen puñetazo en la barbilla, pero el sargento erró el golpe y estrelló los nudillos contra la pared. El soldado, espabilado de repente, echó a correr, pero Irwin lo alcanzó, lo derribó y le dio un puñetazo en la cara dejándolo inconsciente.

Irwin se lo cargó al hombro y lo llevó a un sótano cercano. Estaba oscuro e Irwin pidió a gritos que le llevaran una luz. En medio de aquella quietud relativa, oyó voces de sorpresa, las voces de un hombre y una mujer y, al enfocarse sus ojos paulatinamente, distinguió a un soldado y a una camarera belga que estaban haciendo el amor en un rincón. ¿Quién podía reprochárselo?, se dijo Irwin. Teniendo la muerte tan cerca, era lógico que se aferraran a la vida con uñas y dientes.

Irwin era uno de los cientos de miles de oficiales y soldados de la Fuerza Expedicionaria Británica que se retiraban hacia la costa atravesando Bélgica. Habían llegado a Francia en barco después de que Alemania declarara la guerra el 3 de septiembre de 1939. Tras meses de una «guerra de mentirijillas», la mañana del 10 de mayo Alemania lanzó su *Blitzkrieg* contra el oeste de Europa y el grueso de las tropas británicas entró en Bélgica para ocupar las posiciones acordadas de antemano a lo largo del río Dyle. Allí formaron el flanco izquierdo del ejército aliado junto con las tropas francesas y belgas, para resistir el embate del Grupo de Ejércitos B hitleriano. Más al sur, el flanco derecho de los aliados estaba defendido por la poderosa Línea Maginot, una serie de fortalezas, casamatas y búnkeres que recorría la frontera franco-alemana.

Durante unos pocos días, en mayo de 1940, los aliados y los alemanes, igualados militarmente, parecieron abocados a librar otra guerra de trincheras y desgaste. Si había que fiarse de la experiencia, los alemanes tardarían poco en arremeter contra las robustas defensas de las líneas aliadas.

Los comandantes aliados recibieron, sin embargo, una amarga lección estratégica. Entre los flancos bien protegidos del ejército aliado se hallaba el macizo boscoso de las Ardenas, teóricamente inexpugnable y mal defendido por los franceses: solo cuatro divisiones de caballería ligera y diez divisiones de reservistas guarnecían un frente de más de ciento sesenta kilómetros de longitud. Y los alemanes tenía un plan para abrir una brecha en él.

Formulado originalmente por el teniente general Erich von Manstein, en mayo de 1940 dicho plan había pasado ya por siete borradores. Su objetivo era tender una trampa a los aliados lanzando un ataque inicial sobre Holanda y el norte de Bélgica al tiempo que la ofensiva principal se desencadenaba más al sur, en el frente, mucho más frágil, de las Ardenas. Encabezada por divisiones de tanques Panzer, la ofensiva cruzaría en primer lugar el río Mosa, se abriría paso por las inmediaciones de Sedán y avanzaría en dirección noroeste hacia la costa, partiendo en dos a los efectivos franceses para, finalmente, ir a reunirse con la ofensiva septentrional y rodear a la Fuerza Expedicionaria Británica.

El Plan Manstein era extremadamente arriesgado, no solo porque cruzar una región boscosa planteaba enormes dificultades logísticas, sino porque los tanques Panzer eran aún un arma experimental. El éxito de la ofensiva dependía de una velocidad de avance sin precedentes, de un apoyo aéreo intensivo y, sobre todo, del factor sorpresa. Si los franceses descubrían el plan con antelación, no había duda de que fracasaría. En enero de 1940, no obstante, los belgas habían interceptado una copia del plan alemán anterior, que consistía en lanzar una gran ofensiva en Holanda y Bélgica. Era un calco evidente de la estrategia alemana durante la I Guerra Mundial, y los aliados no tenían motivos para sospechar que sus enemigos estuvieran sopesando un plan alternativo.

El Plan Manstein era tan arriesgado y se apartaba hasta tal punto de la tradición militar que la mayoría del alto mando alemán se negó a apoyarlo. Consiguió, sin embargo, el respaldo del influyente general Franz Halder, jefe del Estado Mayor del Alto Mando del Ejército, y del hombre cuya opinión contaba más que ninguna otra en la Alemania nazi: Adolf Hitler. De ahí que finalmente se ordenara poner en marcha la ofensiva.

Los franceses se llevaron una sorpresa mayúscula. Las fuerzas blindadas, con el Cuerpo Panzer al mando del teniente general Heinz Guderian como punta de lanza y el apoyo contundente de la Luftwaffe, atravesaron brutalmente las líneas enemigas y abrieron una enorme brecha en las defensas galas. Los carros de combate alemanes comenzaron a cruzar Francia a toda velocidad sin apenas encontrar resistencia, razón por la cual, a los pocos días de ocupar sus posiciones en Bélgica, los británicos —cuya capacidad para resistir no se ponía en duda— recibieron orden de replegarse. La tropa creía que su retirada debía obedecer a un motivo muy concreto. ¿Habían penetrado los alemanes por un sector cercano? ¿O se enviaba a su batallón a la retaguardia por haber incurrido en alguna falta?

En principio, las unidades británicas se retiraron por fases, pasando de una línea defensiva a otra. Pero a veces se replegaba toda una división en bloque, a fin de ocupar un hueco en algún punto lejano. A medida que la retirada cobraba impulso, aumentó la confusión y comenzaron a circular rumores. Uno de esos rumores resultó ser cierto: se decía que una potente ofensiva alemana en el sur amenazaba con rebasar al ejército británico. Mientras duró el repliegue, sin embargo, no se habló de evacuación ni se mencionó el ahora legendario nombre de Dunkerque.

En aquella retirada a marchas forzadas se hallaban presentes toda clase de efectivos, desde tropas de élite a soldados rasos sin preparación militar. Algunos iban a pie, avanzando en filas apretadas, o aislados y dando tumbos. Otros viajaban en camiones, a caballo, en tractores y bicicletas. Incluso se vio a unos cuantos, especialmente aguerridos, montados a lomos de vacas lecheras. Sometidos al fuego enemigo y escasos de víveres, el estado físico y anímico de los hombres del ejército británico era muy desigual.

Uno de ellos, Walter Osborn, del Regimiento Real de Sussex, afrontaba una situación especialmente difícil.

Tras enviar al primer ministro Winston Churchill una carta anónima pidiéndole «unos días de permiso para los muchachos», había sido condenado a cuarenta y dos días de arresto por emplear «un lenguaje perjudicial para el buen orden y la conducta» de las tropas. Ahora, inmerso en el repliegue militar, se hallaba en desventaja respecto a sus compañeros. Cada vez que cesaban los combates, lo encerraban en un granero o un sótano para que siguiera cumpliendo su condena. No le parecía justo. «¡Uno tiene derecho a saber a qué atenerse!», se quejó a un policía militar de su regimiento.

Aún más inaudita era la situación de un soldado que viajaba en camión por la carretera de Tourcoing. Con su casco de acero, su abrigo caqui y su fusil, parecía un soldado cualquiera. Puede que el uniforme le viniera un poco grande, pero eso no era de extrañar. No se esperaba de los soldados que vistieran como Errol Flynn en *La carga de la Brigada Ligera*. Lo raro de este soldado en particular era que estaba casado con una recluta del Regimiento de East Surrey.

Se trataba en realidad de Augusta Hersey, una joven francesa de veintiún años recién casada con Bill Hersey, un almacenista del Primer Batallón de East Surrey. Se habían conocido en el café de los padres de Augusta cuando Hersey estaba destinado en Francia y, pese a la barrera idiomática, se habían enamorado. Hersey le pidió la mano de Augusta a su padre señalando el término *mariage* en un diccionario francés-inglés mientras repetía «su hija...».

Hersey tuvo la buena suerte de que el capitán de su compañía fuera un sentimental que, saltándose numerosas normas del reglamento, accedió a que Augusta se retirara con el batallón, disfrazada con el uniforme del ejército. Así fue como la pareja se encontró huyendo del avance alemán. Pero el repliegue no tuvo un objetivo claro hasta que el comandante de las fuerzas británicas, lord Gort, llegó a la valerosa conclusión de que el único modo de salvar a una parte de su ejército era enviar a Anthony Irwin, a Walter Osborn y al resto de la Fuerza Expedicionaria Británica hacia Dunkerque, el único puerto que aún se hallaba en poder de los aliados, desde donde podría evacuarse por mar a una parte de las tropas.

Al llegar a Dunkerque, los soldados se hallaron ante una escena dantesca. El capitán William Tennant, nombrado oficial superior de Dunkerque por el Almirantazgo, se trasladó en barco desde Dover a Dunkerque en la mañana del 27 de mayo para encargarse de coordinar la Operación Dinamo. Entró en una ciudad en llamas: había escombros por todas partes, las ventanas habían reventado y el humo provocado por el incendio de una refinería inundaba la ciudad y sus muelles. Había muertos y heridos tendidos en las calles. Mientras caminaba por ellas, le cortó el paso una airada muchedumbre de soldados británicos armados con fusiles. Tennant consiguió salir del atolladero ofreciéndole al cabecilla del grupo un trago de su petaca.

Otro oficial de la Marina llegó a Dunkerque dos días después. Al acercarse desde el mar, contempló una de las imágenes más sobrecogedora que había visto nunca. Al este del puerto se extendían dieciséis kilómetros de playas cubiertas por completo de soldados británicos, diez mil en total. Cuando estuvo más cerca, vio que muchos se habían metido en el agua y que guardaban cola para subir a bordo de míseros botes de remos. Era una escena lamentable. ¿Cómo podía esperarse —se preguntaba el oficial— que una mínima parte de aquellos hombres consiguiera salir de allí?

Sin embargo, cuanto más se acercaba uno a las playas y más tiempo pasaba en ellas, más evidente se hacía que no había una sola imagen, ni una sola historia, que sirvieran como compendio de lo que estaba sucediendo. Un oficial del Regimiento Real de Sussex recuerda que, al llegar a la playa, un policía militar le saludó educadamente y, tras preguntarle por su unidad, le dirigió hacia una fila perfectamente alineada. En otra fila, en cambio, recibieron a un joven soldado de Comunicaciones gritándole: «¡Largo de aquí si no quieres que te peguemos un tiro!». Y un sargento de los Ingenieros Reales vio a un enjambre de soldados pugnando por subirse a una embarcación tan pronto como esta alcanzó los bajíos. En un intento desesperado por imponer orden antes de que volcara la barca, el marinero que la pilotaba sacó su pistola y disparó a uno de ellos en la cabeza. Los demás apenas reaccionaron. «Había tal caos en la playa», recuerda el sargento, «que a nadie le extrañó».

Cada soldado que esperaba en la playa o en el espigón (la larga escollera desde la que se evacuaban las tropas), o que avanzaba a lomos de una vaca, tuvo una vivencia distinta de la retirada. A menudo, estas vivencias se contradicen entre sí. Es imposible escoger un solo elemento simbólico: las playas cubrían una gran extensión de terreno y estaban ocupadas por miles y miles de personas cuyo estado físico y mental varió enormemente durante aquellos diez días intensos, en los que las condiciones cambiaban continuamente y a gran velocidad. ¿Cómo no van a contradecirse estas experiencias? El mundo entero se hallaba presente en aquellas playas.

Y la realidad era igual de compleja y desordenada una vez los soldados subían a bordo de los botes y barcos que debían devolverlos a Inglaterra. Bombardeados y acribillados por la Luftwaffe, atacados por las baterías costeras, temerosos de las minas y los torpedos, quizá fueran camino de la salvación, pero aún estaban muy lejos de ella. Un oficial del Regimiento de Cheshire se encontraba a bordo de un bote de remos que trasladaba a treinta soldados desde la playa a un destructor fondeado mar adentro. Mientras se acercaba el bote, el destructor levó de pronto el ancla y partió rumbo a Inglaterra. Presa de la desesperación, un capellán militar se levantó de un salto y gritó: «¡Señor! ¡Señor! ¿Por qué nos has abandonado?». El brusco movimiento hizo que entrara agua en la barca y todos comenzaron a increpar a voces al capellán. Unos segundos después, en respuesta a sus plegarias (o, más probablemente, al escándalo que armaron sus compañeros), el destructor dio media vuelta y volvió a recogerlos.

Al final, la inmensa mayoría de la Fuerza Expedicionaria Británica arribó a Inglaterra sana y salva desde Dunkerque. Casi todas las tropas llegaron en navíos de la Armada o en grandes buques mercantes; las famosas barquitas (algunas tripuladas por gente corriente; la mayoría, por marineros profesionales) se utilizaron principalmente para trasladar a los soldados desde las playas a los navíos fondeados frente a la costa. Pero, de haber sido masacradas o capturadas las tropas, no hay duda de que Gran Bretaña se habría visto obligada a buscar un acuerdo de paz con Hitler. La historia habría tomado, por tanto, un rumbo mucho más sombrío y el mundo actual sería muy distinto al que conocemos.

Ello contribuye a explicar por qué Dunkerque (una derrota calamitosa seguida por una evacuación a la desesperada) se ha convertido en un hecho glorioso, en un símbolo de cómo una catástrofe mundial puede convertirse en un triunfo colectivo. Mientras que el Día del Armisticio y otras conmemoraciones relacionadas con la II Guerra Mundial son celebraciones teñidas de tristeza y centradas en la pérdida de vidas humanas, el aniversario de la evacuación de Dunkerque es una fiesta en la que una multitud de pequeñas embarcaciones recrea la travesía del Canal. Dunkerque simboliza la esperanza y el afán de supervivencia, lo mismo que simbolizó desde el principio.

Al iniciarse la evacuación, la situación militar británica era tan comprometida que, como en la caja de Pandora, solo quedaba la esperanza. El domingo 26 de mayo, se observó un día nacional de oración en Inglaterra. Los oficios religiosos celebrados en la abadía de Westminster y la catedral de San Pablo tuvieron su reflejo en los actos celebrados en iglesias y sinagogas de toda Gran Bretaña, así como en la mezquita londinense de Southfields.

El arzobispo de Canterbury afirmó en su sermón que Inglaterra necesitaba y merecía la ayuda de Dios. «Se nos ha llamado a ocupar nuestro lugar en un poderoso conflicto entre el bien y el mal», dijo, dando a entender que los principios morales de Gran Bretaña estaban imbuidos de santidad porque «representan la voluntad divina». Dios estaba con Inglaterra y solo Él sabía cómo derrotar al diabólico enemigo. No es de extrañar, por tanto, que la evacuación, calificada por Winston Churchill de milagrosa, asumiera un cariz cuasi religioso. El arzobispo, al parecer, tenía razón, puesto que Gran Bretaña se vio favorecida por la suerte. Ello vino a corroborar las opiniones de escritores como Rupert Brooke y Rudyard Kipling, y contribuyó a dar origen a un concepto que, transcurridas siete décadas y media, aún sigue vigente: el «espíritu de Dunkerque».

Definido como la negativa a rendirse o a ceder a la desesperación en tiempos de crisis, el espíritu de Dunkerque parece haber arraigado espontáneamente en el imaginario colectivo. A su regreso a Inglaterra, la mayoría de los soldados se veían a sí mismos como lamentables despojos de un ejército pisoteado. Muchos sentían bochorno, y la inesperada acogida que obtuvieron los desconcertó. «Nos metieron en un tren y allá donde paráramos», recuerda un teniente del Regimiento de Infantería Ligera de Durham, «la gente nos ofrecía café y tabaco. Dedujimos de aquella tremenda alegría que éramos héroes y que habíamos conseguido una especie de victoria, aunque saltaba a la vista que nos habían derrotado sin paliativos».

A principios de junio, Nella Last, un ama de casa de Lancashire, escribió en su diario:

> «Esta mañana, mientras desayunaba tranquilamente, estuve leyendo y releyendo las noticias sobre la evacuación de Dunkerque. Tuve la sensación de que un arpa vibraba y resonaba en lo más profundo de mi ser (...) Me olvidé de que era una mujer madura que a menudo

está cansada y tiene jaquecas. Las noticias me han hecho sentir que formo parte de algo imperecedero».

Estas efusiones sentimentales no fueron, sin embargo, del agrado de todo el mundo. Al general Bernard Montgomery, comandante de la 3ª División durante la retirada, le repelía ver a soldados paseándose por Londres con un emblema de Dunkerque bordado en la guerrera. «Se creían héroes», escribiría posteriormente, «y la sociedad civil los consideraba como tales. Ignoraban que el Ejército británico había sufrido una derrota aplastante». Se temía una invasión alemana, y las manifestaciones de orgullo y autocomplacencia injustificada no agradaban a Montgomery. Pero, para la inmensa mayoría de los ciudadanos, Gran Bretaña tenía aún una oportunidad de luchar por su supervivencia y los soldados retornados eran, por tanto, héroes gloriosos.

Algunos civiles también rechazaban esa euforia colectiva. Una anciana fue testigo del desembarco de las maltrechas tropas británicas en Dover, el 3 de junio. «Cuando yo era niña», contaba, «los soldados iban siempre de punta en blanco y jamás salían sin sus guantes». El colaborador del Mass Observation[1] con el que habló la anciana también se hizo eco del ambiente frío y desolado que reinaba en la ciudad. «Solo puedo decir», anotó, «que allí no había banderas, ni flores, ni nada parecido a lo que sale en la prensa».

Fuera cual fuese el alcance de ese sentir colectivo de alivio y alegría, no hay duda de que las autoridades le dieron pábulo. Winston Churchill entendía instintivamente este mecanismo. Oliver Lyttleton, más tarde miembro del gabinete de guerra de Churchill, describe el liderazgo

---

[1] Organismo de investigación social y antropológica fundado en 1937 para el estudio de la vida cotidiana y la mentalidad colectiva en el Reino Unido (N de la T.).

carismático como la capacidad para embotar las facultades racionales sustituyéndolas por entusiasmo. Muy pocos líderes, al hacer una evaluación cuidadosa de la situación en 1940, habrían actuado con su determinación. Pero pese a no ser el hombre más inteligente del mundo, Churchill tenía la capacidad de enardecer los ánimos de la nación. Te hacía sentir, afirma Lyttleton, como si fueras el protagonista de un gran acontecimiento.

La noche del 4 de junio, la radio emitió un resumen del discurso que el primer ministro dio ese mismo día en la Cámara de los Comunes. El discurso no trataba de eludir los hechos; Churchill habló de cómo las divisiones blindadas alemanas, seguidas por la «masa embrutecida» del ejército, habían barrido como una guadaña a las tropas británicas, francesas y belgas en el norte. Habló de las bajas y de la abrumadora pérdida de armas y equipamiento. Y reconoció que el alivio por la evacuación del ejército no debía cegar a la ciudadanía haciéndole creer que «lo sucedido en Francia y Bélgica no es un desastre militar de proporciones colosales».

Pero Churchill describió asimismo «el milagro del rescate, logrado a fuerza de valor, perseverancia, disciplina perfecta, desempeño impecable, recursos, habilidad y una lealtad inquebrantable». Si esto es lo que podemos lograr en la derrota —daba a entender el primer ministro—, imaginad lo que podemos conseguir en la victoria. Acto seguido habló de su confianza en que Gran Bretaña fuera capaz de repeler una hipotética invasión alemana:

Lucharemos en los mares y los océanos, combatiremos en el aire con confianza y fortaleza crecientes, defenderemos nuestra isla a toda costa, lucharemos en las playas, en los aeródromos, en los campos y en las calles, presentaremos batalla en las colinas. Jamás nos rendiremos.

Por inspiradoras que fueran estas palabras (*JAMÁS NOS RENDIREMOS*, rezaba la primera plana del *Daily Mirror* al día siguiente), auguraban un porvenir poco halagüeño. Combatir en las calles y las colinas equivalía a una guerra de guerrillas, una vez los alemanes hubieran establecido una cabeza de puente en territorio británico. Aparte de eso, Churchill quería dejar claro que a Inglaterra aún le quedaban fuerzas. Y aunque ello podía servir para tranquilizar a la ciudadanía, también pretendía ser un mensaje para los Estados Unidos. «Nosotros guardaremos el fuerte», parecía decir el primer ministro británico, «hasta que os unáis a nosotros. Pero, por favor, no tardéis demasiado».

Joan Seaman, una adolescente londinense, recuerda cuánto le asustaron las noticias que llegaban de Dunkerque. El discurso de Churchill, sin embargo, dio un vuelco radical a su estado de ánimo. «Cuando la gente despotricaba contra Churchill, yo siempre les decía: "Sí, pero a mí me quitó el miedo"». George Purton, soldado del Cuerpo de Intendencia Militar Real, acababa de regresar a duras penas de Dunkerque. No podía compartir el sentir de Churchill sobre la evacuación, pero su discurso le pareció «un ejemplo espléndido de propaganda».

La tarde siguiente, el 5 de junio, otra emisión de la BBC contribuyó a levantar la moral de la nación. El novelista y dramaturgo J. B. Priestley dio una charla después de las noticias. Fue un discurso mucho más distendido que el de Churchill, pronunciado como si estuviera tomando una copa en el bar con unos amigos. Con su acento de Yorkshire, Priestley se burló de lo típicamente británica que había sido la evacuación de Dunkerque: una metedura de pata en toda regla, que había habido que rectificar antes de que fuera demasiado tarde. Se mofó de los alemanes, que aunque quizá no cometieran errores, tampoco alcanzaban logros épicos. «No hay nada en ellos», declaró, «que fascine a la imaginación». Abundando en el tópico de que los británicos son encantadores, absurdos y quijotescos, ponía el acento en el aspecto más típicamente inglés de lo sucedido: aquellos vaporcitos de recreo que habían sido arrebatados de su universo de castillos de arena y bastones de caramelo e introducidos en el pavoroso mundo de las minas magnéticas y las ametralladoras. Aunque algunos se habían hundido, ahora eran inmortales: «Y cuando nuestros bisnietos estudien cómo comenzamos esta guerra convirtiendo la derrota en gloria para acto seguido hacernos con el triunfo, puede que también aprendan que esos vaporcitos de recreo hicieron una excursión al infierno y regresaron victoriosos».

Las palabras de Priestley (así como otras reacciones a la evacuación) reflejan veladamente un sentimiento de orgullo por las virtudes presuntamente británicas: humildad, compañerismo, excentricidad, confianza en la justicia, voluntad de resistir ante los matones y superioridad natural. A fin de cuentas, nadie quiere que los demás piensen que se da demasiados aires. Como escribió Kipling:

Cuanto mayor es la hazaña,
mayores las ganas de reírse de ella;
he ahí el marchamo de la nación inglesa
hasta el Día del Juicio Final.

Se estaba dando forma a la incipiente historia de Dunkerque para que se amoldara al sentimiento de identidad nacional. Al fin y al cabo, ¿cuándo había sido la última vez que un ejército intrépido y desmedrado se había replegado hacia la costa francesa huyendo de un enemigo arrogante e inmensamente más poderoso y había logrado escapar contra toda probabilidad, abriéndose paso hacia la libertad? Durante la Guerra de los Cien Años, naturalmente, cuando los ingleses vencieron en la gloriosa batalla de Agincourt, gracias, en palabras de Shakespeare, a unos «pocos felices», a la «banda de hermanos». La historia de lo sucedido en Dunkerque apenas necesitaba retoques para adaptarla a ese sentimiento de identidad nacional inglesa que tal vez surgiera en Agincourt.

El sentir mayoritario de la nación puede calibrarse por la acogida que dispensó el público a una obra de teatro que se estrenó dos semanas después de la evacuación. *Thunder Rock* se representó por primera vez en el Neighbourhood Theatre de Kensington con Michael Redgrave como protagonista. Su autor, Robert Ardrey, la describió como una obra para gente desesperada. Cosechó un éxito instantáneo. El crítico teatral Harold Hobson recuerda que surtió sobre el público un efecto galvanizador semejante al del discurso de Churchill. Su popularidad fue tal que el Tesoro comenzó a costearla en secreto y poco después fue trasladada al West End, lo que pone de manifiesto lo difusa que es la frontera entre el sentir colectivo espontáneo y su imposición por parte de las autoridades.

El argumento de la obra gira en torno a un periodista que, desencantado del mundo moderno, se ha retirado a un faro en un lago de Norteamérica, donde lleva una vida solitaria. Allí recibe la visita de los fantasmas de hombres y mujeres ahogados un siglo atrás, cuando se dirigían al Oeste intentando escapar de los conflictos de su época. Las conversaciones entre el periodista y los fantasmas evidencian el paralelismo entre pasado y presente: tanto uno como otros deberían haber encarado los problemas de su tiempo. El protagonista decide entonces abandonar el faro y sumarse al esfuerzo de guerra. En su monólogo final, repasa los problemas que acuciaban al público contemporáneo:

> Tenemos motivos para creer que las guerras cesarán algún día, pero solo si nosotros las paramos. Si no se entra, no se sale. Debemos crear un nuevo orden a partir del caos. Un orden nuevo que erradique la opresión, el desempleo, el hambre y las guerras del mismo

modo que el antiguo orden erradicó la peste y las plagas. Y por eso es por lo que debemos luchar y esforzarnos: no se trata de luchar por luchar, sino de crear un nuevo mundo a partir del viejo.

Estas elevadas aspiraciones sociales ponen de manifiesto cómo iba modificándose el «espíritu de Dunkerque». Los avatares políticos estaban alterando el sentimiento original de alivio porque la derrota no fuera inevitable y de orgullo por un esfuerzo épico y desesperado, y transmutándolo en algo más complejo e interesante. Si Adolf Hitler no era la causa del mal sino su síntoma, entonces la victoria debía traducirse en un mundo mejor y más justo.

Pero, pese a todo lo que se dijo y se escribió entonces, puede que la manifestación más impresionante del espíritu de Dunkerque se diera en el marco de la industria británica. Inmediatamente después de la evacuación, los trabajadores cobraron plena conciencia de la necesidad de redoblar la producción industrial. Esta rara convergencia entre trabajadores y patronal, que reflejaba un interés común por la supervivencia, marcó quizá el punto álgido del espíritu de Dunkerque. En la factoría de Birmingham encargada de fabricar carburadores para los aviones de combate Spitfire y Hurricane, se duplicó la producción durante las dos semanas posteriores a la evacuación. Pese a que la jornada oficial de trabajo duraba de ocho de la mañana a siete por la tarde, siete días por semana, muchos trabajadores se quedaban en sus puestos hasta la medianoche y dormían en las instalaciones de la fábrica. Ello habría sido inimaginable casi en cualquier otro periodo del pasado siglo.

Cuando la *Blitzkrieg*, la campaña que llevó a cabo la Luftwaffe sobre Gran Bretaña, sacudió el país durante ocho meses y medio, entre septiembre de 1940 y mayo de 1941, los bombardeos indiscriminados evidenciaron la necesidad de mantenerse unidos, y el «espíritu de Dunkerque» y el «espíritu de la *Blitzkrieg*» se fundieron para formar un solo ideal de solidaridad colectiva. La esencia de ambos era la convicción instintiva de que la vida importaba de veras.

En los años de la inmediata posguerra, se recurrió a menudo al concepto de «espíritu de Dunkerque» para criticar ese presunto rasgo nacional según el cual los británicos solo arriman el hombro cuando no les queda otro remedio, pero en épocas recientes se le ha dado un uso más fiel a su sentido original. En diciembre de 2015, por ejemplo, Peter Clarkson, un jubilado de Cumbria, se puso el bañador y se dio un chapuzón en su cocina tras las fuertes lluvias que inundaron su casa. «¡Así es como encaramos aquí las inundaciones!», gritó mientras pasaba dando brazadas frente a la placa de la cocina y explicaba que estaba tratando de «animar a los vecinos con una pizca del espíritu de Dunkerque». Y cuando, tras su ascenso a la Premier League, el Hull City comenzó la temporada 2016-17 ganando a pesar de las lesiones de sus jugadores más destacados y de la falta de un técnico permanente, el centrocampista Shaun Maloney atribuyó sus buenos resultados al «espíritu de Dunkerque» que imperaba en el club.

Pero el espíritu de Dunkerque alcanzó sus mayores cotas en 2016, con motivo del referéndum acerca del Brexit, cuando el país se vio inundado de referencias a ese periodo. Al animar a la ciudadanía a votar a favor del Brexit, Peter Hargreaves, uno de los principales patrocinadores de la campaña que promovía la salida de la Unión Europea, se remitió a la última vez que Gran Bretaña abandonó Europa. «Será otro Dunkerque», declaró. «Saldremos y nos irá de maravilla porque volveremos a sentirnos inseguros. Y la inseguridad es fantástica». Nigel Farage, por su parte, no satisfecho con invocar el espíritu de Dunkerque, trató de resucitarlo haciendo que una flotilla de pequeñas embarcaciones remontara el Támesis portando consignas como «Vota Sí a la salida y Gran Bretaña será grande de nuevo».

Pero estamos hablando de gestos y palabras de individuos insertos en el contexto actual, con intereses apegados a la realidad contemporánea. ¿Cómo describen los veteranos de la evacuación el «espíritu de Dunkerque»? ¿Qué significaba (y significa) para ellos?

La inmensa mayoría lo asocia a sus vivencias personales. Robert Halliday, de los Ingenieros Reales, llegó a Francia al inicio de la conflagración y fue evacuado desde Bray-Dunes el 1 de junio. Para él, el espíritu de Dunkerque reside en las unidades de soldados franceses y británicos que combatieron ferozmente para defender el perímetro de la ciudad. «Esos chicos que mantenían a raya a los alemanes y nos abrían paso valían su peso en oro», asegura. Recuerda que los soldados le gritaban al pasar «¡Buena suerte, allá vas!». Le brillan los ojos al recordarlo. Sigue teniendo muy presente el espíritu de Dunkerque. «Fue», afirma, «maravilloso». En cambio, para George Wagner, que fue evacuado desde La Panne ese mismo día, el espíritu de Dunkerque es sinónimo de supervivencia. «Queríamos sobrevivir como país. Era la camaradería y el echar todos juntos una mano».

No todo el mundo es de la misma opinión. Ted Oates, del Cuerpo de Intendencia Militar Real, fue rescatado del muelle de Dunkerque. Al preguntársele si el espíritu de Dunkerque tiene algún significado para él, se limita a negar con la cabeza. Y lejos de experimentar dicho espíritu, George Purton opina que el Ejército británico sufrió, de hecho, una traición. «Nos enviaron a algo para lo que no estábamos preparados», afirma. Recuerda Dunkerque como un momento de aislamiento. «Estaban sucediendo muchísimas cosas, pero allí cada cual se preocupaba solo de sí mismo. "¿Cómo rayos voy a salir de esta?"».

Dunkerque ocupa un lugar cuasi sagrado en la conciencia colectiva de los británicos. Ha dado lugar a experiencias y posiciones contradictorias. Inspira fuertes emociones no solo entre los veteranos, sino también entre quienes nacieron años después y solo conocen los hechos a través del folclore o de una lectura políticamente sesgada. ¿Cómo aborda, por tanto, un cineasta actual este acontecimiento histórico?

Chris Nolan, uno de los directores más respetados del panorama actual, ha escrito y dirigido un largometraje centrado en la evacuación. Era una historia con la que ya estaba familiarizado. «Creo que todo escolar inglés la conoce», afirma. «Uno la lleva en los huesos, pero me pareció que ya iba siendo hora de volver a las fuentes originales».

Al abordar el tema de la evacuación, comenzó a preguntarse qué ocurrió de verdad en Dunkerque. «Daba por sentado, con el escepticismo propio de nuestros tiempos, que al estudiar más de cerca lo sucedido me llevaría una decepción. Que los mitos en torno al espíritu de Dunkerque se desvanecerían y que el meollo de la cuestión sería mucho más banal». Pero al indagar en la historia descubrió algo inesperado: «Me di cuenta de que las simplificaciones ponen de manifiesto la verdad, porque la verdad más grandiosa, el bosque por contraposición a los árboles, es que en Dunkerque se dio algo absolutamente extraordinario. Comprendí lo heroico que había sido todo aquello».

Heroico, pero no sencillo. «Cuando te sumerges en la auténtica historia de lo que sucedió, cuando indagas en lo que de verdad supuso estar allí, descubres que es un acontecimiento extremadamente complejo. La cantidad de gente que participó... Era como una ciudad entera concentrada en una playa. Y en cualquier ciudad hay cobardía, hay egoísmo, hay avaricia y hay ejemplos de heroísmo». Y el hecho de que ese heroísmo se diera al mismo tiempo que las conductas negativas, y de que prosperara a pesar de los más bajos instintos de la naturaleza humana, hace que resulte aún más conmovedor y poderoso. «En eso consiste el verdadero heroísmo», declara Chris. Pese a los gestos de los individuos concretos, ve la evacuación de Dunkerque como un esfuerzo colectivo realizado por personas corrientes que actuaban en aras del bien común. De ahí que, en su opinión, ese heroísmo sea más grandioso que la simple suma de sus partes. Ese es, en definitiva, su acicate para hacer la película.

Otro aliciente es la universalidad de la historia. «Cualquiera puede entender su grandeza: es primigenia, es bíblica. Son los israelitas empujados hacia el mar por los egipcios». Ello le brinda un trasfondo ideal para lo que él llama «personajes en tiempo presente», sujetos anónimos sin un bagaje complejo. «La idea es», continúa el realizador, «que puedan ser anónimos y neutros, y que el público puede identificarse con ellos y sentirse partícipe de los problemas y escollos de su presente».

Mientras hacía la película, Chris se veía a sí mismo como un representante de la audiencia. «Lo que estoy sintiendo y cómo interpreto mis emociones, el modo en el que asimilo las tomas, todo eso estimula mi imaginación acerca de cómo montar la película». Si tiene una reacción visceral, sabe que va por el buen camino. «Estoy sentado en el cine viendo la película mientras la ruedo», explica. Y, a su modo de ver, para contar bien la historia había que filmarla desde el punto de vista de los participantes: en tierra, mar y aire. Lo que significa que casi todas las secuencias de las barcas están rodadas desde la cubierta y que, en el caso de los aviones, las cámaras se colocaban con todo cuidado para que el espectador pudiera ver lo que veía el piloto. «Quiero que parezca real y que pueda vivirse como una experiencia propia. Para mí, el cine puro es siempre una experiencia subjetiva».

El enemigo apenas hace acto de aparición en la cinta. Se ve de pasada a soldados alemanes, pero el espectador apenas llega a vislumbrar sus caras. Esto, como señala Nolan, refleja fielmente la realidad de la situación, la vivencia subjetiva de los hombres en la playa. «Cuando echas un vistazo a las crónicas en primera persona, te das cuenta de que la mayoría de los soldados británicos tuvieron muy poco contacto con el enemigo. Quería que el espectador se pusiera en el lugar de un soldado joven e inexperto que se ve de pronto inmerso en ese atolladero, y por los relatos en primera persona sabemos que no veían cara a cara a los alemanes. Quería ser fiel a esa realidad e indagar en la naturaleza intemporal de la historia. La razón por la que Dunkerque ha seguido generando polémica en el transcurso de varias generaciones y seguirá generándola es que no se trata de un conflicto entre alemanes y británicos, ni de sus circunstancias concretas. Se trata de una cuestión de supervivencia. Quería que la película fuera un relato de supervivencia».

De hecho, los verdaderos enemigos de los soldados británicos (al menos de los que no defendían el perímetro de Dunkerque) eran los aviones, la artillería, los submarinos, las minas y los cañoneros. Y una batalla contra un enemigo invisible al que no se puede ver ni tocar, con el que no se puede entrar en combate cuerpo a cuerpo, da pie a una película bélica que se sale de la norma. De hecho, en opinión de Chris, *Dunkerque* no es en absoluto una película bélica. «Es más una película de terror que de guerra. Se trata de un terror psicológico, en torno a amenazas invisibles. Los chicos de las playas sabían muy poco de lo que estaba sucediendo y de lo que iba a suceder, y yo quiero poner al espectador en esa misma tesitura».

Otro enemigo era el tiempo. «Es la suprema carrera contrarreloj», afirma. «Pero, por otro lado, contamos con la duración real de los acontecimientos, que da para periodos de aburrimiento, de inmovilidad y de parálisis. Esos hombres están atascados y de ahí procede la tensión, la descarga de adrenalina. Al hacer una película acerca de personas que guardan cola en un puente que quizá no lleve a ninguna parte, el tiempo se vuelve fundamental».

Puede que Chris Nolan quiera que su público se sienta tan desinformado y perplejo como los jóvenes que hacían cola bajo el fuego enemigo para subir a bordo un barco que les llevaría a casa, pero, al proponerme escribir un ensayo histórico sobre el mismo tema, no es esa mi intención. Me propongo pintar un cuadro vívido de los acontecimientos, ofrecer a los lectores una visión más nítida de lo sucedido que la que ofrecieron dos soldados británicos al piloto Al Deere, del Escuadrón 54, cuando el 28 de mayo hizo un aterrizaje de emergencia en las playas de Dunkerque:

—¿Adónde van? —preguntó Deere.
—Tú dirás —contestó uno de ellos.
—Los van a evacuar, ¿no?
—No lo sabemos.

Antes de examinar lo ocurrido, sin embargo, quisiera situar los hechos en su contexto histórico, y para ello es importante saber algo más sobre la vida de los jóvenes durante los años previos a la guerra. Después habremos de preguntarnos qué significaba ser joven en una época tan incierta. ¿De dónde *surgió* Dunkerque?

Dos

Como nosotros

La historia de Dunkerque no se reduce a un mes fre-
nético en el que intervinieron tanques y playas, soldados
de infantería y marineros, políticos ambiciosos y generales
alterados. Ni siquiera puede resumirse como un intenso
drama de supervivencia personal y nacional. Es la historia de los hombres y mujeres que participaron en los hechos,
de sus orígenes y de las experiencias que conformaron su
carácter. Es el relato de cómo se las arreglaron distintos
países para superar las penurias de los años treinta, y de
cómo ello desembocó en la evacuación de un ejército
mientras otro pugnaba por destruirlo. Y es la historia de
la importancia creciente de la juventud en el terreno político, económico y militar.

Nuestro relato da comienzo en Gran Bretaña. A
continuación nos trasladaremos a Alemania, para acabar
en Estados Unidos. Examinaremos los parecidos y las
diferencias. Y nos preguntaremos, por último, cómo habríamos sido nosotros en esas circunstancias y cómo nos
las habríamos ingeniado para sobrevivir.

Reino Unido

Thomas Myers fue evacuado de las playas de Dunkerque el 31 de mayo de 1940, a los diecinueve años. Al re-
memorar aquel momento décadas después, este soldado

del Regimiento de Infantería Ligera de Durham afirma que actuó como un avestruz: trató de enterrar la cabeza (y otras partes del cuerpo) en la arena mientras a su alrededor llovían bombas, obuses y balas. Consiguió, sin embargo, mantener la calma, no como algunos otros infelices a los que vio correr de un lado a otro sin saber adónde ir, presas del pánico.

Pero, pese a su serenidad durante los bombardeos, Thomas era un soldado novato. Cinco años antes, a los catorce, salió del colegio en el condado de Durham un viernes por la tarde y subió andando por la carretera para hablar con el encargado de la mina de carbón Dean and Chapter. El lunes siguiente, a las tres de la madrugada, comenzó a trabajar en la mina.

Su padre y sus dos hermanos mayores eran mineros. «En esta zona te educaban para que trabajaras en la mina», afirma. A la pregunta de si le gustaba su trabajo, responde: «Nacías para ello. Eras minero. Ibas a la mina. No había otra cosa».

Thomas se puso a trabajar igual que lo había hecho su padre antes que él. No recibió formación alguna; le dijeron simplemente que cogiera un poni de los que por entonces se empleaban en las minas y fuera a buscar a un chico mayor para que le enseñara. Su trabajo consistía en recoger vagonetas de carbón llenas de mineral recién extraído, engancharlas al poni mediante un arnés y transportarlas varios centenares de metros, hasta un lugar donde eran acarreadas mecánicamente hasta la superficie. A continuación recogía las vagonetas vacías y las llevaba de vuelta a la galería. Este ciclo se repetía continuamente durante su jornada de siete horas y media.

Thomas recuerda su primera noche en la mina: «Había pilotes de madera para sostener el techo, pero siempre parecía que estaban a punto de derrumbarse, aparecían grietas y yo me moría de miedo. ¡Y los ruidos, sobre todo cuando estaba solo! Para un chaval de catorce años era muy impresionante bajar a la mina en esas condiciones».

Poco tiempo después sus temores se vieron confirmados al fallecer un chico que hacía el mismo trabajo que él. Un minero le pidió que llevara un taladro en su vagoneta vacía. Mientras el poni trotaba, la vagoneta se salió del camino y el taladro se levantó de golpe y fue a clavarse en el cuerpo del chico. Thomas quedó horrorizado al enterarse. «No pienso volver ahí», le dijo a su hermano esa noche. «Mañana vuelves otra vez», contestó su hermano. «Tienes que superarlo». Poco después murió otro chico y Thomas fue el primero en llegar al lugar de los hechos. «¡Qué estampa!», recuerda. «Ni siquiera había cadáver. Estaba hecho pedazos».

El año en que Thomas empezó a trabajar, todos los días morían en Inglaterra cuatro mineros, de media. La minería del carbón era el trabajo más peligroso del país en tiempos de paz. Y el riesgo no se reducía cuando los mozos eran ascendidos y empezaban a extraer carbón en las galerías. Los mineros tenían que trabajar en grietas muy estrechas, de apenas treinta centímetros de ancho en ocasiones, tumbados de lado, barrenando el mineral con el codo hincado en la rodilla. «Sacas el carbón como buenamente puedes», le contaba en 1938 un minero de Durham a la periodista de la BBC Joan Littlewood en una entrevista. «Si oyes que se derrumba el techo, tienes que apartarte. Pero, si no te arriesgas, no hay forma de sacar el puñetero carbón».

La vida era tan dura como peligrosa. Los mineros regresaban del trabajo cubiertos de carbonilla y sudor, y en sus exiguas viviendas no había cuarto de baño. La mayoría se lavaba en pequeñas tinas, en la cocina. El escritor W. F. Lestrange pasó algún tiempo en una casa como la de Thomas, habitada por una familia en la que había tres mineros. «La mujer de la casa —escribió— se pasaba la vida luchando en vano contra la carbonilla que cubría las paredes, los muebles y el suelo, cuando no estaba calentando agua para tres baños consecutivos».

Al otro lado del mar de Irlanda la vida era igual de dura. Políticamente, Irlanda del Norte pertenecía, igual que ahora, al Reino Unido. Geográficamente, sin embargo, forma parte de Irlanda. Harry Murray comenzó a trabajar en el astillero Harland and Wolff de Belfast en 1937. «Tenías que ganarte el jornal o no te pagaban», recuerda, «y, si no te lo ganabas, te despedían y ya está». Harry trabajaba siempre al aire libre, hiciera el tiempo que hiciera; bebía té de una lata y tenía media hora de descanso para almorzar, jugar a los dados u orar. Y su porvenir dependía de la buena voluntad del capataz. «La gente solía llevarle mantequilla, huevos, dinero, cualquier cosa con tal de conservar su empleo», explica Harry. «Si al capataz no le gustaba tu cara, te ponían en la calle. Y estando en paro te costaba diez veces más salir adelante».

Sin embargo, por extraño que parezca, Harry Murray era un hombre con suerte. El gobierno de Irlanda del Norte pretendía ser, en palabras de su primer ministro, «un gobierno protestante para un pueblo protestante». Y, por el mero hecho de ser protestante, Harry tenía garantizado el acceso a una vivienda habitable y a un empleo, aunque fuera mal pagado. Un católico del Ulster no contaba con esas ventajas. Harland and Wolff no empleaba a católicos desde principios del siglo XX, y los católicos ya no se molestaban en pedir trabajo en el astillero, que se había convertido en un reducto protestante en el que los empleos se transmitían de padres a hijos y de tíos a sobrinos.

Así pues, aunque cobraran salarios más bajos que sus homónimos ingleses y a menudo vivieran en casas sin agua corriente ni alumbrado, los protestantes del Ulster podían considerarse relativamente privilegiados. A fin de cuentas, mejor ser de segunda clase que de tercera.

Incluso en Londres, el corazón del Imperio Británico, las condiciones de vida eran difíciles. En 1939, el londinense medio tenía una esperanza de vida de 62 años, frente a los 82 de hoy en día. Solo un 2 % asistía a la universidad; actualmente, ese porcentaje alcanza el 43 %. Sor Patricia O'Sullivan llegó en 1934 al este de Londres, donde vivió entre familias de marineros. Recuerda claramente la importancia que revestían las tiendas de empeño para la gente de aquellos barrios. Cuando un hombre iba a embarcarse, llevaba su traje a empeñar porque no iba a necesitarlo durante una buena temporada. A su regreso lo recuperaba y empeñaba las cosas que había traído de lugares lejanos. Sor Patricia proveyó a menudo a familias pobres con enseres que los marineros traían de sus viajes y luego empeñaban.

Una de esas familias era la de Doris Salt, cuyo marido murió atropellado por un conductor borracho que conducía un coche robado. Dadas las circunstancias del fallecimiento, Doris no recibió indemnización alguna. «Tuve que apañármelas como podía durante años», cuenta. «Aprendí a hacer una buena comida con casi nada. A la gente no suelen gustarle las cabezas de cordero, no quieren ni verlas, pero a nosotros nos encantaban». Florence Muggridge, de Poplar, conocía a una mujer cuyo marido había muerto trabajando en los muelles. «¡El muy sinvergüenza! ¡Íbamos a salir esta noche!», comentó al enterarse de que se había quedado viuda. Pero «no esperabas nada, ¿comprendes?», dice Florence. «Así eran las cosas. La gente tenía que buscarse la vida de una manera que ahora parece inconcebible».

Actualmente es posible ver la vida, al menos desde una perspectiva occidental, como una sucesión de elecciones entre distintas alternativas, pero la mayoría de los jóvenes británicos que vivieron las primeras décadas del siglo XX tenían muy poco donde elegir. Heredaban el oficio de sus padres, vivían cerca de su lugar de nacimiento y se casaban por conveniencia tanto como por amor. No obstante, en la Inglaterra de los años treinta, como sucedió en Alemania o en Estados Unidos, las convulsiones de la economía comenzaban a sacudir los cimientos de la sociedad. Las actitudes y expectativas de los jóvenes empezaban a transformarse, lo que daría lugar a un abismo generacional.

Pero para que se operara ese cambio tenía que aparecer un catalizador, y ese catalizador fue (en Inglaterra como en todas partes) la Gran Depresión. Como señala el escritor y ensayista Ronald Blythe, en Gran Bretaña la época de entreguerras tuvo como telón de fondo el desempleo, un telón de fondo inmenso, sórdido, aburrido e insoslayable, que hizo sufrir a personas de toda condición.

Trevor, un chico de diecisiete años del sur de Gales, quería ser ingeniero, pero al quedar su padre en paro se vio obligado a dejar los estudios para trabajar como recadero. Iba a ser una ocupación temporal, pero su padre no consiguió encontrar otro empleo, y al poco tiempo el propio Trevor perdió el trabajo. Desde entonces pasaba los días jugando al pimpón en un centro social para desempleados.

En 1933 había tres millones de desempleados en Gran Bretaña, y en el momento de estallar la guerra la desocupación seguía siendo muy elevada. Alfred Smith, del sur de Londres, perdió su trabajo en 1935. Tres años después, y pese a estar todavía en la treintena, la revista *Picture Post* lo describió como un hombre de cara arrugada y mejillas hundidas que caminaba con la cabeza gacha: «el andar típico del desempleado».

Alfred vivía con su mujer y sus tres hijos pequeños en un piso de dos habitaciones, una de ellas dividida por un tabique. En un día normal, la familia comía pan con margarina para desayunar, estofado o pescado hervido con patatas y pan a mediodía y más pan con mantequilla para cenar. Rara vez tomaban fruta o verduras frescas, y no porque fueran más caras, sino porque llenaban menos que el pan y las patatas. Más que pasar hambre, los desempleados británicos y sus familias estaban mal alimentados.

En 1935, el 45 % de los reclutas del ejército británico fueron considerados no aptos para el servicio militar. Cinco años más tarde, cuando el periodista norteamericano William Shirer trabajaba como enviado especial acompañando a las fuerzas armadas alemanas, le presentaron a un grupo de soldados británicos que habían sido apresados poco después de la evacuación de Dunkerque. Tras describirlos como una alegre pandilla (uno le dijo: «¿Sabes?, eres el primer americano que veo en carne y hueso. Menudo sitio para conocernos, ¿eh?»), Shirer anota que lo que más le sorprendió fue su *debilidad física*. La depresión golpeó a Alemania con igual o mayor dureza que a Estados Unidos, pero sus estragos parecían ser más visibles en los jóvenes británicos. En opinión de Shirer, el adiestramiento militar no había compensado la mala dieta, ni la falta de aire fresco y ejercicio.

George Orwell, el insuperable cronista de la clase obrera británica, opinaba que la peor consecuencia del desempleo, peor incluso que las penalidades económicas, era «el sentimiento pavoroso de impotencia y desaliento». Trevor, el joven galés de diecisiete años que se pasaba los días jugando al pimpón, era un ejemplo de ello. «Vengo todos los días a las diez y juego hasta la hora de comer», le contó a W. F. Lestrange, «y, como por la tarde tampoco tengo nada que hacer, vuelvo aquí y me pongo a jugar si hay alguna mesa libre. A jugar al pimpón, a golpear pelotitas de celuloide, ¡a eso me dedico! Voy a pasarme la vida jugando al pimpón. Cuando era pequeño pensaba que sería... Quería ser...». En ese momento el chico huyó de la habitación con los ojos llenos de lágrimas.

Las condiciones de vida de los desempleados se agravaron al introducirse el *means test*, una evaluación o prueba de haberes que obligaba a los desempleados a justificarse cada cierto tiempo ante un funcionario estatal que, invadiendo el cuarto de estar de sus casas, podía interrogarles, por ejemplo, sobre un abrigo que le pareciera sospechosamente nuevo. Un desempleado no podía permitirse tener secretos, como tampoco podía permitirse tener orgullo.

A veces, los desempleados trataban de eludir el control del estado. Un joven que viviera con sus padres podía dar una dirección falsa para intentar conseguir un subsidio propio. Las prestaciones, por otro lado, se retiraban a veces por error. Orwell cuenta el caso de un hombre al que se vio dando de comer a las gallinas de su vecino, que en ese momento estaba ausente. Se consideró por ello que tenía trabajo y se le retiró el subsidio. Las autoridades se mostraban poco compasivas con quienes caían en la marginalidad. Un hombre que viajaba por el país buscando trabajo y que fue sorprendido robando dos hogazas de pan le dijo al juez que era muy difícil no caer en la tentación. «Eso dice usted», replicó el magistrado, «pero ya le enseñaré yo que no es así. Va a ir dos meses a prisión, a hacer trabajos forzados».

Eran las mujeres, no obstante, quienes más sufrían esta situación. La esposa de un desempleado seguía teniendo que esforzarse por mantener el hogar. Con frecuencia comía muy poco para que sus hijos tuvieran suficiente alimento, tenía que vérselas con los cobradores de deudas, pagar el alquiler y además bregar con la baja autoestima de su marido. Como observaba Orwell, el obrero británico típico jamás colaboraba en las faenas domésticas, ni siquiera cuando pasaba todo el día en casa. Aun así, estas mujeres no se libraban de la condescendencia masculina: en 1935 sir F. G. Hopkins, presidente de la Royal Society, afirmó en un discurso ante sus colegas que «lo que más necesita el ama de casa inglesa de clase baja es que le enseñen a guisar con sencillez, pero bien».

Inevitablemente, la falta de un sistema eficaz de protección social y la incomprensión entre clases sociales condujeron a un auge de los partidos extremistas. La Unión de Fascistas Británicos, encabezada por el oportunista Oswald Mosley, estaba formada mayoritariamente por varones de clase obrera menores de treinta años. Sus desfiles por ciertos barrios no podían menos que soliviantar a sus habitantes. En octubre de 1936, un enorme gentío encabezado por Mosley marchó por el East End de Londres. Como era de esperar, a la altura de Cable Street les salió al paso otra horda de jóvenes antifascistas indignados por su presencia en el barrio. La batalla campal que siguió condujo a la detención de más antifascistas que fascistas, lo que permitió a Mosley presentar a sus seguidores como víctimas de una agresión. Tras este incidente, aumentó la afiliación al partido.

A finales de marzo, Mosley afirmó ante sus seguidores: «El gobierno se rinde ante la violencia roja y la corrupción judía». Pero los fascistas *nunca* se rendían. «Somos los portadores de la llama que alumbrará este país y, más tarde, el mundo».

En 1989, durante una entrevista en la Radio BBC, Diana, la viuda de Mosley (una de las excéntricas y aristocráticas hermanas Mitford), aseguró que su marido nunca había profesado el antisemitismo. Eran los judíos quienes, al boicotear sus desfiles, provocaban a los militantes fascistas. (En esa misma entrevista, Diana rememoró la figura de Hitler: «Era interesantísimo hablar con él. Tenía tantas cosas que decir...»).

Poco antes de los sucesos de Cable Street, su padre, lord Redesdale, dio un discurso en la Cámara de los Lores quejándose de la ignorancia que demostraban los británicos respecto a los nazis. El error más común —afirmaba— se refería al trato que dispensaban a los judíos. Lo cierto era que los alemanes no molestaban a los judíos, siempre y cuando estos se comportaran debidamente. Y si los alemanes opinaban que los judíos constituían un problema para su nación —continuaba Redesdale—, debía dejárseles que solucionaran dicho problema como creyeran oportuno. Resulta evidente, pues, que, de haber llegado los nazis a Gran Bretaña, habrían encontrado apoyos inmediatos entre las clases superiores, así como entre los más desfavorecidos.

Pero entre los jóvenes británicos también estaba ganando adeptos otro extremismo político: el comunismo. Como escribía Giles Romilly, sobrino de Winston Churchill: «A la juventud se le presenta una alternativa clara. O se alía con los parásitos y los explotadores, o toma partido por la clase obrera para derribar el sistema capitalista y sentar los cimientos de una sociedad sin clases».

En 1936 y 1937, miles de británicos se unieron a las Brigadas Internacionales y viajaron a España para combatir contra Franco. Eran en su gran mayoría jóvenes varones de clase trabajadora, aunque no todos. Penny Fiewel era por entonces enfermera y trabajaba en Hertfordshire. Una compañera le preguntó si quería ir de voluntaria a España. «Le dije que no sabía nada de España. Nada. Me contestó que me convenía informarme, y me lo contó todo sobre España, que las monjas se estaban poniendo del lado de Franco, y aquello, claro, me llegó al alma. Yo era joven y muy sensible».

Al poco tiempo, Penny se encontraba en un hospital de campaña en el frente, tratando heridas espantosas y enseñando a las enfermeras españolas a hacer lo propio. Cuando empezaron a caer bombas en los alrededores, el hospital se vio inundado de civiles en busca de refugio. Un hombre chocó con ella en la oscuridad y, al apartarle de un empujón, Penny notó algo pegajoso en los dedos. Cuando volvió la luz, vio que el hombre tenía arrancada la mitad de la carne de la cara. Mucho antes de que Hermann Goering lanzara a la Luftwaffe contra Londres en septiembre de 1940, Penny Fiewel conoció de primera mano la brutalidad del armamento moderno. La Guerra Civil española, ilustrada emblemáticamente por Pablo Picasso, enseñó al mundo a temer los bombardeos.

Meses después, Penny resultó herida de gravedad en un ataque. Al despertarse en un pajar, desnuda salvo por los vendajes que le oprimían el pecho y el abdomen, sintió unos dolores espantosos. Y mientras se recuperaba en el hospital siguieron los bombardeos. «Fueron días de pesadilla», recuerda.

La guerra la ganaron finalmente los nacionales de Franco con ayuda de los alemanes, en una violación flagrante del tratado de no intervención firmado por Alemania. Ello puso de manifiesto lo peligroso que era fiarse de Hitler. Pese a todo, los dirigentes políticos británicos se mostraban tan dubitativos en sus tratos con el *Führer* como en su manejo de la economía nacional.

Era comprensible. Gran Bretaña había ganado la I Guerra Mundial, pero su economía había quedado muy maltrecha. (Resulta sorprendente que en 2017 los bonos del estado emitidos durante la I Guerra Mundial constituyeran aún una parte asombrosamente alta de la deuda nacional). Las mayores pérdidas fueron, sin embargo, humanas. La guerra se cobró la vida de un alto porcentaje de jóvenes británicos de aquella generación, y muchos otros sufrieron lesiones graves, físicas y psicológicas. Los dirigentes de la nación, por su parte, ansiaban dar carpetazo al conflicto. Deseaban creer en un nuevo orden mundial en el que, bajo el mandato de la Liga de las Naciones, reinaría la paz. De ahí que fueran reacios a examinar con atención lo que estaba sucediendo en Alemania. Se resistían, por otro lado, a imponer la subida de impuestos a la que obligaría el rearme. En general, era mucho más sencillo seguir escondiendo la cabeza en la arena que prestar oídos a los llamamientos a la guerra de hombres como Winston Churchill.

Y aunque desaprobaran sus métodos, los políticos británicos no creyeron en un principio que Hitler supusiera una amenaza grave. Como escribía en 1940 el futuro presidente de Estados Unidos John F. Kennedy en su libro *¿Por qué dormía Inglaterra?*: «Es únicamente el miedo, un miedo feroz por la propia seguridad (...), lo que hace que una nación entera exija el rearme». Ese miedo no surgió en Gran Bretaña hasta que ya era demasiado tarde.

Alemania, en cambio, se dio prisa en rearmarse. Los acontecimientos de mayo y junio de 1940 marcaron, por tanto, la crisis definitiva de las actitudes prebélicas de ambos países: la una conservadora y conciliatoria; la otra, radical e implacable.

Pero, pese a las penalidades que encaró el pueblo británico en el periodo de entreguerras, durante aquellos años surgió también una realidad más positiva. Al igual que en Estados Unidos y que en Alemania (en este último país con connotaciones más siniestras), en Inglaterra se estaba creando una cultura juvenil nítida y reconocible. *Se ha declarado la juventud, como un sarpullido*, afirmaba un editorial de *Picture Post* a principios de 1939. Según afirmaba el artículo, todo el mundo —desde los políticos a los periodistas, pasando por las autoridades eclesiásticas—, hablaba de «la juventud». *¿A qué viene tanto hablar de «la juventud»? Puede que en parte se deba a que estamos en una época de transición, y la gente mayor lleva el marchamo de instituciones en las que hemos perdido la fe. ¡Esperemos que los jóvenes lo hagan mejor!*

Se trata de un fenómeno sorprendente que afectó en igual medida a los tres países.

La depresión y el fracaso aparente de la generación anterior estaban permitiendo a los jóvenes forjar una nueva identidad. En Inglaterra, esa nueva identidad tenía como protagonistas a asalariados solteros de entre catorce y veinticuatro años que disponían de más ingresos para su disfrute personal que cualquier otro sector de la sociedad. Esta incipiente cultura juvenil no habría crecido tan aprisa si no hubiera sido un estímulo fundamental para la economía.

Un estudio llevado a cabo en 1937 en una zona deprimida de Manchester concluyó que los jovencitos que trabajaban, incluso los de las familias más pobres, *tenían días de vacaciones, salían por ahí y se compraban ropa nueva, mientras que los padres (y en especial la madre) se quedaban en casa y vestían ropa vieja.* Estaba surgiendo el espíritu *teenager*, antes incluso de que se acuñara dicho término. Porque, al reservarse buena parte de su salario, estos jóvenes vivían mucho más desahogadamente que sus mayores.

Gastaban buena parte de su sueldo en ver películas, sobre todo americanas. Muchos iban al cine una vez por semana, como mínimo; algunos, muchas más. Y no solo veían películas: también aprendían de ellas. Imitaban las modas indumentarias y los peinados, el acento y los modales. Los chicos gastaban sombreros de fieltro y las chicas se daban aires de Escarlata O'Hara. Una chica de un barrio obrero de Manchester cuenta en su diario que era normal que en 1938 se pasara las tardes de los lunes viendo películas de George Formby con una amiga, hablando de cine (y también de chicos y ropa), y que al regresar a casa escuchara música de baile y hablara con su familia de las películas que había visto.

Los adolescentes gastaban mucho dinero en los locales de baile. George Wagner, un zapador evacuado de La Panne en mayo de 1940, tenía dieciséis años en 1936, cuando comenzó a asistir con asiduidad a estos salones. A pesar de su timidez, bailar era su afición favorita. «Allí conocías a chicas», cuenta George, «y eso era lo principal».

Vestido con traje, corbata y chaleco comprados por su madre (hasta los catorce años no había empezado a usar pantalones largos), George recorría a pie varios kilómetros para ir al Palace Ballroom de Erdington con sus tres mejores amigos. Los bailes los dirigía Harry Phillips, que se paseaba por la pista emparejando a chicos y chicas. No se servía alcohol, así que, si algún amigo de George quería tomar una copa, tenía que ir a un *pub* y mentir sobre su edad. Una orquesta de cinco músicos tocaba los temas que hacían furor en Estados Unidos (la canción preferida de George era *Deep purple*), mientras los chicos se armaban de valor para acercarse a las chicas. Según explica George:

Solías ponerte a charlar con ellas, a ver si te dejaban acompañarlas a casa. Yo no tenía novia fija, por lo menos entonces; era todavía muy joven. Las acompañaba a casa y a lo mejor nos besuqueábamos un poquito al llegar a la verja. Pero en aquellos tiempos las chicas estaban muy vigiladas. A veces los padres estaban mirando por la ventana, a la luz de la lámpara. «¡Venga, que llegas tarde!».

Pero ¿qué diferenciaba a los jóvenes asalariados de este periodo de los de generaciones anteriores? Sus impulsos no habían cambiado, pero sí sus actitudes. Ahora se quedaban con una parte mayor de su sueldo y tenían aficiones e intereses propios. Antes de la I Guerra Mundial, había muy pocos entretenimientos (si es que había alguno) dirigidos únicamente a los jóvenes. Los *music halls* y los teatros económicos eran igual de populares entre todas las edades. Es difícil exagerar la independencia y la importancia que alcanzó la juventud en este periodo histórico. Y cuesta imaginar cómo habrían evolucionado las cosas si no hubiera tenido lugar la gran depresión.

No conviene, sin embargo, proyectar nuestra mentalidad actual en los jóvenes de la década de 1930. Podemos fantasear con que eran «como nosotros», pero la verdad es más compleja. Cuando George comenzó a relacionarse con chicas, era un chaval de su época. A sus amigos y a él nada les gustaba más que montar una tienda de campaña en un prado, hurtar un poco de carbón del ferrocarril para hacer una fogata y asar lo que encontraran por el campo. George buscaba una bellota, le clavaba una pajita, la llenaba con tabaco sacado de algunas colillas y la usaba como pipa. «Si se hubiera enterado mi madre», cuenta, «me habría puesto verde». Puede que la mentalidad de los jóvenes estuviera cambiando, pero desde una perspectiva actual seguían siendo extremadamente ingenuos.

Hay que recordar, por otra parte, que los jóvenes no eran los únicos que empezaban a conocer nuevos placeres y pasatiempos. También se estaba desarrollando una cultura popular de cuño enteramente británico y accesible a todas las edades. Adoptaba la forma de diversiones y lujos económicos, asequibles para cualquiera que pudiera permitirse lo básico. Ello, según Orwell, era el resultado lógico de la depresión, puesto que, a la necesidad de los fabricantes de aumentar la demanda, se sumaba el ansia de diversiones baratas de unas clases populares casi famélicas:

Hoy en día, lo superfluo resulta casi siempre más barato que lo necesario. Un par de zapatos sencillos pero recios cuesta casi lo mismo que dos pares a la última moda. Por el precio de una buena comida puedes comprar dos libras de chucherías. Por tres peniques no te dan mucha carne, pero sí un montón de *fish and chips*. (...) Y por encima de todo está el juego, el más asequible de todos los lujos. Hasta la gente que está al borde del hambre puede gozar de un par de días de ilusión invirtiendo un penique en la lotería.

Estas tendencias persisten aún, aunque muchos de los entretenimientos de aquella época hayan desaparecido. Dos bailes británicos muy de moda a finales de los años treinta y que hacían las delicias de gentes de todas las edades eran el *lambeth walk* y el *chesnut tree*. El primero era un batiburrillo de cultura castiza londinense; el otro se inspiraba en una letrilla infantil. Comparados con el atrevimiento del *swing* —esa temible moda importada de Norteamérica—, dichos bailes eran de una excentricidad encantadoramente británica.

En Blackpool, la playa más frecuentada del país, las diversiones tenían un sabor igualmente británico. Una de ellas tenía por protagonista a una mujer llamada Valerie Arkell-Smith. Masculina en apariencia, Arkell-Smith se había hecho pasar durante años por un coronel retirado y, de paso, se había casado con una mujer que no sospechaba su verdadera identidad. Condenada a prisión por mentir en su certificado de matrimonio, tras su puesta en libertad un empresario teatral la contrató para que apareciera en un espectáculo en Blackpool. Anunciada como una mujer que se había sometido recientemente a una operación de cambio de sexo, Arkell-Smith se exhibía tumbada en una cama individual mientras una joven reposaba a su lado en otra cama, separadas ambas por faroles encendidos como los que señalizaban los pasos de peatones. Para atraer al público, se decía que ambas mujeres se habían casado hacía poco pero que Arkell-Smith se había apostado doscientas cincuenta libras a que no se tocarían hasta pasadas veintiuna semanas. A cambio de dos peniques, los espectadores podían contemplar aquel extraño y casto tálamo nupcial y gritar obscenidades a la «pareja».

Había, sin embargo, otra atracción de feria aún más estrafalaria. Harold Davidson, antiguo rector de la parroquia de Stiffkey, en Norfolk, había sido expulsado del sacerdocio después de que un tribunal eclesiástico le hallara culpable de cometer actos indecentes con diversas mujeres. Indignado por el veredicto, Davidson se embarcó primero en una huelga de hambre (en un intento por demostrar que Dios no permitiría que muriera de inanición) y posteriormente pasó varios meses sentado en un barril, en el paseo marítimo de Blackpool, tratando de recaudar dinero para su apelación. Al año siguiente abandonó el barril y decidió exhibirse dentro de la jaula de un león en el parque de atracciones de Skegness. Ello marcaría el fin de la carrera y de la vida del exvicario de Stiffkey, puesto que el león se revolvió y acabó devorándolo delante del público.

Se afirma con frecuencia que la cultura juvenil de cuño norteamericano surgió en la década de 1950, al igual que la cultura popular del lujo barato, pero resulta evidente que ambas se forjaron durante el periodo de entreguerras. Y del mismo modo que la economía de Estados Unidos y Alemania se recuperó a fines de los años treinta, el nivel de vida general mejoró considerablemente en Gran Bretaña durante dicha década.

Prueba de ello fue la efervescencia creciente de ciertos barrios, como el Soho, en el West End londinense. Junto a los cafés y restaurantes franceses e italianos de toda la vida, aparecieron de pronto restaurantes chinos, españoles y húngaros. Teniendo en cuenta que en 1939 menos de un 3% de los londinenses había nacido en el extranjero (frente al 37% actual), el Soho era un auténtico foco de cosmopolitismo. Un reportaje de *Picture Post* hablaba de la cantidad de quesos, sartas de salchichas, hileras de botellas de *chianti* recubiertas de junquillo, latas de anchoas, aceitunas y frutas, platos de dulces, frijoles y relucientes máquinas de café *espresso* que podían encontrarse en el barrio. «Los escaparates del Soho», observaba el artículo, «son abigarrados, coloridos, alegres y rutilantes». Y, lo que resultaba aún más sorprendente, en Denmark Street, al otro lado de Charing Cross Road, donde se había instalado una comunidad nipona, los más atrevidos podían probar la comida japonesa. No es esta una estampa que se asocie automáticamente con los años treinta.

En esta época surgieron asimismo diversas profesiones consideradas «modernas». Bill Taylor no sabía leer ni escribir, pero trabajaba como camionero de larga distancia. Cuando su empresa le daba un albarán, Bill buscaba en el mapa el topónimo que más se parecía al que figuraba en la nota de entrega. Luego trazaba una línea recta entre su punto de partida y su destino y rodeaba con un redondel cada población grande que hubiera por el camino. Cada vez que llegaba a una localidad, paraba y preguntaba cómo se iba a la siguiente. «Ninguno de mis jefes se enteró de que no sabía leer», comenta, aunque reconoce que «era más fácil al principio, cuando empecé, porque entonces usábamos caballos, y a veces los caballos conocían el camino».

Uno de los mayores alicientes de su trabajo eran las *lorry girls*, las chicas que rondaban por las cafeterías a la espera de camioneros. «Las llevábamos de un pueblo a otro», explica Bill. «A veces se quedaban contigo una semana entera, se acostaban contigo y te hacían compañía». A cambio, el chófer les compraba comida y tabaco. «Muchos matrimonios se rompían cuando se enteraba la mujer», reconoce Bill.

Sam Tobin, por su parte, vendía aspiradoras a domicilio en el norte de Londres. Los lunes por la mañana,

antes de echarse a la calle, sus compañeros y él se daban
ánimos cantando una cancioncilla:

> Todo el polvo y la mugre
> los quita esta maquinita
> que aspira, limpia y saca lustre...

La jornada de Sam se convertía luego en una lucha
constante para que le franquearan la entrada en las casas
del extrarradio, a fin de demostrar la eficacia de la aspi-
radora sirviéndose de las muestras de arena que llevaba
consigo. «Era muy desmoralizador», comenta, «y, si hacía mal tiempo o los vendedores de Electrolux ya habían
pasado por el barrio, costaba una barbaridad que te dejaran hacer la demostración».

Pero posiblemente el trabajo más moderno que se
estaba llevando a cabo en Gran Bretaña en esos momentos lo desempeñaba un inmigrante judío recién llegado
de Polonia. Joseph Rotblat, un físico especializado en el
campo de la radioactividad, llegó a Inglaterra en abril de
1939. A principios de ese año había leído acerca del descubrimiento de la fisión nuclear por parte de Frisch y
Leitner y se le ocurrió que sería posible liberar una ingente cantidad de energía si podía desencadenarse una reacción en cadena en un espacio muy corto de tiempo. Al
principio desterró la idea (de la bomba atómica), horrorizado por la posibilidad de crear lo que hoy en día llama-
ríamos un arma de destrucción masiva. Pero cuando
llegó a Inglaterra sospechaba que los nazis podían estar
tratando de desarrollar la bomba, y consideró que era su
deber informar de su hipótesis a los científicos británicos.
«Puede que, en un plano intelectual», explica, «fuera la
primera persona en desarrollar la idea de la disuasión nuclear». Ello le indujo a hablar con sir James Chadwick, el
descubridor del neutrón. A Chadwick le pareció buena
idea y asignó a Rotblat dos ayudantes. Así comenzó la si-
niestra historia del progreso atómico.

Pero, de todos los cambios que tuvieron lugar en esta época, el más temido y esperado era el estallido de la guerra. Numerosos jóvenes se enrolaron voluntariamente en el ejército británico, y en abril de 1939 se impuso la leva forzosa, limitada a varones de entre veinte y veintiún años. Durante la I Guerra Mundial, los reclutas se habían alistado con entusiasmo, deseosos de luchar por el rey y la patria y de poner al káiser en su sitio. Veinticinco años después, el entusiasmo fue menor. Aun así, la generación de 1939 se mostró en general cumplidora, aunque no entusiasta, y consciente de la necesidad de enfrentarse a Alemania.

Muchos de estos jóvenes se alistaron, sin embargo, sin tener una noción clara de cuál era la situación política; no era el sentido del deber cívico lo que los movía. Thomas Myers, el joven minero de Durham con el que comenzamos este capítulo, se enroló en el Ejército Territorial a principios de 1939 porque, según dice, era lo que estaba de moda. «Todo el mundo quería estar en los territoriales. Se alistaba tanta gente que aquello era un caos». A él, sin embargo, no le interesaba la política. «No sabía que iba a haber una guerra», afirma. «No sabía nada de Hitler».

Cuando se le interroga al respecto, añade que se alistó para pasar algún que otro fin de semana fuera y poder salir por las noches. Para los jóvenes agobiados por el trabajo y la estrechez de su entorno, alistarse en el ejército equivalía a romper con la monotonía y con las restricciones sociales. Era una aventura. George Wagner, el joven de Erdington aficionado al baile, explica que «nos alistábamos para tener algo que hacer. Además, te pagaban un sueldo y una vez al año te ibas dos semanas de maniobras. Era fantástico».

A Anthony Rhodes, un joven oficial de los Ingenieros Reales, le asignaron a un ordenanza veterano. Rhodes lo describe como un hombre que buscaba un refugio, un lugar tranquilo donde poder descansar en relativo aislamiento. También había, por tanto, soldados pacíficos a los que el ejército atraía precisamente por su *falta* de aventuras.

Para otros, en cambio, era una salida. Thomas Lister, un joven de Durham, no conseguía encontrar acomodo en ninguna parte. A los catorce años su padre lo mandó a entrevistarse con un ingeniero eléctrico. Tras echar un vistazo al taller («aquello parecía la boca del infierno»), dio media vuelta y se marchó. Después trabajó como recadero para Burton's Tailor, hasta que acabó «un poquitín harto». Más tarde pasó una temporada vendiendo pescado al por mayor. Pero, a falta de una vocación clara y un camino que seguir, se sintió atraído por la disciplina y la camaradería forzosas del ejército. Y alistarse resolvía el problema de qué hacer con su vida, al menos temporalmente.

Alemania

En la Alemania nazi, ser joven (y de pura raza aria) equivalía a ser alguien importante. Según Hitler, la futura grandeza del país dependía de su juventud, pero no era la capacidad intelectual o la iniciativa de los jóvenes lo que buscaba alentar. Los enclenques no mejorarían la situación del país, por avispados que fuesen. Lo que hacía falta eran chicos y chicas duros, sanos y tenaces. «Hay que erradicar a los débiles», afirmó Hitler en 1938. «Quiero hombres y mujeres jóvenes capaces de arrostrar el sufrimiento. Un joven alemán ha de ser veloz como un galgo, resistente como el cuero y duro como el acero de Krupp». Y aunque nunca se explicitara públicamente, también debían someterse a un lavado de cerebro para asimilar la ideología nazi. Racialmente puros y despojados de libre albedrío, los jóvenes volverían a engrandecer a Alemania.

En 1938, más del 80 % de los jóvenes alemanes formaban parte de las Juventudes Hitlerianas. Para esa generación, la infancia concluía a los diez años, al ingresar en la rama alevín de la organización. A partir de ese momento, los niños se convertían en soldados ideológicos de la Patria. Había secciones separadas para chicos y chicas, donde unos y otras se preparaban respectivamente para ser militares y amas de casa, así como portadores de la mentalidad nazi.

Había incluso una policía secreta interna (una especie de Gestapo juvenil), encargada de extirpar de raíz la deslealtad y denunciar a los desafectos. Un tal Walter Hess denunció a su propio padre por tachar a Hitler de loco peligroso. El padre acabó en un campo de concentración, pero Walter recibió un ascenso en premio por su admirable diligencia. Hitler, entre tanto, era reverenciado como un dios secular por chicos y chicas, que recitaban una tonadilla inspirada en el Padre Nuestro:

Adolf Hitler, eres nuestro gran *Führer*. Tu nombre hace temblar al enemigo. Venga a nosotros tu Tercer Reich y sea tu voluntad la única ley sobre la Tierra. Permítenos oír tu voz a diario y guíanos con tu ejemplo, pues te obedeceremos hasta el fin, incluso con nuestras vidas. ¡Te alabamos! *¡Heil Hitler!*

Melita Maschmann formaba parte de la Liga de Jóvenes Alemanas, la sección femenina de las Juventudes Hitlerianas. En 1938, a los dieciocho años, entró a trabajar en el departamento de prensa de la organización. En noviembre, tras asistir a un mitin en Fráncfort, el jefe de las SS locales le preguntó si quería acompañarlo. Esa noche iba a pasar algo grande, le dijo. Melita, que estaba cansada, declinó la invitación. A la mañana siguiente vio cristales rotos y muebles destrozados esparcidos por todas partes. Preguntó a un policía qué había pasado y el agente le explicó que aquel era un barrio judío y que «el Alma Nacional había rebosado».

Lo que Melita tenía ante sus ojos eran los estragos de la *Kristallnacht*, la Noche de los Cristales Rotos, bautizada así por las esquirlas de cristal que llenaban las calles. Instigadas por los dirigentes nazis, hordas de tropas de asalto y miembros de las Juventudes Hitlerianas atacaron sinagogas y propiedades judías en toda Alemania y en las zonas bajo control alemán. Michael Bruce, corresponsal de un diario británico en Berlín, siguió a uno de estos grupos en su marcha hacia una sinagoga. Al poco rato el edificio estaba en llamas y la gente lanzaba vítores mientras arrancaba la madera de la fachada para alimentar el fuego. La muchedumbre se dirigió entonces a una tienda judía cercana. Hombres y mujeres, profiriendo eufóricos alaridos, comenzaron a arrojar adoquines a las puertas y ventanas, compitiendo por ser los primeros en saquear el establecimiento. Al ver que una anciana judía era sacada a rastras de su casa, Bruce corrió a ayudar a otro periodista a liberarla. El gentío se encaminó luego a un hospital infantil judío, donde los cabecillas (muchos de ellos mujeres) agredieron al personal sanitario y obligaron a los jóvenes pacientes a correr descalzos por encima de los cristales rotos. Bruce describió aquel espectáculo como «una de las más atroces muestras de brutalidad que he contemplado nunca».

Las agresiones y linchamientos se multiplicaron hasta alcanzar una escala asombrosa. Bernt Engelmann, un chico de diecisiete años que vivía en Düsseldorf, estaba a punto de enrolarse en la Luftwaffe. Al presenciar cómo una pandilla de matones destrozaba el piso de una familia judía de su edificio, dudó de si debía encararse con ellos o no. La policía estaba allí cerca, pero se negaba a intervenir. Por fin, Bernt entró corriendo en el piso y trató de hablar con autoridad.

—¿Tú eres quien manda? —le gritó al cabecilla—. Ya han terminado aquí, ¿no?

—Sí, hemos terminado.

Para alivio de Bernt, los jóvenes se marcharon. Pero durante el ataque una niña pequeña, hija de la familia, se había escondido dentro del piso. Aliviado porque no la hubieran visto, Bernt se fue en busca de sus padres mientras su madre acostaba a la niña y le daba una pastilla para dormir. Al encontrar a los padres en la calle, les aseguró que su hija estaba bien y los convenció para que pasaran la noche con una familia amiga, que pese a no ser judía los acogió sin decir palabra y los hizo entrar rápidamente en su apartamento.

Al regresar a su edificio, Bernt vio sacar de una casa el cadáver de un médico judío. «Se ha defendido bien», le comentó un testigo. Mientras caminaba sobre cristales y enseres rotos, Bernt vio a gente escabulléndose por los callejones, cargada con sacos llenos. No sabía si eran judíos que huían o simples saqueadores.

En Steinstrasse se encontró con una mujer y un niño atemorizados. Les dijo que no tuvieran miedo y los condujo a casa de un conocido nazi que estaba acogiendo a judíos en secreto y trasladándolos clandestinamente al extranjero. Bernt los dejó allí y se fue a casa, donde comenzó a limpiar y recoger el piso de la familia judía junto con otros vecinos.

Mientras recorría Düsseldorf en medio de esta anarquía amparada por el estado, se fijó en las distintas reacciones de la gente: «¡Qué vergüenza! ¡La policía se queda mirando y no hace nada!»; «Los alemanes pagaremos caro lo que les han hecho a los judíos esta noche». Pero también había quien, haciendo gala de una ingenuidad que hoy resulta chocante, reaccionaba exclamando: «¡No deberían haber hecho esto! ¡Seguro que el *Führer* no lo aprueba!». Había, no obstante, muchos más mirones que no decían nada, por miedo, quizá, o por apatía, o porque apoyaban el sistema.

Esa noche se destruyeron en Alemania, Austria y los Sudetes centenares de sinagogas, se arrasaron y saquearon miles de establecimientos y viviendas, se produjeron multitud de agresiones y se detuvo y envió a campos de concentración a diez mil judíos. Es probable que el número de víctimas mortales ascendiera a varios centenares, aunque nunca lo sabremos con seguridad.

El gobierno se apresuró a declarar que se trataba de agresiones espontáneas —un «desbordamiento» del Alma Nacional, como dijo el policía de Fráncfort— y que la responsabilidad recaía por entero en la comunidad judía, a la que se condenó a pagar el equivalente a cuatrocientos millones de dólares en concepto de multa. Todas las indemnizaciones de las compañías de seguros serían confiscadas.

La Noche de los Cristales Rotos marcó el inicio de la violencia sistemática encaminada a librar a Alemania de los judíos. Sirvió por tanto como prólogo al exterminio masivo. La pasividad abrumadora de la ciudadanía convenció al gobierno de que podía poner en práctica medidas más radicales en el futuro. El caso de Melita Maschmann ejemplifica esta pasividad: mientras pisaba con cautela los cristales rotos esparcidos por las calles de Fráncfort, era consciente de que estaba ocurriendo algo espantoso, pero se apresuró a racionalizarlo. Sabía que los judíos eran enemigos del pueblo alemán. Tal vez aquellos incidentes les sirvieran como merecido escarmiento. Después, se olvidó completamente del asunto.

Casi seis años antes, el día de enero de 1933 en que Adolf Hitler accedió al poder, Melita era una chica de quince años como tantas otras, sin opiniones políticas ni prejuicios raciales. Alemania no era entonces el país fanatizado en el que se convertiría después. Aquel día, Melita estuvo conversando con una modista a la que apreciaba mucho y que le estaba arreglando un vestido de su madre. La modista era una mujer de clase obrera, interesante y *distinta*. Lucía una esvástica metálica en el abrigo. Le habló de un tal Hitler que iba a convertir a Alemania en un país más justo, en el que ya no importarían las diferencias de clase y los trabajadores podrían comer en la misma mesa que los empresarios ricos. Se le iluminaban los ojos al hablar de la «comunidad nacional».

Sus palabras causaron una honda impresión en Melita, a la que fascinó la idea de un porvenir en el que «personas de todas las clases sociales vivirían en armonía, como hermanos y hermanas». Pese a que ahora nos escandalice la posibilidad de que el nazismo (la ideología política más perversa y aborrecible del siglo xx) pueda representar la noción de justicia social y protección de los más débiles, así era como se publicitaba en 1933.

Esa misma tarde de enero, Melita y su hermano fueron al centro de Berlín, donde asistieron a los festejos que acompañaron la victoria del Partido Nazi. Por segunda vez ese día, Melita quedó fascinada, en este caso por el desfile iluminado por antorchas. El temblor de las llamas, las banderas rojas y negras, la cadencia de los pasos, la importancia de la que aparecían revestidos chicos y chicas de su edad, la música agresivamente sentimental... Todo ello surtió su efecto. Embargada por una oleada de solidaridad e ilusión, Melita se sintió eufórica. Y cuando un joven se apartó de pronto de su columna para propinar un puñetazo a una persona que estaba a su lado, su horror instintivo se vio atemperado por un conato de exaltación. Como explica ella misma:

«Estamos dispuestos a morir por la bandera», cantaban los portadores de las antorchas. No se trataba de ropa, ni de comida, ni de deberes escolares; era una cuestión de vida y muerte. Me embargó un ardiente deseo de unirme a esas personas para las que lo que allí se dirimía era la vida y la muerte.

Al final, sin embargo, no fue la política ni el espectáculo lo que convirtió a Melita al nazismo, aunque fueran factores determinantes en su conversión. Lo decisivo fue el instinto de rebeldía juvenil.

Sus padres eran personas conservadoras. Apoyaban el viejo orden social y mostraban escaso interés por la juventud o los derechos de los trabajadores. Habían dado a sus hijas una educación estricta y esperaban su obediencia del mismo modo que esperaban las de sus sirvientes. Ya antes de su conversión política, Melita detestaba su mentalidad. El nazismo actuó como antídoto oportuno. Con su énfasis en la juventud y la clase trabajadora y la contundencia radical de su mensaje, simbolizaba todo aquello a lo que se oponían sus padres. Para la generación de Melita, la rebeldía juvenil no estuvo representada por figuras como Elvis Presley, los Beatles, David Bowie o Public Enemy, sino por Adolf Hitler.

Había, no obstante, razones mucho más prosaicas para que los jóvenes se entusiasmaran con el nazismo. Tenían, por ejemplo, escasa confianza en las instituciones y las formas de gobierno. La democracia, que no gozaba de larga tradición en Alemania, había actuado como marco político de sucesivas crisis económicas. En 1922, una barra de pan costaba tres *papiermarks*; en noviembre siguiente, costaba ochenta mil millones de *papiermarks*. Empezó a pagarse a los trabajadores dos veces al día para que pudieran comprar alimentos para la comida y la cena. Y la depresión de principios de los años treinta dejó a seis millones de personas sin empleo y paralizó de tal modo al gobierno que fallaban los servicios más elementales.

Los nacionalsocialistas, con su líder carismático, su dominio de la propaganda y su misticismo racial, ofrecían trabajo, pan y estabilidad política. Era un mensaje directo, sencillo y, dadas las circunstancias, muy atrayente. Pero, al aceptarlo, el pueblo alemán permitió que los nazis traspasaran los límites establecidos con anterioridad. Y cuanto más se excedían los nazis, más se implicaba el pueblo, hasta el punto de que cualquier conducta, por perversa que fuese, podía justificarse o pasarse por alto.

La mejor amiga del colegio de Melita Maschmann, que entró en su clase en primavera de 1933, era judía. Melita trabó amistad con ella a pesar de saber cuál era su religión. Compartían el interés por la literatura y la filosofía. Y aunque no hablaban de religión, se contaban anécdotas de sus respectivos entornos. El lavado de cerebro de Melita comenzó muy pronto, sin embargo.

A los jóvenes alemanes no se les enseñaba a juzgar la experiencia alemana durante la I Guerra Mundial conforme a sus fracasos militares y económicos, sino a culpar de la derrota a la «puñalada por la espalda» que los judíos habían asestado presuntamente al país. Se responsabilizaba al «judaísmo internacional» tanto del capitalismo como del comunismo, y por ende de todos los problemas que aquejaban al mundo. Melita asistió a una serie de conferencias acerca de la doctrina religiosa judía en las que un presunto experto enseñaba que los judíos practicaban el asesinato ritual de cristianos. Y aunque asegura que aquello le pareció una bobada, no pudo (o no quiso) tomar la distancia necesaria para reconocer que a ella también le estaban lavando el cerebro. Se rio del conferenciante y de su discurso, pero no llegó a cuestionarse sus intenciones.

El adoctrinamiento implacable acabó dando resultado. Melita llegó a creer en el «hombre del saco» judío, en el Judío como concepto, responsable del capitalismo, del comunismo y de todo lo demás. Su sangre era agente de corrupción; su espíritu, sedicioso. Adolf Hitler estaba persuadido de que este adoctrinamiento surtiría efecto. En 1933 declaró: «Cuando un oponente me dice "No me pondré de tu lado", yo le contesto tranquilamente: "Tu hijo ya es de los nuestros"».

Pero, como se sentía a gusto con su amiga judía, Melita no podía aceptar que sufriera daño alguno. Cuando se enteró de que se estaba despidiendo a los judíos de sus trabajos y confinándolos en guetos, se dijo que era únicamente al Judío, al hombre del saco, a quien se estaba persiguiendo. Y, a pesar de ser una chica inteligente, se conformó con ese argumento.

Negar la realidad era un mecanismo de defensa habitual entre los alemanes. Bernt Engelmann conocía a un médico judío a cuya consulta acudió un joven miliciano nazi. «En realidad no le pasaba nada», explicó el médico. «Tenía la garganta un poco inflamada, seguramente de tanto gritar *¡Heil!*». De hecho, el chico solo quería hablar. Quizá quisiera descargar su conciencia. Le contó al médico lo que había estado haciendo últimamente; amañar las elecciones introduciendo en las urnas más de quinientos votos falsos, por ejemplo. Antes de marcharse añadió muy serio: «No tengo nada contra usted, quiero que lo sepa». Luego le hizo el saludo nazi, gritó «*¡Heil Hitler!*» y se marchó. Como dijo una vez Heinrich Himmler en un discurso pronunciado ante guardias de campos de concentración, «todo alemán tiene su judío favorito».

Una vez instalados los nazis en el poder, solo era cuestión de días para que empezaran a recortarse las libertades en todos los ámbitos de la vida cotidiana. La Ley de Plenos Poderes permitió a Hitler decretar leyes sin consultar al Reichstag; la libertad de expresión fue abolida, se crearon campos de concentración, se prohibieron los partidos políticos, fueron desmantelados los sindicatos, las palizas estaban a la orden del día y se quemaban toda clase de libros considerados «antialemanes». En un discurso ante estudiantes berlineses, en el contexto de una de estas quemas de libros, Joseph Goebbels declaró:

> El alemán futuro no será únicamente un hombre leído, sino un hombre con carácter. Con ese fin queremos educarlos. Para que tengan, ya de jóvenes, el coraje de mirar de frente el resplandor inmisericorde de la muerte, de superar el miedo a ella y de tenerle el debido respeto: ese es el cometido de la joven generación.

Ello resume en pocas palabras las intenciones del nazismo. Los jóvenes afrontaban un futuro de acción, de sacrificio, de certezas y obediencia, en el que la individualidad no tenía cabida. Robert Ley, jefe del Frente Alemán del Trabajo, declaró: «El individuo particular no existe». Hitler fue un poco más lejos y, en privado, explicó cómo los jóvenes alemanes, desde los diez años hasta la edad adulta, irían pasando de una organización paramilitar a otra, hasta que se convirtieran en «nacionalsocialistas completos». Una vez logrado esto, dijo, «no volverán a ser libres mientras vivan».

Las aspiraciones de Hitler fueron cobrando forma a ojos vista. Christable Bielenberg, una británica afincada en Hamburgo, era una activa opositora al nazismo. Transcurridos dos años de gobierno nacionalsocialista, observó que los jovencitos a los que veía haciendo excursiones por las carreteras rurales iban ahora vestidos con los uniformes pardos de las Juventudes Hitlerianas y lucían peinados idénticos: los chicos, el cabello muy corto; las chicas, trenzas. El individualismo —comentó Christable— parecía haberse evaporado. Pero también se vio obligada a reconocer que la gente parecía más contenta y educada. El temor a la crisis económica parecía haber quedado atrás y el país empezaba a recuperar un sentimiento de orgullo nacional.

Ese optimismo no se dejaba ver en todas partes, desde luego. En abril de 1936, Bernt Engelmann iba sentado en un tren que pasaba por Duisberg. En aquel momento se estaban construyendo las «autopistas de Hitler», y frente a él iban sentados dos albañiles, quejándose de sus trabajos. En esto entró una joven militante de la Liga de Mujeres Nacionalsocialistas. «*¡Heil Hitler!*», saludó alegremente, y se sentó. Pasó un rato leyendo el periódico mientras los hombres seguían refunfuñando. «¿De verdad tienen que quejarse tanto?», les preguntó de pronto. «Deberían dar gracias por tener trabajo, y estar agradecidos al *Führer* por haber eliminado la desocupación».

Los hombres la miraron un momento. Luego, uno de ellos le explicó que estaban cumpliendo el servicio obligatorio y que solo tenían diez días de permiso al año; que dormían en colchones de paja y se alojaban en barracones de madera, que comían bazofia, que les pagaban una miseria y que el sueldo era cada vez más bajo. De hecho, ganaba menos que antes de que llegaran los nazis al poder y ya ni siquiera le permitían dedicarse a su oficio.

La joven guardó silencio un rato. Cuando volvió a hablar, alegó que Alemania había recuperado su fortaleza, que Hitler estaba obrando milagros y que ahora el pueblo tenía esperanza. «¡Deben tener fe en el *Führer*!», exclamó.

Ya hemos hablado del cariz cuasi religioso que asumió la evacuación de Dunkerque, pero eso no es nada comparado con la santidad secular del Tercer Reich, en el que Hitler y la Patria equivalían a Dios y el Paraíso. Aquella joven invocaba a Hitler igual que un cristiano invoca a Jesucristo o un musulmán a Alá. Dos años después, al poco tiempo de la Noche de los Cristales Rotos, Melita Maschmann tuvo otra de sus experiencias cuasi religiosas en un mitin de la Liga de Jóvenes Alemanas. La sensación de ser joven, de quererse unas a otras, de pertenecer a una misma comunidad, de compartir una tarea común (engrandecer de nuevo a Alemania) la colmó de felicidad.

Pero su mayor alegría, su gozo supremo, llegó al iniciarse la guerra con la invasión de Polonia el 1 de septiembre de 1939. Con motivo de la invasión (descrita en Alemania como una acción legítima con el fin de liberar a los alemanes que vivían en territorios ocupados), Melita fue enviada en misión oficial a una localidad de la frontera polaca. Al llegar en tren, la embargó un sentimiento de invulnerabilidad. Sus miedos se esfumaron al sentirse identificada con algo mucho más grande que ella. Cumpliendo el ideal de Robert Ley, había dejado de ser un individuo: se había transmutado en Alemania.

Pero no fue solo el miedo lo que perdió Melita al declararse la guerra. En 1940 la enviaron a Wartheland, una región anexionada en la que vivían gran número de judíos y polacos, así como una pequeña minoría alemana. Estaba cruzando el río Warta junto con un mando de las Juventudes Hitlerianas cuando su coche embarrancó.

Atascados mientras crecía el río, les sacó del atolladero un grupo de hombres demacrados y barbudos que vivían en las cercanías. Resultó que eran judíos confinados en una especie de gueto. Una vez estuvieron a salvo en la orilla, los judíos se afanaron por limpiar su coche de fango. Y cuando Melita se disponía a volver a subir en él, uno de ellos la detuvo: había visto que aún quedaba una mancha de barro y quería limpiarla.

Cuando el hombre acabó su tarea, Melita y el mando de las Juventudes Hitlerianas se alejaron sin dirigir la palabra a aquellos judíos que se habían desvivido por ayudarlos. Ella ni siquiera los miró a la cara. Los despreciaba por ser judíos y por estar dispuestos a ayudar a quienes los despreciaban. Pero también se avergonzada de su propia actitud. Sabía que debería haberles dado las gracias.

Pero ¿cómo iba a reconocer con ese gesto la humanidad de aquellas personas? No eran individuos. Ni ella tampoco. Se había convertido en Alemania.

Estados Unidos

Los alemanes no fueron, por descontado, los únicos occidentales en sufrir las penalidades económicas del periodo de entreguerras. Tras el derrumbe del mercado de valores en 1929, Estados Unidos padeció una crisis demoledora que afectó prácticamente a todos los sectores sociales. Fueron, sin embargo, las capas más desfavorecidas de la población las que con mayor dureza acusaron la crisis, debido al desplome de los salarios y a la dificultad para encontrar trabajo.

Con la puesta en marcha del *New Deal* de Franklin D. Roosevelt (el «nuevo pacto para el pueblo americano»), y más concretamente con la creación de la NYA, la Administración Nacional de la Juventud, se ofreció por fin un atisbo de esperanza a los miembros de la joven generación que luchaba por abrirse camino. Se concedieron becas a los estudiantes a cambio de que trabajaran a tiempo parcial, y ello les permitió seguir en el instituto y en la universidad. Y las oficinas locales de la NYA les buscaban colocación en programas de prácticas laborales, o empleo a jornada completa.

Se trataba de una iniciativa federal a gran escala que, en opinión de algunos, podía considerarse contraria al espíritu americano por su énfasis en el bienestar social. En efecto, con sus asociaciones juveniles, sus campamentos para jóvenes, sus proyectos conservacionistas, que ponían el acento en la importancia de la buena forma física y la vida al aire libre, y su sinfín de nuevas agencias y regulaciones estatales, las iniciativas de Roosevelt parecían guardar un extraño parecido con las de Adolf Hitler.

Ambos dirigentes heredaron una economía nacional muy deteriorada. Tanto uno como otro trataban de restaurar la autoestima de sus países, así como su estabilidad económica. Y los dos concedían enorme importancia a la juventud. Los jóvenes eran, a su modo de ver, los principales agentes del resurgimiento nacional y debían recibir, por tanto, un trato de favor.

Pero los parecidos acababan ahí. En la Alemania de Hitler, el estado se propuso despojar a los jóvenes de su individualidad. Un joven alemán encaraba un porvenir de servicio y obediencia a la Patria, cuyas necesidades eclipsaban las suyas propias. Las reformas de Roosevelt podían tender al bienestar social, pero su objetivo no era lavar el cerebro de los jóvenes estadounidenses. El *New Deal* apuntaba no solo al crecimiento de la nación, sino también al del individuo. ¿Cómo iba a ser de otro modo en Estados Unidos, un país edificado sobre la expresión y la autonomía individuales?

Hoy en día estamos muy acostumbrados a que las manifestaciones de la cultura juvenil se originen en Estados Unidos antes de difundirse por el resto del mundo. Pero fue a fines de la década de 1930, en la época en que las reformas de Roosevelt comenzaron a dar resultado y la depresión a remitir, cuando surgió por vez primera una auténtica cultura juvenil. Fue la época en que el *jazz*, que ya gozaba de popularidad desde hacía algún tiempo, se convirtió en *swing* y conquistó a todos los sectores de la sociedad. Y aunque el término *teenager* todavía tardaría en popularizarse y aún faltaban quince años para que surgiera el *rock and roll*, los *teens* de Norteamérica (como se los conocía por entonces) empezaron a identificarse con determinado tipo de música, indumentaria y actitudes.

Ello se debió en gran medida al *New Deal*. Tres cuartas partes de los jóvenes entre catorce y dieciocho años asistían al instituto, una proporción mucho más alta que en cualquier otro periodo anterior. Menos influidos por sus padres, y ajenos por completo a la mentalidad de sus compañeros de trabajo de mayor edad, los jóvenes comenzaron a forjar una identidad distintiva dentro de su burbuja *teen*. El sociólogo August Hollingshead, que dirigió un estudio acerca de la juventud en una localidad del Medio Oeste a la que se dio el nombre ficticio de Elmtown, tuvo ocasión de echar un vistazo al interior de dicha burbuja. Una chica (una *teenager* incomprendida, años antes de que se identificara como tal ese grupo social) comentó acerca de sus padres: «A veces no entienden lo que queremos hacer los jóvenes, y creen que debemos comportarnos como se comportaban ellos hace veinte años».

Otros sujetos del estudio hablaban de la ropa y el estilo. «Janet es muy grandullona», decía uno, «y no sabe vestirse, por eso no la aceptan». La presión que ejercían sobre los jóvenes sus propios condiscípulos era enorme, y los estudiantes de secundaria podían vestirse a la moda porque disponían de cierta capacidad económica. Vivían en casa de sus padres, que solían darles una asignación, y a menudo tenían empleos a tiempo parcial. Dado que no tenían que pagar el alquiler ni las facturas, no había excusa para no vestir «estilosamente», como decía una chica de Elmtown. Incluso los jóvenes que carecían de dinero y que vivían de las pequeñas ayudas de la NYA, estaban dispuestos a gastar lo poco que tenían en vestir a la moda. A fin de cuentas, el materialismo estadounidense tiene una larga y airosa historia.

El estudio acerca de Elmtown reviste especial interés en lo relativo a temas como el sexo y el matrimonio. Pone de manifiesto la importancia que daban los chicos al hecho de tener una vida sexual activa. «A un chico del que se sabe o se sospecha que es virgen no se le respeta», observa Hollingshead, y describe a continuación a una pandilla de chavales de clase baja que se hacían llamar los *Five Fs*, «los Cinco Efes», una especie de acrónimo que venía a significar *Find 'em, feed 'em, feel 'em, fuck 'em, forget 'em* [«Búscalas, dales de comer, tócalas, fóllalas, olvídalas»].

Ellas, por su parte, tenían que andarse con pies de plomo para no cruzar la línea fina que separaba el «divertirse un rato» del convertirse en una «golfa». Mary (nombre ficticio) le contó a Hollingshead que había ido a un baile con un chico. Allí decidió que su acompañante podía «salirse con la suya», pero que para permitirlo ella tendría que emborracharse primero. Así pues, fueron en coche a un bar en el que Mary se tomó un *bourbon* y tres *whiskies* dobles. Después buscaron un sitio apartado. «¡Fue maravilloso!», comentó Mary. Durante los meses siguientes, tuvo escarceos con otros cinco chicos, y en todos los casos salió al menos cuatro veces con ellos antes de «pasar a mayores». Afirmaba que ninguno de ellos sabía previamente que «ya sabía de qué iba el tema». Posteriormente, con dieciocho años cumplidos, se casó con un peón de fábrica dos años mayor que ella. Así terminaron sus breves pero intensos devaneos amorosos.

Pero, entre los muchos cambios que sufrió la sociedad estadounidense durante esos años, fue la música la que definió de manera más determinante la nueva cultura juvenil. El *swing*, con su ritmo trepidante, torturaba los oídos de los oyentes blancos entrados en años. Propiciaba una forma de bailar salvaje y descontrolada, incluso sin pareja. Temas como el *Sing, sing, sing* de Benny Goodman tenían una base percusiva machacona y brutal. Los más «bailones» tiraban de jerga cuando «pegaban la hebra». Vestían a la última y pasaban noches «bárbaras» en la Manzana (es decir, en Harlem). Pero pese a ese matiz callejero y descarado (o quizá precisamente por él), el *swing* alcanzó una enorme popularidad entre los jóvenes blancos.

La noche del 16 de enero de 1938, el *swing* pasó a formar parte de la cultura predominante cuando la orquesta de Benny Goodman tocó en el Carnegie Hall, la sala de conciertos más prestigiosa de Nueva York. Cuando le preguntaron cuánto quería que durara el intermedio, Goodman respondió: «No sé. ¿Cuánto duran los de Toscanini?». Y cuando, unos meses después, asistieron cien mil personas de todas las razas al Swing Jamboree, la «verbena del *swing*» de Chicago, se habría dicho que la música llevaba en volandas a la nación. «El swing», informó el «New York Times, es la voz de una juventud que lucha por hacerse oír en este mundo acelerado en el que vivimos». Era la banda sonora del fin de la depresión.

Sería, sin embargo, un error creer que los jóvenes daban por periclitado el mundo heredado de sus mayores. Una encuesta llevada a cabo por el Instituto Nacional de Opinión Pública en 1940 formuló la siguiente pregunta a jóvenes de todo el país: «¿Estarías a favor de un cambio de forma de gobierno si te prometieran un trabajo mejor?». El 88% de los encuestados contestó que no. «Nuestra forma de gobierno es la única buena», contestó un encuestado, dando voz a la opinión mayoritaria.

Los jóvenes estadounidenses podían haber ganado en confianza y optimismo durante la década de 1930, podían haber desarrollado una cultura propia, pero se contentaban con seguir siendo «americanos». Y constituían, en gran parte, el rasero por el que se medía a sí misma la nueva Europa. La cultura norteamericana era objeto de culto y emulación en Gran Bretaña, mientras que en Alemania era prohibida y vilipendiada.

Pero, pese a su indiferencia hacia todo lo europeo, los jóvenes estadounidenses no conseguirían escapar de las tensiones que se estaban fraguando en Europa. Su nuevo mundo aún no había desbancado al viejo.

Tres

El largo, el corto y el alto[2]

El 3 de septiembre de 1939, el primer ministro británico Neville Chamberlain anunció que Gran Bretaña estaba en guerra con Alemania. La Real Fuerza Aérea ya había trasladado a un pequeño contingente de tropas a Francia. Al día siguiente zarparon nuevos destacamentos desde Portsmouth. A lo largo de esa semana llegaron a los puertos franceses los soldados de cuatro divisiones británicas, igual que habían llegado sus padres y tíos poco más de un cuarto de siglo antes.

La rapidez, sin embargo, no es sinónimo de preparación. El general Bernard Montgomery, comandante de la 3ª División, escribió que el ejército británico «no estaba preparado en modo alguno para librar una guerra a gran escala en el continente europeo». La Marina Real gozaba de merecido renombre y el país había contribuido decisivamente al avance de la guerra aérea, pero el ejército de infantería que pasó a Francia en septiembre de 1939 estaba mal pertrechado tanto en equipamiento como en tropas.

---

[2] El título de este capítulo hace referencia a un verso de la canción bélica *Bless 'Em All*, compuesta en 1917, durante la Gran Guerra, y que alcanzó gran popularidad en Inglaterra durante la II Guerra Mundial. La letra decía: *Bless 'em all, bless 'em all / the long and the short and the tall*, «benditos sean todos, benditos sean por igual / el largo, el corto y el alto» (N. de la T.).

Ya en abril de 1938 el gobierno británico había decidido que, en caso de estallar la guerra en Europa, la contribución de Gran Bretaña sería principalmente aérea y naval. Las fuerzas terrestres no serían enviadas al continente: se encargarían de defender Inglaterra y su todavía extenso imperio de ultramar. Sin embargo, antes de estallar la contienda y tras una reevaluación urgente de la situación, el gabinete puso en marcha un programa acelerado de rearme y entrenamiento de tropas. Se decretó la leva obligatoria. Había muchísimo trabajo por hacer para ponerse al día.

De hecho, pese a que los soldados británicos iban a enfrentarse a divisiones acorazadas en el contexto de una guerra moderna, la inmensa mayoría de sus armas antitanque resultaron inútiles y destrozaron más hombres británicos que tanques alemanes. Y aunque el ejército británico había sido el primero en emplear carros de combate (en el Somme, en 1916), la 1ª División Acorazada aún tardaría muchos meses en estar lista para cruzar el Canal. Durante ese periodo y hasta la evacuación de Dunkerque, los británicos dispusieron de muy pocos carros de combate efectivos. Únicamente el Matilda Mark II, con su cañón de dos libras, su impresionante velocidad y su grueso blindaje, estaba a la altura de los mejores tanques alemanes y franceses. Montgomery, comandante de división por aquel entonces, dejó constancia en sus escritos de que no vio un solo tanque británico en todo el invierno. En resumidas cuentas, cuando la BEF, la Fuerza Expedicionaria Británica, zarpó hacia Francia, no estaba lista para entrar en combate.

Con todo, en noviembre de 1939, lord Gort, comandante en jefe de la BEF, le dijo al periodista James Lansdale Holdson: «Nunca he tenido la más mínima duda sobre el resultado de esta guerra». Gort, optimista por naturaleza, trataba de contagiar su optimismo a la nación. Pero, dejando a un lado el estado de su ejército, se enfrentaba a otro problema crucial. Como jefe de la Fuerza

Expedicionaria, debía responder ante el comandante francés, el general Georges, quien a su vez estaba bajo el mando del comandante supremo, general Gamelin. Era lógico que así fuese teniendo en cuenta la correlación de fuerzas entre ambos ejércitos, pero en la práctica ello suponía que los franceses podían tratar a la BEF como a tropas subordinadas. Los informes y planes podían retirarse en el último momento, y los consejos y opiniones de los británicos ser desoídos. Gort tenía la responsabilidad de vigilar de cerca a su aliado.

La Fuerza Expedicionaria Británica estaba compuesta, como hemos visto, por jóvenes cuya mentalidad y actitudes se formaron durante la depresión, influidos por la pujante cultura juvenil, y que se alistaron por motivos que iban desde la búsqueda de emociones a la necesidad de escapar del desempleo. Pero en la BEF había sitio para todos. El padre de Cyril Roberts, suboficial del Regimiento de la Reina, era natural en Trinidad; su madre en cambio era de Lancashire, y fue desheredada por su familia al casarse con un hombre negro. En una época en que en torno a un 0,0003 % de la población del Reino Unido era negra o mestiza, Cyril era una rareza no solo dentro la BEF sino dentro la sociedad británica en general.

Cyril y su hermano Victor se criaron en el sur de Londres, donde aprendieron a valerse por sí mismos. «Si eras el único negro de la clase», cuenta Lorraine, la hija de Cyril, «no te quedaba otro remedio». Pero los chicos tenían un modelo a seguir. Su padre, George, había servido en el Regimiento de Middlesex durante la I Guerra Mundial, siendo conocido como *The Coconut Bomber*, «el lanzacocos», por su destreza en el lanzamiento de granadas, una habilidad que, según se contaba, había adquirido inadvertidamente arrancando cocos de las palmeras de Trinidad.

Cyril, que antes de la guerra era aprendiz de técnico de telecomunicaciones, decidió seguir los pasos de su padre en el ejército, se alistó cuando todavía era menor de edad y, al ser ascendido, se halló rodeado de hombres mayores y mucho más experimentados que él. «Era muy tranquilo y ordenado», cuenta Lorraine. «Tenía buen porte. Era capaz de tomar el mando, y la gente le obedecía».

Su batallón zarpó de Southampton y al día siguiente, a primera hora, arribó a Le Havre. Aquellos jóvenes, como muchos otros, salían al extranjero por primera vez. ¿Qué esperaban encontrar? ¿Cómo sería Francia? ¿Sería *distinta*?

El alférez Peter Hadley, del Regimiento Real de Sussex, percibió entre sus hombres una atmósfera de excitación casi incontenible mientras cruzaban el Canal. Eran como niños en una excursión de la escuela dominical. Pero, al poco tiempo de su llegada, Hadley comenzó a leer cartas en las que sus subordinados, escribiendo a sus padres y novias, manifestaban su desilusión porque la gente y las casas de Francia se parecieran tanto a las de Inglaterra.

El batallón de Cyril Roberts pasó por una experiencia parecida. Al principio, mientras cruzaban velozmente el norte de Francia, los soldados se agolparon en las ventanillas del tren, pero muy pronto se aburrieron y se fueron a jugar a las cartas. Al llegar a su destino (Abancourt, en el Paso de Calais), comenzaron de inmediato a trabajar en la construcción de líneas férreas. Era un trabajo arduo y agotador que llevaban a cabo con picos y palas, sin ayuda mecánica. Creían que a eso se reduciría su contribución a la guerra. No estaban entrenados para combatir.

Poco antes de declararse las hostilidades, la mayor parte de la ciudadanía británica estaba rotundamente a favor de la guerra. Y una vez comenzó la contienda, la mayoría creía que los aliados darían una lección a Hitler. Ya hemos visto lo que le dijo lord Gort a un periodista en noviembre de 1939. La victoria era segura; así lo creía todo el mundo, desde el comandante en jefe hasta un

pasajero cualquiera del ómnibus de Clapham. Naturalmente, muchas de esas personas estaban asimismo con-
vencidas de que la guerra habría terminado para Navidad.

El estallido de la guerra fue bien acogido también
por motivos personales. Fred Carter, un obrero de la
construcción especializado en trabajos con cemento y
hormigón armado, estaba desocupado antes de ingresar
en los Ingenieros Reales. Para él, la guerra era una oportunidad para retomar su antiguo oficio o alguno muy
semejante. John Williams, del Regimiento de Infantería
Ligera de Durham, se compadecía de los «pobres diablos» que no habían ingresado en el ejército y estaban
condenados a seguir con sus empleos de tres al cuarto
mientras sus compañeros y él alcanzaban la gloria y se
llevaban a las chicas de calle.

Jimmy Langley, un oficial subalterno de los Coldstream Guards, reconoce que, al escuchar el anuncio de
Chamberlain en su casa de Surrey, casi temió que un par de
alemanes armados echaran abajo su puerta. Sin embargo,
fueron muy pocos los británicos para los que la acción
bélica comenzó de inmediato. Winifred Pax-Walker, una
londinense de dieciocho años que soñaba con ser actriz
de cine, viajaba en esos momentos junto a su madre en el
Athenia, un transatlántico de la compañía naviera An-
chor-Donaldson, con destino a Montreal.

Esa noche, mientras el barco navegaba doscientas
millas al oeste de Irlanda, se colgó un cartel anunciando a
los pasajeros que se había declarado la guerra. Durante la
cena, un hombre que había padecido ataques con gases
durante la última guerra, les contó a Winifred y a su madre, hablando con aparente autoridad, que el Athenia no
corría ningún peligro. Los alemanes —afirmó— no ataca-
rían hasta que el barco estuviera volviendo de Norteamérica repleto de armamento. Mientras viajaran en sentido
contrario no tenían nada que temer. Justo cuando el hombre acabó de hablar, los dos primeros torpedos alemanes
impactaron contra el Athenia.

Hitler había dado orden de que no se atacara ningún barco de pasajeros, pero parece ser que el comandante del U-30, el submarino alemán, confundió al Athenia —que navegaba zigzagueando con todas las luces apagadas— con un mercante artillado. Temiendo las consecuencias que ello podía tener para un posible acuerdo de paz, el ministro de propaganda nazi Joseph Goebbels se apresuró a negar toda responsabilidad de Alemania en el ataque.

Winifred y su madre confiaban en escapar de la guerra. Y sin embargo la guerra les salió al paso en cuestión de horas. Cuando el Athenia comenzó a hundirse por la popa, nadie acertó a arriar debidamente su bote salvavidas ni a encontrar el tapón que cerraba el imbornal. Una vez solventados estos problemas, los pasajeros comenzaron a descender de dos en dos y la escala del bote salvavidas se rompió. Los marineros tuvieron que sacar a la gente del agua sirviéndose de bicheros. A la madre de Winifred la cogió en brazos un marinero en la cubierta del buque y la lanzó al bote. Winifred bajó por sus propios medios.

En medio de la oscuridad, el bote se encontró con el carguero noruego *Knut Nelson* y los pasajeros subieron a bordo. Mientras navegaban hacia Galway (Irlanda), el capitán del carguero le dijo a Winifred: «¡Ustedes los británicos, siempre en guerra! ¡Tomen ejemplo de Noruega! ¡Manténgase al margen de esas cosas!». Poco tiempo después, mientras se acercaban al puerto de Galway, Winifred oyó por casualidad a dos señoras inglesas de mediana edad charlando como si estuvieran en una reunión del Women's Institute. «Por supuesto que sí, querida», decía una, «hay que verter la crema rosa por encima de la tarta».

En el ataque murieron ciento doce pasajeros del Athenia. Después de aquello, muy pocos buques de línea siguieron haciendo la travesía del Atlántico. Se contaba que los pasajeros norteamericanos del Aquitania, un transatlántico de la naviera Cunard, oraban con nerviosismo para que la travesía concluyera sin incidentes, mientras que los británicos permanecían sentados en el salón Palladium hablando tercamente del tiempo.

El 27 de septiembre habían llegado a Francia, sanos y salvos, 152 031 soldados británicos (y 60 000 toneladas de carne congelada). A John Williams le sorprendió ver tantas luces encendidas en los pueblos franceses, no como en Inglaterra, donde los apagones eran constantes. «¡Todos esos bares y esos burdeles con las luces encendidas!», recuerda. A William Harding le emocionó la cálida bienvenida que recibió la Artillería Real. Cuando desfilaron por las calles de Cherburgo, la gente les lanzaba flores, asomándose tanto a las ventanas que parecían a punto de caerse.

Al llegar a su destino, al este de Lille, en el lado francés de la frontera con Bélgica, los hombres comenzaron a excavar trincheras y a edificar fortines y casamatas. Se comportaban como si fueran a establecerse allí, aunque no pensaban quedarse. Una vez comenzara el previsible ataque alemán, se trasladarían ciento veinte kilómetros más al este para ocupar posiciones en el río Dyle, en Bélgica. Ello por varias razones: en primer lugar, los franceses querían alejar los combates de las áreas industriales; a los británicos, por su parte, no les interesaba que los alemanes establecieran aeródromos desde los que pudieran atacar fácilmente el sur de Inglaterra; y ambas naciones querían tener a Bélgica de su parte. Pero, dado que Bélgica profesaba la neutralidad, no se les permitiría entrar en territorio belga hasta que comenzara la ofensiva alemana, de ahí que, de momento, invirtieran el tiempo en construir defensas que, en principio, no habrían de servir para nada.

La actitud de Bélgica era motivo de frustración para Winston Churchill. En enero de 1940 afirmó que mantenerse neutral frente a la belicosa Alemania era como dar de comer a un cocodrilo. Todos los países neutrales confiaban en que bastara con eso para que el cocodrilo se los comiera a ellos en último lugar. Aun así, es fácil entender la postura de Bélgica: si hubiera entrado en guerra, los alemanes habrían tenido la excusa perfecta para invadir el país. Como observó en enero de 1940 Oliver Harvey, ministro plenipotenciario británico en París: «Alemania invadirá Bélgica si así le conviene, haga lo que haga Bélgica».

Así pues, la construcción de la Línea Gort por parte de las tropas británicas fue un esfuerzo inútil. En invierno, las zanjas estaban tan enfangadas y el nivel freático era tan alto que los soldados de infantería acabaron construyendo los parapetos prácticamente desnudos de cintura para abajo, con los pies envueltos en lonas. Richard Annand, un oficial del Regimiento de Infantería Ligera de Durham, descubrió que, si él también se ponía a cavar, sus hombres se animaban y trabajaban con más ahínco. Pero su brigadier le ordenó que saliera inmediatamente de la trinchera. Su trabajo consistía —le dijo— en supervisar a los soldados, no en convertirse en uno de ellos. Al desdibujar la jerarquía, estaba dejando en mal lugar a los miembros de su clase. Aun así, Annand regresó a la zanja y siguió arrimando el hombro. Cuando, pasado un tiempo, regresó el brigadier, le comentó con enfado al coronel: «Veo que tiene usted en su batallón algunos soldados rasos muy bienhablados».

El invierno de 1939 fue particularmente frío, y los soldados vivían en pésimas condiciones. Al descubrir que su granero estaba lleno de ratas, los hombres del Cuerpo de Transmisiones Real construyeron camas elevadas usando los materiales que tenían a mano: madera y cables de teléfono. Colin Ashford recuerda que se lavaba y afeitaba en una charca gélida y llena de algas en la que también se abrevaba al ganado. A Percy Beaton, de los Ingenieros Reales, le tocó limpiar un barracón que previamente habían usado soldados franceses. «Había excrementos por todas partes», cuenta. «Estaba claro que los franceses se limpiaban el trasero con la mano, y la mano en la pared».

Y en cuanto los soldados británicos comenzaron a vestir el traje de campaña, abandonando el uniforme de faena, más formal, que llevaban previamente, la disciplina se relajó de golpe. El traje de campaña no tenía botones a los que sacar brillo y, aunque seguía habiendo que lustrar las botas y mantener limpias las cinchas de algodón, los soldados —según afirma John Williams— dejaron de ser «esos tipos elegantes y con los botones bien bruñidos que eran el mes anterior».

A algunos incluso les costaba estar presentables. «Mi traje de campaña era un desastre», comenta Fred Carter, de los Ingenieros Reales. En los almacenes de intendencia le dieron un uniforme varias tallas mayor que la suya y Fred trató de hacerle los arreglos necesarios, pero por desgracia no se le daba muy bien la costura.

El traje de campaña se componía de guerrera y pantalón de sarga, de color marrón verdoso. Lo llevaban soldados y oficiales por igual, aunque estos últimos lucían además corbata. En aquella fase inicial de la guerra, las insignias y distintivos eran todavía muy escasos. Oficialmente, las únicas insignias permitidas eran los galones que se llevaban prendidos al hombro con el nombre del regimiento en letras negras sobre tela caqui, los distintivos de rango en tela corriente y los que indicaban el oficio, también en tela basta. Por ser unidades de élite, a los regimientos de Guardias se les permitía lucir distintivos de colores en el hombro. El casco podía llevarse con o sin cobertura de arpillera como camuflaje.

Esta estandarización de los uniformes tenía como fin ofrecer pocas pistas a la curiosidad del enemigo (La identidad personal solo se evidenciaba en las chapas verdes y rojas que los soldados llevaban colgadas del cuello, con su nombre, número y confesión religiosa). Estas normas indumentarias, como era lógico en el ejército, comenzaron a sufrir alteraciones casi inmediatamente. Algunos regimientos siguieron luciendo el distintivo metálico tradicional en el hombro; otros llevaban galones de colores distintos; y había algunos que lucían emblemas con diversos colores y dibujos en las mangas. De modo que, aunque la mayoría de los soldados británicos de Dunkerque presentaran un aspecto uniformemente espartano (en especial cuando vestían el grueso y sobrio gabán), se daban multitud de excepciones.

Ejemplo de ello eran los Queen's Own Cameron Highlanders, el único regimiento de la Fuerza Expedicionaria Británica que vistió el *kilt*, la falda escocesa, en Francia, a pesar de tenerlo oficialmente prohibido. El tartán, que recibía el nombre «Cameron of Erracht», quedaba a menudo tapado por un *kilt apron*, un delantal de tela basta que, atado alrededor de la cintura y provisto de un voluminoso bolsillo frontal, daba a su portador el aspecto de un canguro parduzco.

El rancho rara vez constituía un disfrute para el paladar. Hasta 1941 no hubo un Cuerpo de Restauración Militar y, según George Wagner, solía escogerse al soldado más bruto para que hiciera las veces de cocinero. El cocinero de su compañía, al que llamaban *Mad Jack*, «Jack el Loco», era conocido por su curri indigerible. «Cualquiera que se ofreciera voluntario podía ser cocinero», comenta Norman Prior, de los Fusileros de Lancashire, que recuerda a los hoscos voluntarios de cocina sirviendo mazacotes de estofado Maconochie, el deplorable rancho enlatado que había servido de alimento básico a los soldados de la Gran Guerra.

Había, sin embargo, una alternativa. Los soldados británicos, acostumbrados desde niños a una dieta poco sofisticada, se hallaban de pronto en un país en el que la comida se saboreaba y se reverenciaba, y donde se comían extraños animales aderezados con sabrosas salsas. Según cuenta James Lansdale Hodson, la mayoría de los británicos no se atrevía, sin embargo, a probar platos nuevos. «Algunos que tienen ocasión de comer sopa, sardinas, ternera lechal y café, prefieren en cambio los huevos con patatas. Las tortillas no les van mucho. Lo que quieren son huevos fritos, no huevos revueltos».

El suboficial escocés Alexander Frederick pagaba cinco francos por cenar todos los días lo mismo: un plato de huevos fritos con patatas, una taza grande de café con leche y un trozo de pan. John Williams, que pasaba la mayor parte de su tiempo libre en un café de Normandía regentado por una viuda, solo tenía una queja: que la mujer no sabía freír un huevo. «Así que un día entré en la cocina y le pregunté si podía enseñarle».

No todo el mundo respondía a este estereotipo. Colin Ashford disfrutaba probando platos nuevos en Lille. Las tartas de allí, asegura, eran mucho mejores que las que comía en casa. Y también probó la carne de caballo con patatas fritas. «Estaba bien».

También había bebidas desconocidas. En los *estaminets*, bares que servían alcohol, algunos hombres se habituaron a beber vino y cerveza rubia, mientras que otros se conformaban con seguir bebiendo la típica cerveza negra. Se consideraba casi un rasgo de afeminamiento beber cerveza clara o rubia, recuerda John Williams. «Ahora, cuando veo tantos vinos en Marks and Spencer y me acuerdo de los tiempos en que el vino era una cosa exótica que les gustaba a los franceses, me dan ganas de reír».

Y aunque Williams asegura que los soldados británicos nunca causaban problemas, a veces surgían altercados, como es lógico. En diciembre de 1939, un policía militar de veintitrés años, el soldado de primera Rowson Goulding, fue acusado de asesinato tras una reyerta en un *estaminet*. La lectura atenta de las actas del juicio revela ciertos hechos insoslayables. Goulding y cuatro compañeros suyos estaban bebiendo en el Café de la Mairie, en la localidad de Drocourt, cuando se enzarzaron en una disputa con unos hombres del pueblo. Volaron sillas y botellas; unos minutos después se oyeron disparos en la calle y un lugareño, Fernand Bince, resultó muerto.

Los franceses que presenciaron la reyerta aseguraron que los soldados estaban muy borrachos. Empezaron a servirse copas por su cuenta, a romper vasos y a sacar puros de detrás del mostrador. Cuando se les pidió que pagaran —contaban los franceses—, se negaron y empezó la trifulca. Finalmente los echaron a todos del local, no sin que antes varios vecinos de la localidad, entre ellos Fernand Bince, resultaran heridos.

Los soldados, por su parte, negaron estar ebrios. Aseguraban que uno de sus compañeros había sido agredido por un lugareño sin que mediara provocación alguna, lo que desencadenó el altercado; que ayudaron entre todos a llevar fuera a su compañero herido y que Goulding estaba especialmente furioso por el incidente.

Sea cual sea la versión más exacta de lo sucedido, parece ser que Goulding volvió corriendo a su barracón, cogió la pistola de un compañero y regresó al bar. Es posible que Bince también fuera a buscar un arma antes de volver al local. No hubo testigos presenciales de lo que sucedió a continuación, pero se oyeron varias detonaciones y se vio a Goulding llevar a rastras a Bince calle abajo, agarrado por los tobillos. El francés murió poco después, en un puesto sanitario británico. Había recibido un disparo en el pecho.

El tribunal militar halló a Goulding culpable de asesinato y le sentenció a muerte. En el sumario, sin embargo, figuraban dos cartas en su favor. La primera la dictó la madre de Bince y estaba traducida al inglés. En ella expresa la inmensa compasión que le merece Goulding y suplica a las autoridades que se muestren clementes con él. «No quiero que esa madre llore por su hijo como lloro yo por el mío».

La segunda, escrita por el alcalde del pueblo, solicita también una rebaja de la pena. En un inglés conmovedoramente imperfecto, escribe: «Porque un hombre haya cometido una falta grave no vamos a dejar de apreciar al Ejército Británico. Al tomar en consideración mi solicitud, fomentarán más aún ese cariño y por eso, con todos mis respetos, les pido que sean lo más clementes posible con ese pobre soldado».

Al final, se concedió el indulto a Goulding y se le conmutó su pena por la de cadena perpetua. Estas misivas ponen de manifiesto que en aquella época los franceses estaban dispuestos a perdonarles muchas cosas a los británicos. Como afirma George Wagner: «Nos miraban como si fuéramos sus salvadores».

Esta actitud, sin embargo, no era universal. Cuando el oficial subalterno Anthony Irwin se brindó a arreglar el tejado de una granja dañado por un obús antiaéreo, su amable ofrecimiento fue acogido con un furioso rapapolvo por parte de la dueña de la casa, que culpaba de la guerra a los británicos y le lanzó a la cabeza una taza de estaño.

Al propio Irwin le cabían pocas dudas respecto a la actitud de los franceses hacia los alemanes. Mientras se alojaba en casa de un comerciante de vinos, cerca de Lille, una de las hijas de la familia, una mujer de unos treinta años, le describió airadamente sus vivencias durante la última guerra, cuando tuvieron que alojar en su casa a dos oficiales alemanes. Cuando no les gustaba la comida o el vino, la agarraban, la obligaban a sentarse dentro de la tina donde se hervía el agua para la colada y amenazaban con cocerla viva si no les daban algo mejor. Tuvo que soportar ese trato durante dos años. John Williams, entre tanto, se alojaba con dos hermanas ya mayores que regentaban una oficina de correos. También se habían visto obligadas a alojar a un oficial alemán durante la I Guerra Mundial, un sujeto que se emborrachaba con regularidad y vomitaba en las escaleras. Cuando una de las hermanas le llamó «cerdo borracho», la llevaron ante el comandante y pasó varias semanas encarcelada. Su hermana —contaba— iba todos los días a la cárcel y le pasaba pan a través de los barrotes.

Se contaban muchas historias acerca de la brutalidad de los alemanes, pero las tropas británicas también podían cometer desmanes. Esto era especialmente cierto en el caso del Cuerpo Auxiliar de Pioneros del Ejército. En diciembre de 1939, el general adjunto encargado del aparato administrativo avisó de que la conducta de los pioneros estaba deteriorando la relación de las tropas británicas con la población francesa. Los hombres de dicha unidad eran mayores (su edad media rondaba la cincuentena), les faltaba disciplina (no hubo ninguna otra unidad destinada en Francia que fuera objeto de tantos juicios militares), estaban a menudo a las órdenes de oficiales de segunda fila y trabajaban como peones no cualificados.

Percy Beaton, un miembro de los Ingenieros Reales que trabajaba junto a una compañía de pioneros, se sentía al mismo tiempo protegido e intimidado por ellos. «Nos veían como soldados jóvenes y novatos», cuenta, «y solían tratarnos como si fuéramos sus hijos». Pero tuvo mucho cuidado de no contrariarlos después de ver cómo se las gastaban con un sargento que despertaba entre ellos cierta inquina y al que sacaron atado de un *estaminet* y arrastraron boca abajo por una calle empedrada. Después de aquello, cuenta Beaton, el hombre quedó irreconocible. «Solo se le veían dos ranuras y un poquito de boca».

Meses después, durante las últimas fases de la retirada, John Williams dio el alto a una compañía de pioneros que se dirigía a toda prisa hacia la costa. Iban huyendo cuando debían estar luchando, y así se lo dijo al sargento mayor que encabezaba el grupo. Él, como era de esperar, no estuvo de acuerdo. «¡Nos largamos de aquí!», dijo. «Debería darle vergüenza», replicó Williams. «Es usted un sargento mayor del ejército británico, ¿y habla de largarse de aquí delante de todos estos hombres?».

Varios pioneros le apuntaron con sus fusiles y amenazaron con disparar. Temblando de miedo, Williams también levantó su arma. «Al primero que dispare, lo mato. A ver, ¿cuál de vosotros quiere morir?».

Los pioneros retrocedieron lentamente y volvieron al frente.

Un tiempo después, Williams vio al sargento mayor tendido en una camilla. Le faltaba la mitad de una nalga. «¿Decía usted que se largaba de aquí, sargento mayor?», preguntó. «Pues me alegra ver que así es».

Pero, pese a todos los problemas que afrontarían en un futuro, de los testimonios de los soldados respecto al periodo conocido como «guerra falsa» emerge un tema común: aquellos meses fueron como unas vacaciones. «No nos creíamos que hubiera una guerra en marcha», comenta Williams.

Los expedientes disciplinarios de la Fuerza Expedicionaria Británica revelan tasas muy bajas de deserción durante este periodo. De hecho, después de que se publicara una circular advirtiendo de que los alborotadores serían enviados de vuelta a Inglaterra, el comportamiento del Regimiento de Middlesex mejoró a ojos vistas.

Para Anthony Rhodes, oficial de la compañía 253 de los Ingenieros Reales y hombre humilde y discreto, esta «guerra de mentirijillas» fue «divertida e interesante». Se acuerda, sin embargo, de un oficial médico, un hombre mayor acostumbrado a trabajar sin descanso en la vida civil, para el que aquel periodo supuso un gran alivio. Simplificó su vida, que en Francia consistía básicamente en «comer, beber y lo que él llamaba "realidades carnales"».

Jimmy Langley se acuerda del alborozo que se apoderó de su pelotón un viernes por la tarde, cuando recibió la paga antes que otros pelotones. Minutos después se le acercó su coronel y le comentó con sorpresa que había visto a su compañía haciendo una carrera campo a través. Langley no dijo nada, porque lo que el coronel había visto en realidad era a la compañía, con el pelotón de Langley a la cabeza, corriendo al burdel más cercano. Aquella era una carrera que nadie quería perder.

David Elliott, del Cuerpo Médico del Ejército Real, recuerda la *rue* ABC de Lille como un estrecho callejón adoquinado flanqueado por prostíbulos. Las puertas estaban divididas por la mitad, como las de los establos, con la parte de abajo cerrada. Al aventurarse en uno de dichos establecimientos, Elliott se encontró con un salón de baile y un bar en el que las chicas, en tanga, bebían con los soldados antes de conducirlos al piso de arriba. «Para mí fue una revelación», cuenta David, «¡y ver a dos mujeres juntas! Porque, aunque tenía casi veintiún años, creo que nunca había oído la palabra "lesbianismo"».

«Siendo la naturaleza humana como es, la verdad es que uno no podía contenerse», comenta William Harding, de la Artillería Real. Harding le dio diez francos a una mujer al pie de la escalera (el doble de lo que costaba una ración de huevos fritos con patatas) y la experiencia le pareció decepcionante. «No había calor humano».

«No quiero parecer grosero ni nada por el estilo», añade, «pero, antes de que uno entrara en la habitación, las chicas solían salir y limpiarse la entrepierna con un trapo. Y luego tiraban el trapo entre los tíos que estaban esperando para subir. Se armaba una trifulca para apoderarse de aquel trapo».

Había, evidentemente, buenas razones para no pisar los burdeles. Principalmente, el peligro de contraer una enfermedad venérea. A Alexander Frederick, su padre y otros veteranos de la I Guerra Mundial le avisaron de que tuviera cuidado al «usar las instalaciones». Pero cuando un oficial médico le enseñó una serie de fotografías de genitales masculinos infectados, su entusiasmo por «las instalaciones» pareció disiparse por completo.

Un sorprendente adalid de la lucha contra las enfermedades venéreas fue el general Montgomery, quien publicó una circular que causó cierto revuelo. «Si un hombre quiere acostarse con una mujer, que lo haga, desde luego», escribió Monty, «pero debe emplear el sentido común y tomar las precauciones necesarias para evitar contagios, de lo contrario se convierte en víctima de su propia imprudencia y eso equivale a ayudar al enemigo».

A su modo de ver, el ejército debía ayudar a los soldados a evitar contagios proporcionándoles preservativos, poniendo a su disposición «habitaciones profilácticas» en las que los hombres pudieran asearse después de un encuentro sexual y enseñando a los soldados el francés suficiente para que compraran preservativos en las farmacias y pidieran indicaciones para llegar a los prostíbulos legalizados. El teniente general Alan Brooke, comandante del II Cuerpo de Ejército, tachó su circular de obscena, pero curiosamente no la retiró. «[Brooke] me echó un buen rapapolvo», escribió Monty un mes después, pero la circular «consiguió lo que yo quería, porque las enfermedades venéreas han desaparecido».

A pesar de que las relaciones sexuales se toleraran e incluso se alentaran tácitamente, hubo muchos jóvenes para los que tales prácticas eran motivo de escándalo. Antes de la guerra, Colin Ashford había estudiado Bellas Artes y diseño gráfico en la prestigiosa Glasgow School of Arts. Al convertirse en soldado raso del Regimiento de Infantería Ligera de Highland, se halló rodeado de personas que soltaban exabruptos sin cesar y a las que solo interesaban el alcohol y el sexo. «Antes no me había dado cuenta», comenta, «de que había tantos hombres con una capacidad intelectual tan exigua. Me acuerdo en concreto de un sargento mayor que, cuando hablabas con él, casi le veías pensar». Ashford y unos cuantos compañeros afines empezaron a emplear palabras largas para confundir al sargento mayor. «Debería llevar una corona de flores en la testa», decía uno de sus amigos, «para que todos sepan que tiene las meninges muertas».

Pero, aparte de los escarceos sexuales pasajeros, también hubo noviazgos estables y coqueteos inocentes. Percy Beaton «salió» una temporada con una chica francesa que llevaba una carabina a todas partes. William Harding se enamoró de una chica de Nantes «hasta las cachas» y creyó que su relación se había terminado cuando su batallón fue trasladado sin previo aviso. Unos días después, le avisaron de que tenía una visita. Creyendo que era la chica, corrió emocionado a su encuentro. Pero se llevó una sorpresa. «¡Era su madre!», cuenta. «Me abrazó, se puso a llorar y me montó una escena». Le reprendió por haberse marchado tan de repente y le dijo que su hija le echaba muchísimo de menos. Entre tanto, los compañeros de Harding los observaban con alborozo. «Me las hicieron pasar canutas», recuerda Harding. «Decían que si me acostaba con las dos, con la madre y la hija. ¡Se les ocurrían unas cosas tremendas!».

La «guerra falsa» brindó oportunidades inesperadas a los soldados británicos, pero también tuvo reminiscencias simbólicas. Los jóvenes soldados británicos vivían, avanzaban y se replegaban por zonas en las que también habían luchado y muerto sus mayores. «Mi padre resultó herido de gravedad por la metralla», cuenta Colin Ashford, «y yo estaba destinado en la misma zona de Francia». Recuerda haber visto las antiguas trincheras del frente y haber visitado cementerios británicos, franceses y alemanes. La arquitectura y el tamaño de aquellos camposantos sorprendió y conmovió a Ashford y a sus compañeros, como sorprende y conmueve al visitante de hoy en día. La diferencia, naturalmente, estriba en que los turistas actuales no temen correr la misma suerte que los hombres allí enterrados.

Mientras atravesaba Bélgica, Ted Oates pasó por la Puerta de Menin, en la que están grabados los nombres de los caídos en la Gran Guerra. Vio allí cerca un carrito de helados. Iba en misión de reconocimiento con el sargento Richardson, de Intendencia, un veterano de la Gran Guerra, y decidieron comprar un helado al regresar. Pero cuando volvieron el carrito ya no estaba: el vendedor se había marchado, asustado por los aviones alemanes. El sargento Richardson no regresó nunca a casa. Su nombre está grabado en el monumento a los caídos de Dunkerque: un soldado sin tumba conocida.

Pero en Francia no solo había soldados de infantería, claro está. La Real Fuerza Aérea , esa alegre amalgama de Ejército de tierra y Armada carente de la disciplina y la rigidez de ambas ramas militares, también estaba presente. Se enviaron cuatro escuadrones de cazas Hurricane, excelentes aeronaves artilladas, para realizar labores de apoyo. Ronald Beamont, del Escuadrón 87, fue destinado a Lille. El cometido del escuadrón consistía —cuenta Ronald— en «patrullar constantemente en busca de avanzadillas enemigas, aunque en contadas ocasiones las veíamos».

También se creó una Fuerza Avanzada de Ataque Aéreo que se puso bajo el bando de los franceses. Compuesta por otros dos escuadrones de Hurricanes y once escuadrones de bombarderos ligeros y medios, esta fuerza entró mucho más en acción. En cierta ocasión, Billy Drake, que pilotaba un Hurricane del Escuadrón 1, se topó de frente con un Messerschmitt Bf 109. A pesar de ser su primer encuentro con el enemigo, logró cambiar las tornas y pronto se encontró persiguiendo al 109, que se alejaba a toda velocidad:

El piloto sabía lo que hacía: me estaba llevando a una trampa. Intentaba hacerme pasar por debajo de unos cables de alta tensión, encima del río. Se elevó para ver si me había estrellado, pero no. Ese fue su error. Conseguí alcanzarle, le disparé y creo que le obligué a hacer un aterrizaje de emergencia.

Con su generosa paga y su elegante uniforme, la fuerza aérea tenía numerosas ventajas respecto al ejército de tierra y atraía, por tanto, a hombres de toda condición. Vivian Snell se trasladó a Francia en abril de 1940, con el Escuadrón 98. Pasó muchas veladas en Reims, donde pedía champán en abundancia por un precio mucho más asequible que en Londres. Tenía un amigo llamado Freddie Snell del que no era familia pese a que compartieran apellido, y al que le encantaba «pasarlo pipa».

Vivian recuerda que Freddie pasó un fin de semana muy movidito en un hotel de Reims que cerraba sus puertas a las once de la noche. A Freddie no le gustaba aquella norma. «Si cierran la puerta con llave», advirtió al personal, «la abro». Y, dicho y hecho, esa noche abrió la puerta de un disparo. Y cuando al día siguiente el pianista del bar alargó demasiado su actuación, Freddie le pegó dos tiros al piano. Su mayor baladronada aún estaba por llegar, sin embargo.

Tenía que estar de vuelta en el escuadrón el lunes por la mañana, pero no volvió. Unas horas después, su alférez se presentó en el hotel con intención de llevárselo. «¡Venga ya, Freddie!», le dijo. «Ya sabes que tendrías que haber vuelto esta mañana».

«No puedo volver, estoy bailando. ¿Es que no lo ves?», repuso Freddie, que estaba acompañado por varias chicas. «¿Por qué no bailas tú también?». Y, sacando su revólver, se puso a disparar al suelo alrededor del alférez, quien, en efecto, comenzó a bailar.

Freddie Snell fue procesado por un tribunal militar. La Real Fuerza Aérea tenía fama de ser una rama especialmente tolerante del ejército, pero todo tenía un límite. Y lo cierto era que estaban teniendo lugar multitud de delitos en todas partes. Comenzaron al poco tiempo de llegar la Fuerza Expedicionaria a Francia. Desde un atraco a una joyería al robo del único coche policial de Rennes, los miembros menos recomendables de la BEF se pusieron rápidamente manos a la obra. El delito más común era, sin embargo, el hurto de suministros de guerra. Se creó una auténtica red mafiosa que robaba material en los almacenes británicos y los puertos de ambos lados del Canal, en los barcos de suministro, los depósitos franceses, los trenes, los camiones e incluso en las unidades de destino. No había prácticamente un solo momento en que los suministros no corrieran peligro durante su traslado, y en ambas orillas del Canal surgió un floreciente mercado negro.

En septiembre de 1939, al desembarcar en Cherburgo el cuartel general del I Cuerpo de Ejército, desaparecían tal cantidad de suministros que hubo que sacar de los muelles todos los coches del estado mayor y mantenerlos bajo vigilancia. Todo era susceptible de robo, por grande o pequeño que fuese. Se envió a Francia al inspector jefe George Hatherill, de Scotland Yard, cuyo informe resultó devastador. «En casi todos los puertos, apartaderos de ferrocarril y almacenes que he visitado sucedía lo mismo», escribió. «Desaparecían enormes cantidades de material fungible de todas clases, a menudo a las pocas horas de su llegada». Se ordenó que, con efecto inmediato, quinientos voluntarios con experiencia policial fueran apartados de sus unidades para pasar a custodiar los suministros. Hatherill recomendó asimismo que se creara una Rama Especial de Investigaciones (SIB en sus siglas inglesas) dentro de la Policía Militar (así como dentro de la armada y la fuerza aérea). Con ese fin se reclutó a cincuenta y ocho agentes y suboficiales de Scotland Yard que debían servir como detectives militares. El SIB se convirtió con el tiempo en una institución amplia y eficaz.

Cabe decir que el robo constituía desde tiempos inmemoriales una forma de vida dentro del ejército. «Eran capaces hasta de quitarle la leche al té de un ciego», comenta un soldado de Comunicaciones al recordar cómo le robaron la navaja y la gorra, por lo que no le quedó más remedio que robárselas, a su vez, a otro. Pero, dejando a un lado los robos frecuentes y los altercados que provocaba el Cuerpo Auxiliar de Pioneros, parece ser que los hombres de la BEF cometieron relativamente pocos delitos serios durante su estancia en Francia. Al examinar aleatoriamente los datos de los juicios militares que tuvieron lugar a principios de marzo de 1940, queda claro que el delito más común era la embriaguez, seguida por las agresiones a superiores y el robo. Ello no resulta sorprendente si se tiene en cuenta que la cerveza, el vino y los licores eran baratos y que la libra era una moneda mucho más fuerte que el franco (una libra equivalía a 176,5 francos).

Si bien por sí misma no solía revestir importancia, la ebriedad provocaba en ocasiones faltas más graves. Es probable que fuera decisiva en el asesinato cometido por el soldado de primera Goulding, y era susceptible de agriar las relaciones entre los soldados expedicionarios y la población local. Podía, por otra parte, mermar la capacidad del ejército para cumplir su misión. Un capitán del Regimiento de East Yorkshire estaba tan borracho la noche del 9 de mayo de 1940 que no pudo cumplir con su deber el día en que la BEF penetró por fin en Bélgica. Es de suponer que no fue el único que se perdió los sucesos del 10 de mayo, pero tal negligencia resulta inadmisible en un oficial.

De los oficiales del ejército británico se esperaba que supieran comportarse. Tenían que estar a la altura de las circunstancias y cumplir con sus obligaciones, a cambio de lo cual se les concedía mando sobre otros y una vida más cómoda. Así era, al menos, en teoría. El novelista Anthony Powell, subteniente del Regimiento de Welch, comenta respecto al hecho de capitanear un pelotón que mandar a «treinta hombres es una mera responsabilidad, sin la menor sensación de poder como gratificación. Solo necesitan que se vele por ellos indefinidamente». Puede que sí, pero también es cierto que no todos los oficiales cumplían con su obligación.

Algunos eran vengativos. Cuando un joven y prometedor miembro de los Gordon Highlanders —un regimiento de infantería escocés— rechazó la oportunidad de convertirse en ordenanza de un comandante alegando que prefería quedarse con sus amigos, fue condenado de inmediato a siete días de arresto. El comandante despechado le acusó de vestir indecorosamente: le asomaba el cordón de una bota por debajo de la polaina.

Otros eran negligentes. En febrero de 1940, cuatro oficiales del Regimiento Real de Warwickshire fueron acusados de rebelión y ausencia injustificada. La corte marcial que los juzgó dirimía su responsabilidad en la muerte por ahogamiento de un soldado raso durante unas maniobras navales. La condena fue indulgente: una amonestación severa para los dos comandantes y una amonestación para los dos subtenientes. El comandante del batallón, en cambio, fue relevado de su puesto. Estos cuatro oficiales (y su superior) faltaron a sus obligaciones. No velaron por sus hombres.

Teniendo en cuenta la forma en que suele contarse la historia de la evacuación de Dunkerque, con frecuencia se diría que todo el ejército británico se hallaba destinado en Francia. No era así, desde luego. En Gran Bretaña también había voluntarios y reclutas forzosos, y el colectivo Mass Observation se encargó de dejar constancia de su mentalidad y actitudes. Uno de sus colaboradores habituales era un recluta novato de la Real Fuerza Aérea que les reveló que, aunque sus compañeros no estaban «locamente enamorados» de la RAF, la preferían con mucho al ejército de tierra: todo el mundo sabía que los soldados de infantería vivían peor.

Dicho recluta observó asimismo que sus compañeros no subestimaban, en general, a los alemanes, como sí hacían en cambio la mayoría de los civiles, convencidos aún de que la guerra se ganaría en un santiamén. «Son conscientes», decía, «de que [Alemania] es un hueso duro de roer». Aunque solía tildarse a Hitler de malnacido, rara vez se oían discusiones políticas, a pesar de que (o quizá precisamente porque) entre los reclutas que cumplían el servicio obligatorio había comunistas, socialistas y exfascistas. «Les gusta la democracia», observaba el colaborador de Mass Observation, «pero saben perfectamente que estamos luchando por el capital británico». Este escepticismo reviste especial interés si se tiene en cuenta que el miembro del gobierno que gozaba de mayor popularidad entre los reclutas era Winston Churchill, para el que la guerra era una lucha en pro de la libertad y la democracia.

Las opiniones respecto a los objetores de conciencia estaban muy divididas. Algunos los despreciaban por adoptar una postura «antinatural que merecería que los fusilaran», mientras que un número sorprendentemente alto estaba de acuerdo «en que hay que tener muchas agallas para ser objetor de conciencia y en que nosotros hemos tomado el camino más fácil al seguir al rebaño».

A algunos objetores, desde luego, no podía acusárseles de optar por el camino más fácil. R. J. Porcas, de Norbury, al sur de Londres, era un pacifista militante que veía el reclutamiento forzoso como un adiestramiento para el asesinato de sus congéneres. Y sin embargo se negó a registrarse como objetor alegando que ningún tribunal tenía derecho moral a juzgarle por una cuestión de conciencia. Comparaba aquella situación con los tribunales inquisitoriales de la Edad Media que juzgaban a las personas por sus creencias religiosas.

Porcas era consciente de las consecuencias que podía acarrearle su decisión. En una carta dirigida al ministro de Trabajo afirmaba que estaba dispuesto a que le entregaran a las autoridades militares, *a ver si pueden doblegarme*. Finalmente, sin embargo, no tuvo que hacer el papel de mártir. Se le reconoció como objetor de conciencia sin tener que comparecer ante el juez ni registrarse como tal. Esta decisión tan tolerante (y el esfuerzo que costó llegar a ella) refleja el cambio de actitud hacia la objeción de conciencia que tuvo lugar en los años que mediaron entre las dos guerras mundiales.

Mientras que algunos conocidos pacifistas (como A. A. Milne, el autor de *Winnie de Puh*) cambiaban de postura y empezaban a apoyar la guerra, otros siguieron tercamente comprometidos con la paz unilateral. Al parlamentario laborista Rhys John Davies le preguntaron durante un mitin si estaba de acuerdo con Hitler.

Respondió que aborrecía a Hitler, al igual que le aborrecía el pueblo alemán, y acto seguido afirmó que aquella sería la última guerra que libraría Inglaterra como gran potencia. En el futuro, aseguró, «seremos una especie de estado vasallo de Estados Unidos». Davies, que juzgó tan mal su presente histórico, acertó de lleno en su vaticinio.

Pero durante la «guerra falsa» no hacía falta ser pacifista para eludir el reclutamiento. Se podía no ser apto para el servicio militar por motivos médicos. O se podía fingir que no se era apto. Jack Brack, un joven londinense que sufría una afección cardíaca, fue rechazado por el tribunal médico en octubre de 1939. Poco después, se convirtió en protagonista de un fraude organizado que dio comienzo cuando Maurice Kravis, el encargado de unos billares, le ofreció dinero a cambio de que se hiciera pasar por él ante el tribunal médico que debía evaluarle. Brack se personó ante el tribunal asegurando ser Kravis y consiguió que le relevaran del servicio. Había mucha gente deseosa de evitar el reclutamiento, y Brack comenzó a someterse a exámenes médicos regulares suplantando a otras personas. Tenía cuidado de no presentarse dos veces ante la misma junta médica, pero aun así su cara empezó a ser conocida y el invento se vino abajo. Como cabía esperar, fue detenido, igual que los jóvenes cuya identidad había asumido temporalmente. Declarado culpable de delitos contra la Ley del Servicio Militar, fue condenado a tres años de prisión.

En Burton-on-Trent, entre tanto, Raymond Gould, de veintiséis años, fue enviado a prisión por no registrarse para el servicio militar. Su madre alegó que era demasiado vago para ir a enrolarse. Un inspector del Ministerio de Trabajo que testificó en la causa declaró que había tenido que esperar veinte minutos para hablar con Gould mientras su madre y su hermana trataban de convencerlo para que saliera de la cama. Gould no abrió la boca durante el juicio, pero el tribunal fue informado de que *podía* hablar, pues hacía poco tiempo que había sido condenado por emplear un lenguaje soez ante un tribunal correccional de Derby.

Los jóvenes trataban de esquivar el servicio militar obligatorio por motivos muy diversos, pero hubo al menos uno que quebrantó la ley movido por su afán de *entrar* en el ejército. El tribunal de Old Bailey procesó a Samuel Martin, un joven de veintiún años del norte de Londres, acusado de sabotaje en la factoría donde trabajaba fabricando piezas para submarinos.

Martin ardía en deseos de dejar la fábrica para ingresar en el ejército, pero sus jefes se negaron a dejarle marchar. Al día siguiente, montó mal una pistola (un dispositivo eléctrico que controlaba la detonación de un torpedo) y le dijo al jefe de taller que había perdido el interés por su trabajo. Un día más tarde, ensambló una pistola sin incluir una pieza esencial para su funcionamiento. Y después cometió un error que, según un perito que actuó como testigo, no pudo ser accidental. Declarado culpable (lo que suponía una sentencia severa, dado que el sabotaje era casi equiparable a la traición), el juez se limitó a dejarle en libertad para que pudiera alistarse en el ejército.

Con el paso de los meses, el pueblo británico, que esperaba un ataque aliado desde el otoño, empezó a preguntarse por qué no pasaba nada. Según un informe de Mass Observation compilado poco antes de la ofensiva alemana del 10 de mayo, aquellos ocho meses y medio de calma habían empezado a desmoralizar a la ciudadanía británica. Su antigua confianza había disminuido y empezaban a surgir actitudes muy diversas hacia Hitler, desde un respeto concedido a regañadientes a un odio dirigido contra «una especie de demonio sobrehumano, nacido para amargarnos la existencia».

El éxito de la ofensiva alemana, cuando por fin dio comienzo, reforzó dichas actitudes y dio paso a otras nuevas. Gran parte de la población creía, por ejemplo, que

Hitler era un genio de la estrategia y que su maquinaria bélica era invencible. En realidad, los aliados disponían en sus filas de un millón de hombres más que los alemanes, y Francia por sí sola tenía más tanques y aviones de combate que Alemania. Las míticas divisiones acorazadas nazis, esas caravanas invencibles, constituían en realidad una pequeña parte del ejército alemán y estaban formadas en su mayoría por tanques checos apresados y carros de combate de segunda categoría, destinados al adiestramiento. En cuanto a la creencia en el genio militar de Hitler, nadie la profesaba con mayor convicción que el propio *Führer*, lo que, andando el tiempo, tendría consecuencias nefastas para sus fuerzas armadas.

Al mismo tiempo que el pueblo británico iba asumiendo como una realidad la fortaleza militar de Alemania, cobró también conciencia de la debilidad de la Línea Maginot y de la ineficacia de la estrategia militar de los franceses. «Se quedaron tranquilamente sentados en sus posiciones, esperando a que pasara algo», cuenta Peter Barclay, oficial del Regimiento de Norfolk. Tras visitar la Línea Maginot, Barclay llegó a la conclusión de que surtía un efecto muy pernicioso sobre la disposición de las tropas para la lucha, pues los soldados se habían acomodado en sus posiciones defensivas. Otros soldados británicos que visitaron la línea la describieron, al echar la vista atrás, como un error estratégico, además de como una empresa costosa e inútil. En realidad, la Línea Maginot cumplió su cometido a la perfección: el enemigo nunca llegó a romperla.

Teniendo en cuenta los acontecimientos posteriores, resulta especialmente significativo que gran número de oficiales y soldados británicos expresaran opiniones muy desfavorables al ejército francés en entrevistas y memorias autobiográficas.

Puede que estas opiniones sean producto de una percepción de los hechos alterada por el paso del tiempo, pero algunos testimonios tienen el sabor de la verdad. El capitán Henry Faure Walker observó que los soldados franceses adolecían de disciplina y entrenamiento cuando en 1939 tomó parte en unas maniobras conjuntas. Se acuerda en concreto de un grupo de reservistas recién llegados que, al llamarles la atención un oficial, empezaron a gritar, a maldecir y a amenazarle con los puños. El oficial, un comandante de batallón, se limitó a volverse hacia Walker y a encogerse de hombros.

Walker mantuvo una relación cordial con los oficiales franceses mientras duró la «guerra falsa». Uno de ellos le dijo en la primavera de 1940 que la moral de sus hombres había llegado a un punto tan bajo que seguramente no querrían luchar. Estaban bastante motivados en 1939 —le dijo—, pero el exiguo salario, el aburrimiento y el desencanto acumulados durante meses les había vuelto «militarmente inservibles».

Lord Gort, el jefe del estado mayor británico, se enfrentaba, pues, a una ardua tarea: por un lado, sus oficiales dudaban de la posible actuación del ejército francés y, por otro, es muy probable que las autoridades galas no le informaran pormenorizadamente de cómo marchaban las cosas. Debía organizar sus fuerzas de la manera más eficiente posible y mantenerse en contacto regular con los franceses. De lo contrario, todo podía torcerse.

Los alemanes atacaron finalmente el 10 de mayo. Los ciudadanos del minúsculo estado de Luxemburgo contemplaron con perplejidad cómo las columnas de artillería, los vehículos acorazados, los coches y carros de combate cruzaban a toda prisa por su país, camino de la frontera belga. Un joven capitán de tanque alemán, Hauptmann Carganico, avanzó a buen ritmo hasta que llegó a una zona minada en las inmediaciones de Bodange, nada más cruzar la frontera belga, donde su tanque y el resto de la columna tuvieron que esperar a que se despejara el camino. Al día siguiente siguió adelante, asombrado por el contraste entre los luxemburgueses, prósperos y bien alimentados, y los belgas, pobres y míseros.

Pasado un tiempo, le avisaron por radio de que había minas y tropas enemigas motorizadas más adelante. La columna se detuvo de nuevo, hasta que el comandante del pelotón que iba en cabeza decidió detonar una serie de minas que asomaban en la calzada. Carganico oyó varias explosiones y la columna se puso en marcha al poco rato.

Los carros de combate procuraban no entrar en las poblaciones, de ahí que unos cuantos kilómetros más allá la columna diera un rodeo para esquivar el pueblecito de Neufchâteau. Al llegar a lo alto de un cerro, Carganico vio la aldea de Petitvoir en el valle de más abajo, con sus casitas encaladas reluciendo al sol. Se oyeron disparos, primero procedentes del pueblo y luego de un bosque situado a la izquierda. Al poco rato cesaron. Se veía a los artilleros belgas en la ladera, más allá de Petitvoir, tratando de poner en marcha su maquinaria bajo el fuego de las ametralladoras alemanas. Varios cayeron y los demás emprendieron la huida. Mientras tanto, una densa columna de soldados avanzaba a lo lejos, hacia el oeste, escapando de la ofensiva alemana.

Carganico pidió por radio que le suministraran combustible y que las tropas aseguraran los flancos del territorio ya conquistado; luego siguió adelante. De pronto oyó gritar al oficial al mando «¡Alto!». El conductor de su tanque echó el freno y Carganico se dio cuenta de que el tanque estaba a punto de caer a una zanja de casi diez metros de profundidad cuyos bordes quedaban ocultos por la maleza. Tras esquivar este obstáculo, siguió adelante haciendo huir a varios vehículos blindados enemigos.

Poco antes del anochecer, la columna llegó a la localidad de Rochehaut y comenzó a buscar un puente por el que cruzar el río Semois. A la mañana siguiente a primera hora exploraron la ribera del río por el sur, pero las tropas enemigas apostadas al otro lado abrieron fuego con una ametralladora y los alemanes decidieron dirigirse hacia el norte y tratar de cruzar por Mouzaive. La columna fue atacada de nuevo por la artillería enemiga, pero llegó sana y salva a un vado del río. Los cañones antiaéreos disparaban a los aviones franceses mientras las tropas motorizadas cruzaban por un puentecillo. En aquel punto el río tenía poco más de sesenta centímetros de profundidad y los tanques pudieron atravesarlo sin contratiempos.

La columna se encaminó de nuevo hacia el sur, hacia Ban d'Alle, y al poco tiempo se adentró en el macizo boscoso de las Ardenas, supuestamente impenetrable. Encontraron a su paso equipamiento abandonado y vehículos inmovilizados, evidencia de que las tropas enemigas habían huido por el sotobosque, aterrorizadas por el avance alemán. Siguiendo una carretera sinuosa, la columna se aproximó a la frontera francesa. Había recorrido doscientos veinte kilómetros desde su salida de Alemania y acababa de llegar a una señal que indicaba el camino a Sedán. El primer gran objetivo alemán estaba cerca y Carganico y sus compañeros tenían plena confianza en sus fuerzas.

Así acabó la «guerra de mentirijillas» para las fuerzas británicas. Como diría más tarde John Williams:

La Guerra Falsa fue una especie de ensoñación. No sé qué esperábamos. Vivíamos en un estado de inocencia. Hacíamos lo que nos decían, teníamos a nuestros oficiales, conocíamos a todos nuestros compañeros y creíamos que todo marchaba a pedir de boca. Cuando lo pienso ahora, me estremezco. Casi se me saltan las lágrimas.

Cuatro

Grandes esperanzas

El periodista estadounidense William L. Shirer, destinado en Berlín, era un observador aventajado del funcionamiento cotidiano de la Alemania nazi. Poco antes de iniciarse la *Blitzkrieg*, transcribió una alocución radiofónica de Bernard Rust, ministro nazi de Educación, cuya intención era preparar a los escolares alemanes para la ofensiva inminente: «El pueblo alemán bajo el gobierno de Hitler no ha tomado las armas para invadir países extranjeros y esclavizar a otros pueblos. Se ha visto obligado a hacerlo por los estados que obstaculizaban su camino hacia la prosperidad y la unidad».

A los niños alemanes no se les enseñaba a creer en un mundo de tolerancia y entendimiento entre los pueblos. «El mundo, tal y como fue creado por Dios, es un lugar de lucha y esfuerzo», afirmaba Rust. «Todo aquel que no entienda las leyes de la lucha por la supervivencia será eliminado, como se elimina a los boxeadores en el cuadrilátero. Todas las cosas buenas de este mundo son trofeos. Los ganan los fuertes. Los pierden los débiles».

He aquí, destilada, la quintaesencia de la ideología nazi. Shirer, que describió el nazismo como el mayor problema que afrontaba Europa, habló de ello en sus diarios en vísperas de la *Blitzkrieg*. Otro corresponsal norteamericano, Webb Miller, acababa de morir en un accidente ferroviario, y en la prensa alemana abundaban las noticias acerca de su presunto asesinato a manos de los servicios secretos británicos. *¿Qué le sucede*, se preguntaba Shirer, *al tejido interno de un pueblo cuando se le sirven cotidianamente falacias como esta?* Es una pregunta tan pertinente hoy en día como lo era el 9 de mayo de 1940.

Al día siguiente, Shirer tuvo acceso a un documento en el que Joachim von Ribbentrop, ministro de Asuntos Exteriores del Reich, anunciaba que Gran Bretaña y Francia se disponían a atacar Alemania a través de los Países Bajos, razón por la cual Alemania se veía en la obligación de enviar sus tropas a Bélgica y Holanda a fin de salvaguardar la neutralidad de ambos países. «Esto marca una nueva cota de cinismo y desvergüenza», escribió Shirer. Como era de esperar, los censores del Reich no le permitieron calificar de invasión el ataque alemán, aunque sí anunciar a sus compatriotas que los alemanes habían «marchado con decisión» hacia Bélgica y Holanda. «De todos modos», escribió Shirer, «Estados Unidos sabía reconocer una invasión por lo que era».

Hitler llevaba un tiempo ansioso por lanzar su ofensiva. Solo le retenían los informes meteorológicos. Por fin, la noche del 9 de mayo, los meteorólogos le dieron luz verde. Heinz Guderian, autor de un libro titulado *Achtung, Panzer!* y, junto con Von Manstein, principal promotor de la guerra móvil, comandaba el XIX Cuerpo Panzer, formado por casi sesenta mil hombres y veintidós mil vehículos. Apodado *Schneller Heinz* («Heinz el rápido»), supervisaba tres divisiones de tanques Panzer, una de las cuales debía avanzar a marchas forzadas hacia Sedán el 10 de mayo. Guderian explicaría posteriormente su tesis de que «un ataque decidido y tenaz» a través de Sedán y Amiens, con la costa como objetivo, golpeando a la vanguardia aliada por el flanco, tenía «muchas probabilidades de alcanzar el éxito».

Atacando Sedán a través del río Mosa con el apoyo constante de bombarderos y bombarderos en picado (en lugar de los ataques aéreos puntuales que daban a los defensores oportunidad de reagruparse), Guderian pretendía demostrar que, pese a lo que creían los aliados, Francia no contaba con el equipamiento y las tropas necesarios para resistir cualquier ofensiva alemana que pretendiera sortear la Línea Maginot.

El plan de Guderian era, en apariencia, ambicioso hasta el absurdo. Pretendía que sus tres divisiones Panzer cruzaran por una franja de territorio de algo menos de cinco kilómetros de anchura, entre las localidades de Donchery y Wadelincourt. ¿Acaso podían pasar sus hombres por un cuello de botella tan estrecho, sobre todo teniendo en cuenta que los franceses tenían tres veces más artillería que ellos?

Los continuos ataques aéreos de la Luftwaffe resultaron decisivos. Durante la hora y media que precedió al cruce del río en la mañana del 13 de mayo, setecientos cincuenta aparatos, muchos de ellos bombarderos en picado Junkers Ju 87, arrojaron una lluvia de bombas sobre las defensas francesas. Conocidos popularmente como Stukas, los bombarderos en picado eran unos aviones muy interesantes. Lentos y dotados de escasa autonomía de vuelo, eran tan vulnerables a la contraofensiva de los cazas que desempeñaron un papel casi irrelevante en la Batalla de Inglaterra. En cambio, en esta fase inicial de la contienda, en la que apenas intervinieron cazas, demostraron ser un arma formidable y aterradora como apoyo de las fuerzas terrestres.

Los Stukas eran, por su forma de atacar, bombarderos sumamente precisos. Con sus características alas de gaviota invertidas, podía lanzarse casi en vertical a una velocidad de cerca de seiscientos kilómetros por hora desde una altura de quince mil pies. Los aviones que componían una escuadrilla de Stukas se turnaban para lanzarse en picado sobre su objetivo, separándose uno a uno del grupo como gaviotas furiosas y arrojando sus bombas desde una altura de mil quinientos pies antes de volver a elevarse bruscamente y alejarse protegidos por el fuego de sus ametralladoras. Un botón situado en el mando del piloto detenía automáticamente el descenso en picado y hacía elevarse de nuevo al aparato. Era esta una característica crucial, puesto que el piloto (y su artillero, que le daba la espalda) estaba expuesto a una aceleración de 6 o 7 G que podía hacerle perder el conocimiento.

Los Stukas solían transportar una bomba central de doscientos cincuenta kilos y cuatro bombas de cincuenta kilos, dos debajo de cada ala. Algunos iban equipados con «trompetas de Jericó», estruendosas sirenas accionadas mediante pequeñas hélices situadas en las patas del aparato, cuyo ruido aumentaba con la velocidad. La bomba central llevaba, además, sirenas de cartón sujetas a las aletas que sonaban en tonos distintos. Los horrendos chillidos de aquellas sirenas constituían el arma más eficaz de los Stukas, mucho más que sus bombas, pues suscitaban un profundo terror entre soldados y civiles. Del mismo modo que el temor a los tanques Panzer a veces hacía que las tropas huyeran presas del pánico sin que los tanques hicieran acto de aparición, el solo ruido de un Stuka podía despejar una posición enemiga sin necesidad de un ataque directo o inminente. Como escribió un oficial francés, «el ruido de la sirena del avión al lanzarse en picado te perfora los tímpanos y te crispa los nervios. Le dan a uno ganas de ponerse a dar alaridos».

El oficial británico Anthony Irwin, del Regimiento de Essex, quedó completamente agotado tras presenciar el ataque de seis Stukas cerca de Lens. «Cuando esos cabrones pasaron por encima de mí», escribió, «vi al piloto de uno de ellos con la cabeza echada hacia atrás por la gravedad, los ojos cerrados y la boca abierta de par en par, como si se estuviera riendo de mí». Cuando los seis aviones pasaron de largo, Anthony se quedó tumbado donde estaba, tembloroso y aliviado, como si se estuviera recobrando de una intensa experiencia sexual. «Estaba sudando», dice, «y quería más».

Con todo, y aunque resulte quizá sorprendente, en mayo de 1940 se habían retirado las sirenas de numerosos bombarderos Ju 87. Ello se debió a diversos motivos: por un lado, las sirenas ralentizaban el aparato cuando volaba en horizontal; alertaban, además, al enemigo de su presencia cuando no se desconectaban automáticamente y, por último, desquiciaban a los tripulantes, que tenían que escucharlas durante largos periodos de tiempo. Pocas veces, sin embargo, se lee un testimonio relativo a estos aviones escrito por un soldado (o un civil) británico, francés o belga que no incluya una descripción del sonido de las sirenas. Puede que la fama de los Stukas fuera tal que tanto soldados como civiles imaginaban el ruido de las sirenas incluso cuando no sonaban, o puede que un aeroplano que se lanza casi verticalmente a casi seiscientos kilómetros por hora produzca un chillido muy semejante al de una sirena.

Apoyados por la aviación, los tanques de Guderian contaban con una enorme ventaja, pero un examen atento de la célebre ofensiva alemana depara algunas sorpresas. La 1ª División Panzer, encabezada por el 1er Regimiento de Fusileros y el Regimiento Großdeutschland, formaba el ariete central de la ofensiva. El Regimiento Großdeutschland trataría de cruzar el río al norte de Sedán, a través del Pont Neuf. Las órdenes eran muy sencillas: «El 2º Batallón servirá de punta de lanza al regimiento al vadear el Mosa, romperá la Línea Maginot y asegurará el Punto 247».

Las compañías 6ª y 7ª tardaron dos horas en cruzar a marchas forzadas, sudando y maldiciendo, los cerca de diez kilómetros de tierra de nadie que las separaban del río. Transportaban munición, ametralladoras y morteros. Tras cruzar la localidad de Floing, destruida y desierta salvo por la presencia de gatos y perros, llegaron por fin al Mosa. Se solicitó el apoyo de barcas de asalto y, cuando los franceses comenzaron a disparar desde sus búnkeres, los cañones antiaéreos les hicieron enmudecer.

Pasado un rato, el primer pelotón de la 6ª Compañía comenzó a vadear el río en las barcas de asalto. Le seguía un grupo de artillería. El resto de la compañía los cubrió desde la orilla cuando los franceses abrieron fuego con fusiles y ametralladoras desde una posición oculta hasta entonces. Los alemanes se acercaron lo suficiente para atacar, comenzaron a lanzar granadas de mano y, gritando, cargaron contra la guarnición enemiga. Los defensores franceses, contentos —según sus captores— de haber escapado con vida, fueron apresados.

Tan pronto hubo cruzado el río, el grueso de la compañía avanzó hacia su objetivo: la Colina 247, un collado de importancia estratégica. Los soldados atravesaron una urbanización periférica luchando casa por casa y tomando prisioneros que enviaban de inmediato hacia su retaguardia. Se oyeron disparos procedentes de una fábrica abandonada, por cuyas ventanas salía un humo acre, y se hicieron más prisioneros.

Los alemanes cruzaron la vía férrea que discurría entre Sedán y Donchery, en dirección oeste. Allí se encontraron con varias unidades de la 7ª Compañía, que los informaron de que los defensores de varios búnkeres franceses les impedían seguir avanzando. Tras conferenciar rápidamente, decidieron que la 6ª Compañía atacara las posiciones enemigas. El ataque comenzó de inmediato. El grueso de la compañía corrió hacia la primera casamata atravesando un huerto mientras un sargento y dos hombres subían por la izquierda, sigilosamente, cruzando una arboleda con intención de sorprender a los ocupantes del búnker. Lanzaron una granada al interior de la casamata y los defensores franceses se rindieron.

Pero, al acercarse la compañía al segundo búnker, la resistencia se hizo más enconada. Las ametralladoras francesas los acribillaban desde el pueblecito de Frenois, la artillería pareció redoblar su actividad y un cañón anticarro comenzó a disparar de manera constante desde una posición indeterminada. Los hombres caían y pedían socorro a gritos. Uno murió dándole un último mensaje para su madre al jefe de su pelotón. Los alemanes descubrieron por fin que los disparos procedían de un establo que se alzaba sobre una extraña base de color verde y que era en realidad un puesto de artillería. Tras neutralizarlo rápidamente, se apoderaron del segundo búnker, donde encontraron decenas de botellas de agua con las que saciar la sed abrasadora de los soldados.

Tras unirse (por casualidad) con un grupo de artillería del 1er Regimiento de Fusileros que avanzaba hacia la derecha, la compañía abordó la última fase de su ofensiva en las laderas de la Colina 247, donde los esperaba una guarnición francesa. Al acercarse, los alemanes abrieron fuego con morteros ligeros y ametralladoras. La respuesta francesa causó varias bajas. Mientras avanzaban tratando de ignorar el fuego enemigo, los alemanes lanzaban granadas de mano. Cuando los primeros soldados alcanzaron su objetivo, comenzó un caótico combate cuerpo a cuerpo. «Nos lanzamos todos hacia delante en tromba», explicaba el *oberleutnant* Von Courbiere, comandante de la 6ª Compañía, que al poco tiempo se dio cuenta de que la Colina 247 se hallaba en su poder. El camino hacia el sur quedaba, por tanto, expedito.

La *Blitzkrieg*, tal y como la formularon sobre el papel Von Manstein y Guderian, dependía en gran medida de la velocidad y movilidad de las divisiones Panzer. Y, según la interpretación más extendida, los carros de combate Panzer fueron los responsables de la extraordinaria ruptura del frente a la altura de Sedán, que condujo a los acontecimientos de mayo y junio de 1940. Pero, si se examinan los hechos más detenidamente, resulta evidente que el éxito inicial de la ofensiva alemana se debió en realidad a la acción de pequeños grupos de asalto que cruzaron el río apoyados por los ingenieros y la aviación. No fue obra en modo alguno de los célebres tanques. Se produjo, de hecho, mientras estos estaban aún en fase de preparación logística para el ataque.

Los carros de combate de la 1ª División Panzer comenzaron a vadear el río el 14 de mayo utilizando un puente que los ingenieros alemanes construyeron durante la noche. Guderian lanzó rápidamente a sus tanques hacia la costa del canal de la Mancha, dejando a la infantería muy rezagada. La imagen de los Panzer avanzando implacablemente hacia el litoral nos resulta más familiar que la de pequeños destacamentos de soldados de infantería luchando por cruzar un río, pero lo cierto es que esta ofensiva inicial se saldó con poco más de un centenar de bajas. Un logro extraordinario si se compara con las decenas de miles de hombres que murieron en un solo día tratando de romper el frente del Somme veinticuatro años antes, y teniendo en cuenta los esfuerzos que había hecho Francia durante los meses anteriores para mantener alejados a los alemanes de su territorio.

A simple vista, la velocidad y el éxito del ataque de los blindados alemanes podía parecer un triunfo sin paliativos. Algunos, sin embargo, preveían dificultades. El 15 de mayo, el superior de Guderian, Paul von Kleist, ordenó detener de inmediato el avance de los carros de combate. Guderian montó en cólera; telefoneó a Von Kleist y se enzarzaron en una acalorada discusión. Finalmente, Von Kleist dio marcha atrás y permitió que continuara la ofensiva.

Pero al día siguiente, 16 de mayo, quedó claro que tanto el general Gerd von Rundstedt, comandante del Grupo de Ejército A, como el propio Hitler compartían las dudas de Von Kleist. Mientras los aliados empezaban a temer una derrota inminente, a los alemanes les preocupaba que los franceses vencieran a los Panzer atacando por el sur. Von Rundstedt opinaba que las divisiones motorizadas debían detenerse hasta que «un collar de perlas» formado por divisiones de infantería les diera alcance para proteger sus flancos. Hitler se apresuró a refrendar la orden.

Franz Halder, jefe de estado mayor del Alto Mando del Ejército Alemán, no veía tales peligros. Estaba de acuerdo con Guderian en que el avance debía continuar con todo el vigor que fuera posible. «El *Führer*», escribió, «está terriblemente nervioso. Asustado por su propio éxito, teme asumir cualquier riesgo y prefiere, por tanto, refrenarnos. ¡Y pone como excusa que solo le preocupa el flanco izquierdo!».

Durante los días siguientes, Hitler ordenaría varias veces detener el ataque. Halder tenía razón, probablemente: el *Führer* confiaba en evitar el desgaste de la Gran Guerra enviando a las divisiones acorazadas a través de las Ardenas, pero se llevó una sorpresa al comprobar que avanzaban con tanta facilidad. Al temerario líder alemán le asustaba su propio éxito.

Al día siguiente, no obstante, volvió a cambiar de idea y permitió que el ataque continuara. Como observa Walter Warlimont (que estaba en contacto cotidiano con Hitler), el *Führer* se había investido de un poder absoluto y estaba decidido a ejercerlo, pero, sin conocimientos ni experiencia, sus cambios de humor y sus emociones le hacían pasar de un extremo a otro.

Si los alemanes tenían que vérselas con un líder veleidoso, los británicos acababan de estrenar el suyo propio. Cuando, el 7 de mayo, el Parlamento británico debatió la reciente campaña en Noruega, Neville Chamberlain estaba aún al frente del gobierno. Los parlamentarios sabían, en su mayoría, que el debate sería apasionado, quizás incluso áspero, pero pocos esperaban que concluyera con el nombramiento de un nuevo primer ministro. Y menos aún que el nuevo jefe del gobierno fuera el problemático y aventurero Winston Churchill.

El debate dejó de lado la campaña noruega para convertirse en una evaluación de la labor del ejecutivo, de su relación con la ciudadanía y de su capacidad para librar la guerra. Parte interesada era Joseph Kennedy, el embajador estadounidense en Reino Unido, que asistió al debate desde la tribuna del público y que acababa de expresar ante lord Halifax, el secretario de Exteriores británico, su desacuerdo ante la actuación de Gran Bretaña. Estaba convencido de que los británicos iban a perder la guerra.

Chamberlain abrió el debate defendiendo con argumentos endebles la actuación del gobierno en Noruega. El acoso al que le sometieron los diputados de la oposición le obligó a justificar de manera embarazosa las declaraciones que había hecho a principios de abril afirmando que Hitler había «perdido el tren». La primera intervención significativa fue la del almirante y diputado por Portsmouth North Sir Roger Keyes, quien se puso en pie, vestido con su uniforme de gala repleto de medallas, y dijo hablar en nombre de «algunos oficiales y hombres de la Marina de guerra, que están muy descontentos».

Su malestar, explicó, se debía a las medidas adoptadas por el Almirantazgo y el gabinete de guerra que habían desembocado en el desastre de Noruega. Eximía de responsabilidad, sin embargo, al Primer Lord del Almirantazgo, Winston Churchill. La cámara escuchó con atención las palabras de Keyes, que dejó constancia de su «afecto y admiración» por Churchill y añadió que estaba deseando que se diera «un buen uso a sus grandes facultades».

Esa misma noche, el rey Jorge VI trató de mediar en favor de su buen amigo Chamberlain[3]. Se ofreció a telefonear a Clement Attlee, líder del Partido Laborista, para pedirle que tanto él como sus compañeros socialistas «arrimaran el hombro» y se sumaran a un gobierno de unidad nacional presidido por Chamberlain. El primer ministro rehusó el ofrecimiento del monarca, pues no creía que necesitara su ayuda. Pero, mientras estaba en Buckingham Palace, Leo Amery, diputado conservador por la circunscripción de Birmingham Sparkbrook,

---

[3] Jorge VI y Chamberlain eran tan buenos amigos que el rey le dio a Chamberlain una llave de los jardines de Buckingham Palace a fin de que tardara menos en llegar a Westminster desde su residencia en Belgravia, atajando por el parque del palacio.

dio comienzo a su intervención ante la Cámara de los Comunes. Amery, que apoyaba a Churchill, hizo un virulento llamamiento a la unidad de la cámara en contra del primer ministro. Concluyó su invectiva con un golpe de efecto, lanzándole a Chamberlain las mismas palabras (o unas muy semejantes) que había pronunciado Oliver Cromwell doscientos ochenta y siete años antes: «Han ocupado ustedes sus cargos demasiado tiempo para lo que han hecho. Váyanse, les digo, y acabemos de una vez. ¡Márchense, en nombre de Dios!».

El debate continuó la tarde siguiente con la intervención de Herbert Morrison, diputado por Hackney South y una de las figuras más respetadas del Partido Laborista. Durante su discurso, Morrison pidió la división física de la cámara en dos bancadas, lo que equivalía en la práctica a una moción de censura. Esto convenía a los rebeldes del partido conservador como Amery, que de ese modo podrían asistir impávidos a la defenestración de su líder.

El debate, ya de por sí sorprendente, alcanzó su clímax con una intervención de Churchill en la que este defendió tenazmente al gobierno (y a sí mismo), a pesar de ser plenamente consciente de que su única oportunidad de convertirse por fin en primer ministro dependía de la derrota del ejecutivo del que formaba parte. De hecho, poco antes había tenido lugar un intercambio de opiniones muy revelador, en el que Churchill aceptó que debía asumir toda la responsabilidad por lo sucedido en la campaña de Noruega. «Su señoría no debe consentir que le conviertan en un refugio antiaéreo para proteger de la metralla a sus compañeros de partido», declaró el ex primer ministro David Lloyd George. Si otros estaban dispuestos a defender a Churchill de sí mismo, tal vez todavía pudiera convertirse en jefe del gobierno.

Las votaciones parlamentarias son, y eran, una puesta en escena. Los diputados recorren un pasillo (o vestíbulo) situado bien a la izquierda, bien a la derecha de la cámara,

117

dependiendo del sentido de su voto. La noche del 8 de mayo, los dos grupos se gritaban insultos más propios del patio de un colegio. «¡Ratas!», gritaban los diputados de una bancada. «¡Borregos!», replicaban los de la otra. Fueron muchos los conservadores (algunos de ellos militares vestidos de uniforme) que se pasaron a las filas de la oposición en los bancos del no. Uno de los tránsfugas, que durante mucho tiempo había apoyado a Chamberlain, cambió de bando entre lágrimas.

El resultado de la votación no fue concluyente, sin embargo. El gobierno obtuvo doscientos ochenta y un votos a favor; la oposición, doscientos, y en opinión de Chamberlain aquello bastaba para que siguiera ocupando la jefatura del gobierno. Al día siguiente su posición se vio reforzada temporalmente cuando los rebeldes conservadores anunciaron que le apoyarían a condición de que diera entrada en el gabinete a ministros laboristas y liberales. Sus esperanzas, sin embargo, se desmoronaron definitivamente cuando el Partido Laborista resolvió no participar en un gobierno de concentración presidido por él. No le quedó más remedio que dimitir.

Pero ¿quién tomaría el relevo? Había dos candidatos: Churchill y el secretario de Asuntos Exteriores, lord Halifax. Churchill tenía enemigos. Muchos miembros del Partido Conservador desconfiaban de él y de su círculo debido a su presunta deshonestidad. «Todo lo que defendemos con tanto ahínco desaparecerá de la vida pública», sentenció Nancy Dugdale respecto a un posible gobierno presidido por Churchill. Chamberlain, por su parte, prefería a Halifax, lo mismo que el rey. Halifax, sin embargo, decidió retirarse de la lucha por el poder. Su título nobiliario —alegó ante Chamberlain y Churchill— le impedía cumplir esa función.

Se trataba, en realidad, de una excusa. En un momento de crisis como aquel, sin duda se habría hecho una excepción a la regla constitucional. Puede que la enorme carga de trabajo que conllevaba el puesto y la posibilidad del fracaso asustaran a Halifax. O quizá prefiriera permanecer en segundo plano y atemperar los excesos de Churchill, listo para intervenir en caso de que fracasara. (Y seguramente esperaba que Churchill fracasara. «No creo que WSC vaya a ser muy buen primer ministro», le escribió a lady Alexandra Metcalfe el 13 de mayo). Sea cual sea el motivo, el hecho es que rehusó el cargo.

El 10 de mayo comenzó la invasión alemana de los Países Bajos. En vista de que la crisis se recrudecía, el primer impulso de Chamberlain fue seguir al frente del gobierno. Su buen amigo Kingsley Wood se lo desaconsejó, alegando que para afrontar la nueva situación era necesario un gobierno de unidad nacional. Chamberlain le hizo caso y puso su cargo a disposición del monarca.

Dos hechos sin importancia ocurridos ese día aciago ponen de manifiesto el ambiente que se respiraba en Inglaterra en esos momentos. Jeffrey Quills era el principal piloto de pruebas de los cazas Spitfire y trabajaba para la empresa Vickers Supermarine. El 10 de mayo, por la mañana, fue a visitar a una pareja de ancianos amigos de sus padres y les dijo con aparente tranquilidad: «No me sorprendería que ese carcamal de Churchill acceda al poder». «¡Santo cielo, espero que no!», exclamó el marido. «Eso me hizo darme cuenta», explica Quills, «de lo mucho que desconfiaban de Churchill las personas de su generación. A su modo de ver, políticamente era un salvaje». Más tarde, ese mismo día, tras difundirse la noticia del avance alemán, el político conservador Henry «Chips» Channon, un estadounidense con cristalino acento británico, anotó con sorna en su diario: «Otro de los golpes de efecto de Hitler, concebido con su brillantez habitual. Y, claro está, ha aprovechado el momento psicológico en que Inglaterra estaba dividida políticamente y la casta gobernante debilitada por la ira y la disensión». Por un lado, se veía a Churchill como un lastre y, por otro, Hitler aparecía como un genio sobrehumano, como un mago que adivinaba desde lejos las flaquezas de Gran Bretaña.

La dimisión de Chamberlain despejó el camino para que Churchill accediera al poder. Al llegar a Buckingham Palace ese mismo día, el nuevo primer ministro mantuvo una irónica conversación con Jorge VI.

—Supongo que no sabrá usted por qué le he mandado llamar —dijo el monarca.

—Señor, no tengo ni la menor idea.

El rey se echó a reír y le dijo que quería que formara gobierno.

La conversación posterior entre Churchill y su escolta, Walter Thompson, adoptó un tono menos cómico mientras se alejaban en coche del palacio.

—Ojalá le hubiera tocado asumir esa responsabilidad en otras circunstancias, porque le espera una enorme tarea —comentó Thompson.

A Churchill se le empañaron los ojos.

—Solo Dios sabe lo grande que es esa tarea —respondió—. Espero que no sea demasiado tarde, aunque mucho me temo que lo es. Solo podemos hacer todo lo que esté en nuestras manos.[4]

A sus sesenta y cinco años, Churchill ocupaba por fin el puesto que tanto deseaba y que su padre nunca había alcanzado. Y aunque Thompson tenía razón respecto a la ardua tarea que

tenía por delante, seguramente no habría recibido ese mandato de haber sido otras las circunstancias.

La responsabilidad, sin embargo, recaía en los soldados que, destinados en Francia en esos momentos, se disponían a trasladarse a las posiciones previamente acordadas en suelo belga. El subteniente Jimmy Langley, de los Coldstream Guards, se hallaba en Lille cuando, la mañana del 10 de mayo, le despertó su locuaz ordenanza que, tras llevarle su té, informarle del estado del tiempo y anunciar que

---

[4] Esta anécdota la refiere el propio Thompson en su libro *Sixty Minutes with Winston Churchill* (1953).

su baño estaba listo, mencionó de pasada que los alemanes habían invadido Francia, Bélgica y Holanda.

Más al oeste, en Bailleul-lès-Pernes, el subteniente Peter Hadley, del Regimiento Real de Sussex, comenzó a oír el rumor, vago pero insistente, de que los alemanes habían iniciado la invasión. Cuando descubrió que era cierto, se sintió al mismo tiempo aliviado y consternado. ¿Qué les deparaba el futuro, a fin de cuentas? Sus hombres, sin embargo, tenían por fin un propósito claro, y muy pronto la zona donde estaban apostados se convirtió en un hervidero de actividad y expectación.

La entrada de la BEF en Bélgica estuvo encabezada por los carros blindados del 12º de Lanceros. El 11 de mayo alcanzaron el río Dyle y miles de hombres comenzaron a excavar nuevas trincheras a lo largo de los más de treinta y cinco kilómetros que separaban Lovaina de Wavre. Era necesario mantener el control sobre esta franja de territorio a fin de acotar la longitud del frente y emplear el menor número posible de divisiones. El II Cuerpo de Ejército al mando del teniente general Alan Brooke ocupaba la parte izquierda de la línea defensiva, con la 3ª División delante y la 4ª División en la reserva, mientras que el I Cuerpo de Ejército del teniente general Barker ocupaba el flanco derecho, con la 1ª y la 2ª Divisiones en la línea del frente y la 48ª División en la retaguardia. Los belgas se hallaban apostados a la izquierda de los británicos y a la derecha estaban los franceses, ocupando una línea entre Wavre y Namur y a lo largo del río Mosa que pasaba por la tristemente célebre ciudad de Sedán.

El oficial de los Ingenieros Reales Anthony Rhodes recuerda la bienvenida que dispensaron los civiles belgas a la BEF durante su avance. Como miembro del ejército británico y oficial, se sintió agasajado. Al entrar en un café se le echó encima una bulliciosa multitud que le ofreció puros y le invitó a beber. «¡Los buenos de los *tommies*!», exclamó alguien. «¡Van a ganar la guerra!».

Al oficial médico de la unidad de Rhodes, que también estaba en el café, lo trataron aún mejor. Un joven ordenó a una chica que lo besara, diciéndole que debía alegrarse de poder besar a uno de los salvadores de su país. Finalmente, la muchacha accedió, después de lo cual el joven se empeñó en que pasara la noche con el doctor. Le aseguró a este que se lo pasaría en grande, y que él lo sabía de muy buena tinta, pues aquella chica era su esposa. El médico estaba más que dispuesto a aceptar el ofrecimiento. A fin de cuentas, quizá se considerase una grosería rechazar semejante muestra de hospitalidad. Rhodes, sin embargo, se lo llevó de allí a rastras. Después de todo, tenían que librar una guerra.

Poco después, el mismo médico creyó haber descubierto a un espía: un quintacolumnista belga que colaboraba en secreto con los alemanes[5]. Un vendedor de periódicos local que de algún modo se había hecho con varios ejemplares del *Daily Mail* le comentó de pasada que había vivido dos años en Lincoln. El médico, que era de Lincolnshire, comenzó a sospechar y le preguntó por una calle en concreto. El vendedor contestó que nunca había oído hablar de ella. Con aire triunfal, el médico lo acusó de mentir y de ser un espía. El vendedor habría sido puesto a disposición de la policía militar de no haberse descubierto que decía la verdad. En efecto, había vivido en Lincoln: en Lincoln, Nebraska.

La obsesión por los espías era por entonces tan común en la BEF como lo sería en Gran Bretaña durante los meses siguientes. Rhodes asistió al interrogatorio de

---

[5] El término «quintacolumnista» lo acuñó probablemente el general Mola durante la Guerra Civil española. Mientras los franquistas asediaban Madrid con cuatro columnas de tropas, Mola aseguró que dentro de la ciudad había una «quinta columna» compuesta por simpatizantes franquistas que esperaban la ocasión propicia para levantarse en armas.

diversos sospechosos de espionaje por parte de la FSP, la Policía de Seguridad de Campaña. Un oficial y diez suboficiales estaban encargados de interrogar a centenares de sospechosos. El primero era un desertor del ejército belga. Una anciana decía haberlo visto entrar en una casa con una caja que contenía un aparato de radio portátil. El hombre alegó que la caja contenía comida, parte de la cual se había comido la anciana. (Sin duda durante este periodo se avivaron multitud de rencillas personales). En lugar de poner en libertad al acusado, el oficial de la FSP ordenó que fuera entregado a la policía local, que le daría unos minutos para demostrar que no era un espía antes de ejecutarlo.

Pero la FSP no era la única rama de la policía militar encargada de tratar con presuntos espías. La rama de capitanes prebostes —policías militares tocados con gorras rojas— también cumplía esa función. Rhodes recuerda haber asistido a una conversación de sobremesa entre su oficial administrativo y el capitán preboste de su división que al mismo tiempo le tranquilizó y le dejó profundamente preocupado:

—¿De verdad fusilan a los espías? —preguntó el oficial administrativo.

—Claro que sí —contestó el preboste.

—¿Y lo hacen todo ustedes solos? Me refiero al juicio y todo eso.

—Claro.

—Pero me imagino que se aseguran de que de verdad son espías, ¿no? Porque es un poder judicial absoluto, ¿no?

—Y tan absoluto, ya lo creo que sí —repuso el preboste con una sonrisa.

Cualquier prueba, por nimia que fuera, servía como excusa para detener a los sospechosos de espionaje. Leon Wilson formaba parte de un regimiento de artillería pesada francés. En los alrededores de Armentières, vio a un hombre arando un campo en una dirección concreta y llegó a la conclusión de que estaba dibujando flechas para «avisar a los Stukas de nuestra posición». El hombre fue detenido y conducido a prisión. La administración de justicia podía ser aún más expeditiva. El soldado Edgar Rabbets, del Regimiento de Northamptonshire, recuerda: «Si veía a alguien arando donde no debía, le pegaba un tiro. Disparé a dos hombres por eso. Ellos sabían lo que estaban haciendo y yo también, así que no hacía falta ponerse a discutir».

Se cometían errores, desde luego. Dos presuntos espías vestidos de sacerdotes jesuitas estaban a punto de ser fusilados por artilleros británicos cuando intervino el cura de su regimiento. Interrogó a los espías en latín y descubrió que eran auténticos sacerdotes. Y no eran únicamente los lugareños los que corrían el riesgo de ser acusados falsamente de espionaje. El 23 de mayo, un piloto de la RAF que había saltado de su avión fue apresado y fusilado por soldados franceses que lo tomaron por un espía.

La llegada de los británicos al río Dyle transcurrió sin incidentes... o casi. La 3ª División descubrió que sus posiciones ya estaban ocupadas por una unidad belga, y el general Bernard Montgomery y su homólogo belga no lograron ponerse de acuerdo hasta que empezaron a caer obuses alemanes y se permitió a las tropas de Monty ocupar el frente.

El 14 de mayo, un soleado día de finales de primavera, las tropas británicas tomaron por fin contacto con el enemigo. En el sector de la 3ª División, el capitán Humphrey Bredin, comandante de compañía de los Fusileros Reales del Ulster, estaba sentado a orillas del río leyendo el periódico cuando un coronel de caballería pasó a su lado y, tras anunciarle que se acercaban los alemanes, le deseó buena suerte. Bredin le dio las gracias y siguió leyendo.

Un rato después, su ordenanza le dijo: «¿Usted ve algo? ¡Creo que se acerca alguien!». A través de sus prismáticos, Bredin vio que venía por la carretera una motocicleta alemana con sidecar. Esperó unos segundos antes de mandar al ordenanza y a otro soldado que abrieran fuego. Acto seguido cruzaron los tres el río hasta la posición que ocupaba su pelotón, donde Bredin ordenó al suboficial de los Ingenieros Reales que volara el puente, cuyas cargas ya estaban preparadas.

Durante tres días, los alemanes trataron de romper las líneas enemigas. Parecían bien entrenados, afirma Bredin, pero eran muy previsibles. Frente a la posición que ocupaban los fusileros, a la derecha y a un centenar de metros de distancia, había un edificio de cuatro plantas que los alemanes intentaban ocupar. Para llegar hasta él, tenían que cruzar varios descampados salpicados aquí y allá por cobertizos de madera. Los hombres de Bredin eran tiradores expertos y acababan de recibir una partida de ametralladoras ligeras Bren, de modo que apenas tuvieron problemas para hacer blanco en los alemanes que, con sus cascos bien bruñidos, corrían solos o en parejas hacia el edificio. Algunos se refugiaban detrás de los cobertizos, pero las planchas de madera no detenían las balas del calibre .303 y los alemanes sufrieron numerosas bajas.

Los hombres de Bredin tampoco salieron bien parados, sin embargo. Los alemanes empleaban una ametralladora pesada que hacía un ruido aterrador al disparar. Cuando al fin consiguieron llegar al edificio de cuatro plantas, apostaron a varios francotiradores en el tejado, desde donde divisaban sin dificultad la posición de los Fusileros. Cayeron numerosos británicos —entre ellos el ordenanza de Bredin, que recibió un impacto en la cabeza— mientras los alemanes consolidaban su posición.

Al día siguiente lanzaron un ataque que fue rechazado casi en solitario por un cabo británico que disparaba su Bren sin cesar, cargador tras cargador. Pero aquella escaramuza fue solo el principio. Saltaba a la vista que los alemanes se estaban preparando para una ofensiva de mayor envergadura. La posición de Bredin estaba comunicada por cable con el cuartel general, y el capitán llamó para pedir que lanzaran un *uncle target* contra un punto situado aproximadamente cien metros por delante de su posición.

Un *uncle target* era un procedimiento de emergencia consistente en que todos los cañones de la división dispararan contra un único punto durante dos o tres minutos. Bredin les estaba pidiendo que dispararan contra la casa. Era consciente de que algunos obuses no llegarían a su destino, pero aseguraba que «preferíamos que nos mataran nuestros obuses a que se nos llevara por delante el enemigo». Al final, solo se quedaron cortos un par de proyectiles y ninguno de ellos impactó en la posición que ocupaban los fusileros. El edificio, en cambio, quedó arrasado. El resto del día transcurrió sin incidentes.

Al día siguiente, los alemanes trataron de cruzar furtivamente aprovechando un hueco imaginario entre la posición de los fusileros y la que ocupaban los guardias granaderos a su derecha, pero estos los obligaron a retroceder. Fue entonces cuando Bredin recibió por sorpresa la orden de retirarse, pese a haber resistido con éxito los envites alemanes.

El oficial subalterno Anthony Irwin, del 2º Batallón del Regimiento de Essex (cuyos miembros llevaban el mote de *pompadours*)[6], estaba volviendo a su unidad después de un permiso cuando atacaron los alemanes. Pasó varios días tratando de alcanzar al resto del batallón, acompañado por uno de sus sargentos. Mientras se dirigían en coche hacia Bruselas, les extrañó el gran número de civiles (y soldados) belgas que avanzaban en

---

[6] El regimiento original vestía uniformes de color morado, el color preferido de Madame de Pompadour, la amante de Luis XV. De ahí el apodo.

sentido contrario. «¡Míralos!», dijo el sargento. «Aquí pasa algo raro».

Al acercarse a la ciudad buscando a su batallón, Irwin paró en un centro de control del ejército. Sin duda el oficial que había dentro estaría al corriente del orden de batalla. Un capitán muy simpático y servicial le mostró en un mapa la última ubicación del batallón. Irwin le dio las gracias, luego sacó su pistola y le preguntó si prefería que le pegara un tiro o ver su pase: una de dos. «Lo siento muchísimo, hombre», dijo el capitán, y reconoció que habría quedado «como un idiota» si Irwin hubiera resultado ser un espía alemán.

Tras otra hora más de trayecto, Irwin llegó al pueblecito donde se alojaba su batallón y buscó al comandante de su compañía, la C. Le informaron de que el batallón debía defender los puentes del canal de Charleroi en una zona del extrarradio de Bruselas algo retirada del río Dyle. Aquellos puentes —le dijeron en tono perentorio— no debían caer en manos enemigas. Había que defenderlos hasta el último hombre.

Irwin encontró a su pelotón bebiendo en un bar del pueblo, y le alegró ver que evitaban el Dubonnet y el anís y se conformaban con tomar cerveza. No eludían, en cambio, la compañía de una joven que decía estar dispuesta a entregarse a los bravos *Tommies* británicos que luchaban por su país. Tres miembros del pelotón le tomaron la palabra. Esa noche, casi todos los vecinos del pueblo acompañaron al batallón en su marcha hacia el canal y los puentes que debía defender.

En cuanto llegó el batallón, los ingenieros franceses comenzaron a colocar las cargas de demolición en los puentes. Irwin los observaba fascinado. La voladura del puente de su sector causó más problemas que las demás: era un puente grande por el que cuatro vías de ferrocarril cruzaban el canal, y hubo que colocar tres toneladas de explosivos en la base de sus dos pilares principales. Los ingenieros descubrieron que solo tenían treinta metros de cable para tenderlos entre el detonador y los explosivos. El zapador francés encargado de detonar la carga tenía que saber que era imposible que sobreviviera a la explosión a esa distancia, pero cumplió con su deber, accionó la palanca y destruyó el puente, inmolándose con él.

Irwin estaba a quinientos metros de allí en aquel momento. Vio como las vías del tren se elevaban en el aire sin hacer ruido, lentamente, antes de que resonara la explosión. El humo lo cubrió todo, llovieron piedras y metal a su alrededor, temblaron los edificios y se rompieron los cristales. Irwin se pegó al suelo todo lo que pudo.

Vio luego cómo volaban el siguiente puente (en este caso, los ingenieros británicos). La carga estalló accidentalmente mientras cruzaba el puente un grupo de refugiados belgas que huía hacia Francia. En la mente de Irwin quedó grabada la imagen de un ciclista sentado en su bicicleta, pedaleando todavía a más de diez metros de altura, con la ropa desintegrada.

Más tarde, esa misma noche, Irwin condujo a una patrulla al centro de Bruselas. Regresó a su puesto justo a tiempo. A pesar de que no había visto a ningún alemán, durante su ausencia se había dado la orden de iniciar el repliegue.

La orden de retirada sorprendió por igual a Humphrey Bredin y Anthony Irwin. Dos días antes, el 14 de mayo, Winston Churchill también se había llevado una sorpresa mayúscula al recibir una llamada del primer ministro francés, Paul Reynaud, informándole del motivo de la retirada: los alemanes habían roto el frente. La anotación que hizo en su diario aquel día el teniente general Henry Pownall, jefe de estado mayor de la BEF, es muy reveladora. Escribió: «Los alemanes, inexplicablemente, han conseguido cruzar el Mosa». «Inexplicablemente», esa es la palabra clave. Pownall y su comandante en jefe, lord Gort, no se explicaban qué había sucedido y disponían de muy poca información acerca de cómo se estaba contrarrestando la ofensiva.

Era la consecuencia alarmante de la subordinación de la BEF al alto mando francés y de su incapacidad para vigilar estrechamente a su aliado.

A la mañana siguiente, una nueva llamada de Reynaud despertó a Churchill. El primer ministro francés parecía presa del pánico. El camino hacia París había quedado expedito —le dijo—, se había perdido la batalla y Francia tendría que rendirse. Churchill trató de tranquilizarle. Pero ese mismo día se rindió Holanda. El ejército neerlandés estaba desbordado y una intensa ofensiva de la Luftwaffe sobre Róterdam se había saldado con un millar de muertos en apenas unos minutos. «Era imposible que [Holanda] resistiera mucho tiempo, pero cinco días es un pelín pronto», escribió Pownall.

El 16 de mayo, el comandante del Grupo 1 del ejército francés, el general Gaston Billotte (responsable, en teoría, de mantener a la BEF informada) ordenó a las fuerzas francesas, británicas y belgas que se replegaran a fin de evitar que las rebasaran las divisiones Panzer que habían roto el frente por Sedán. Esta fue la orden que tanto extrañó a Irwin y Bredin. Churchill quedó consternado al enterarse: no entendía por qué el hecho de que un centenar de tanques alemanes hubiera cruzado las defensas aliadas en Sedán obligaba a los británicos a retirarse. No cabía duda de que el repliegue expondría a la BEF a un grave peligro.

Churchill resolvió viajar a París junto al jefe del estado mayor, general Hastings Ismay, y el jefe adjunto del estado mayor imperial, general sir John Dill. Se trasladaron de Hendon a Le Bourget en aviones de pasajeros Flamingo y fueron conducidos primero a la embajada británica y después al Ministerio de Exteriores galo en el Quai d'Orsay. Allí los esperaban el general Maurice Gamelin, comandante en jefe supremo de las fuerzas aliadas, Édouard Daladier, ministro de Defensa, y Reynaud.

Gamelin dio comienzo a la conferencia explicando cuál era la situación. Tenía delante un mapa del frente aliado apoyado sobre un caballete. Lo que más destacaba en él era un abultamiento de color negro, pequeño pero muy visible, que representaba el avance alemán. Cuando Gamelin concluyó su exposición, Churchill preguntó: «*Où est la masse de manoeuvre?*» (¿Dónde está la reserva estratégica?). Gamelin meneó la cabeza, se encogió de hombros y contestó: «*Aucune*» (No hay).

Churchill estaba atónito. ¿Dónde estaba el resto del poderoso ejército francés? ¿Cómo era posible que los comandantes no hubieran situado una fuerza de reserva detrás de un punto vulnerable del frente? «La situación», escribiría Churchill terminada la guerra, «era infinitamente peor de lo que imaginábamos». Tan mala era que los mandatarios británicos accedieron a prestar a los franceses seis escuadrones más de aviones de caza de la RAF, a pesar de que tenían motivos fundados para sospechar que su pérdida dañaría gravemente la defensa de Inglaterra. Acabada la conferencia, Churchill regresó a casa convencido de que era necesario que la BEF se retirara a fin de mantener una línea de defensa continua. (De hecho, al día siguiente pidió a Chamberlain, que seguía formando parte de su gabinete de guerra, que estudiara si era viable retirar por completo a la BEF de territorio francés, posiblemente «a través de los puertos belgas y del canal». Ya el 17 de mayo se estaba considerando, pues, la posibilidad de una evacuación).

El repliegue comenzó la noche del 16 de mayo y concluyó cuarenta y ocho horas después con la defensa de una línea que seguía el curso del río Escalda. La retirada se llevó a cabo brigada por brigada. Los soldados no entendían, en su inmensa mayoría, por qué se replegaban. Algunos llegaron a la conclusión de que sus unidades habían recibido orden de retirarse como castigo por alguna falta; otros, en cambio, conjeturaban que el enemigo había hecho avances muy localizados que hacían necesario un reajuste de la línea defensiva. Solo cuando comenzaron a circular los rumores cundió la sospecha de que los alemanes estaban a punto de rebasar a todo el ejército británico y de cortar sus vías de aprovisionamiento.

Algunas unidades se desorganizaron durante el repliegue, como les sucedería tiempo después a muchas otras. Una unidad de artillería se perdió mientras cruzaba el Fôret de Soignes y llegó finalmente a las posiciones del 2º Regimiento de East Yorkshire «en un estado de notable nerviosismo y consternación».

Los belgas, que habían acogido a los británicos como invitados de honor, sufrieron una amarga decepción al verlos retirarse tan rápidamente. «¿Cómo se puede esperar que las tropas francesas situadas al sur aguanten si los británicos continúan retirándose?», le preguntaban a Anthony Rhodes. La madama de un burdel de la localidad le dijo, por su parte, que a ella le iría muy bien. «Los alemanes son muy buenos clientes», añadió. «Los mejores. Lo sé de buena tinta, porque ya estaba aquí en la última guerra». El 1er Batallón del Regimiento de South Lancashire sufrió el ataque de una unidad belga que los confundió con alemanes mientras se replegaban cerca de Bruselas. Se desató entonces un intenso tiroteo en el que murieron más belgas que británicos. «Fue lamentable, pero también quedamos bastante satisfechos», afirma un soldado del regimiento. «Era nuestro primer combate cuerpo a cuerpo y salimos bastante bien parados».

A casi todos los soldados británicos les impresionó la marea de refugiados belgas que trataban de alejarse de la frontera alemana hora tras hora, día tras día. Peter Hadley comparó la escena, cerca de Amberes, con la carretera que llevaba al estadio de Wembley diez minutos después de una final de copa. Algunos refugiados viajaban en coche, en carros tirados por caballos o en bicicletas, pero casi todos avanzaban a pie, cargados con fardos y maletas.

Uno de esos refugiados era Louis van Leemput, que por entonces contaba trece años. El 10 de mayo estaba en la cama en su casa, no muy lejos de Amberes, cuando le despertó el ruido de un avión alemán que volaba muy bajo. Pronto supieron por la radio lo que estaba sucediendo y su padre, que trabajaba en el arsenal militar belga, tuvo que irse de inmediato. El resto de la familia —Louis, su madre y su hermano de siete años— empaquetaron unas cuantas cosas, cerraron la puerta con llave y emprendieron el camino hacia Ypres junto con sus vecinos. Como todos los que iban por la carretera, trataban de escapar de los alemanes y portaban sus escasas pertenencias en un carro del que tiraba por las calles empedradas uno de los vecinos mientras los demás empujaban desde atrás.

«La caminata hasta Ypres fue terrible», recuerda Louis. Tardaron una semana en llegar. Todos los días tenían que buscar comida; normalmente, la compraban en las granjas. Los refugiados estaban asustados y apenas hablaban entre sí. Solo intercambiaban algunas palabras corteses para preguntarse de dónde eran. Louis no vio que surgieran problemas entre ellos, aunque el alimento y el agua eran tan escasos que, si el viaje hubiera durado mucho más, sin duda habrían estallado altercados.

Hortense Daman era una jovencita belga cuya familia colaboraría más adelante con la resistencia belga. Traicionada por un confidente en 1944, fue enviada al campo de concentración de Ravensbrück, donde fue sometida a los experimentos médicos que llevaban a cabo los nazis. Pero el 10 de mayo de 1940 estaba aún en Lovaina, y recuerda que vio cómo un avión alemán caía del cielo. Mientras el avión se precipitaba hacia el suelo con estrépito, sus amigos comenzaron a vitorear creyendo que estaba a punto de estrellarse, hasta que soltó una bomba y volvió a elevarse velozmente. Era un Stuka. En ese momento apareció un hombre, cogió a Hortense debajo de un brazo y a su hermana debajo del otro y echó a correr. Se había desatado el caos y la mitad de la calle estaba arrasada por las bombas.

«Creíamos que la guerra no duraría mucho y que los derrotaríamos», afirma Hortense. Sus padres, su abuelo, sus dos tías y ella dejaron su casa ese mismo día y echaron a andar, como la familia de Louis van Leemput, para alejarse de la frontera con Alemania. Pasado un rato, alguien comentó que no habían llevado nada consigo: ni comida, ni ropa, ni mantas, y su padre y su abuelo regresaron a casa para recoger unas cuantas cosas mientras las mujeres esperaban en un campo. Cuando los hombres regresaron, cayeron en la cuenta de que no habían cogido dinero, y la madre de Hortense se puso furiosa.

Hortense recuerda que había riñas en las carreteras. «El pánico era horrible», cuenta. «El pánico, las peleas y los gritos. No te creías lo que veías». Se acuerda de las vacas que berreaban de dolor en los campos, y de su abuela parándose a ordeñarlas para aliviar sus ubres. Y se acuerda de un joven con uniforme del ejército británico al que dieron una paliza cuando alguien le acusó a gritos de ser un espía. La policía se lo llevó, pero Hortense cree que era de verdad un soldado y que cayó víctima de la paranoia colectiva.

Louis van Leemput guarda un recuerdo amargo de los ataques aéreos alemanes. Cada vez que aparecía un avión, su grupo se echaba a la cuneta de la carretera. Recuerda el ruido seco que hacían las balas al impactar en los adoquines. A última hora de la tarde buscaban una granja donde poder dormir sobre la paja o el heno. Una noche los ahuyentaron unos soldados belgas que estaban tan cansados como ellos, y tuvieron que seguir caminando hasta que amaneció. «Ese día», recuerda Louis, «estaba tan agotado que me dejé caer en la cuneta y me quedé allí tumbado. No tenía fuerzas para más».

Posteriormente pasaron una semana en una granja no muy lejos de Ypres, junto con otros refugiados. Un día que estaba en la letrina, Louis vio acercarse una bandada de pájaros. Cuando la bandada fue aumentando de tamaño, comprendió que se trataba de Stukas. Se levantó de un salto, se subió los pantalones a toda prisa y corrió al establo gritando «¡Stukas!». Pero la gente ya se estaba poniendo a cubierto. «Solo el ruido te pone los pelos de punta, y luego empiezas a oír el chillido de las bombas y los gritos de la gente... Y nosotros tuvimos mucha suerte. Las bombas no dieron en la granja, pero cayeron muy cerca. Así que, en cuanto pudimos, recogimos nuestros bártulos y volvimos a ponernos en camino con el carro».

Los civiles británicos, por su parte, estaban viviendo una guerra muy distinta. Un informe de Mass Observation recabado el 14 de mayo hablaba de «un aumento importante de la preocupación» que, aunque era especialmente notable en Londres, podía observarse en todas partes. Las reacciones de la gente eran muy diversas. Unos decían: «[Hitler] nos está dando una paliza, pero si podemos resistir un tiempo, todo se arreglará. Si no consigue pasar, estará acabado». Otros, en cambio, afirmaban: «Esto es lo peor que se pueda imaginar. En mi opinión, es lo peor que ha pasado en la historia».

Esta inquietud creciente tuvo, sin embargo, un efecto positivo: la marea de solidaridad que inundó la nación. La gente empezó a ofrecer su tiempo y sus energías, impulsada por el deseo colectivo de mejorar la capacidad de Gran Bretaña para defenderse y organizarse. Las organizaciones civiles pasaron a ocupar un primer plano. Entre ellas destacaban el Women's Institute, que preparaba conservas y recogía escaramujo[7], el Women's Voluntary Service, con sus comedores itinerantes y sus labores de asistencia a los evacuados, y el Citizen's Advice Bureau, que ofrecía asesoramiento sobre prestaciones sociales. El 14 de mayo el secretario de estado para la guerra, Anthony Eden, anunció la creación de una

---

[7] El escaramujo era una fuente importante de vitamina C en una época en la que escaseaban los alimentos ricos en ella (N. de la T.).

organización formada por voluntarios de entre diecisiete y sesenta y cinco años, los Local Defence Volunteers, que serviría como milicia ciudadana en caso de que los alemanes invadieran Inglaterra.

El nombre de «Local Defence Volunteers» [Voluntarios para la Defensa Local] no sobrevivió mucho tiempo. En julio, Churchill insistió en que se cambiara por otro con más pegada: Home Guard [Guardia del Interior]. Al margen de su nombre, esta organización cumplió funciones importantes. Su popularidad instantánea (ya la primera semana se alistaron doscientos cincuenta mil hombres) reflejaba el deseo de la gente de trabajar codo con codo para resistir al enemigo nazi.

Dos voluntarios que se alistaron en la LDV en sus inicios sirven como ejemplo de la extraña diversidad que reinaba en las filas de dicha institución. El soldado raso Standish Vereker era hermano de lord Gort, el comandante en jefe de la BEF. El soldado raso Gebuza Mungu, por su parte, era hijo de Umundela Mungu, un comandante zulú de la batalla de Rorke's Drift[8]. Mungu había sido domador de leones en un circo durante ocho años, antes de trasladarse al sur de Gales para trabajar como obrero metalúrgico. A pesar de tener sesenta y tres años, nunca se perdía un desfile de la LDV. (Y aseguraba tener el raro «privilegio» de haber sido azotado en cierta ocasión por el padre del general Smuts).

En esta fase inicial de su existencia, el papel militar de la LDV fue casi nulo. Sus miembros llevaban brazaletes en lugar de uniformes, no lucían estrellas ni galones, se entrenaban con mangos de escoba y llevaban a cabo rondas de vigilancia improvisadas, con resultados desiguales. En cierta ocasión en que un oficial de la organización se encaró con un voluntario que estaba de guardia, se produjo la siguiente conversación:

---

[8] Batalla de la guerra anglo-zulú (1879) (N. de la T.).

—¿Cuál es tu misión?

—No lo sé, señor.

—¿Quién es el sargento de tu pelotón?

—No lo sé, señor.

—¿Y el oficial de tu pelotón?

—No lo sé, señor.

—¿Quién es el comandante de tu compañía?

—No lo sé, señor.

—¿Y yo? ¿Quién soy yo?

—No lo sé, señor.

—¿Cuánto tiempo llevas en la compañía?

—Tres meses.

—¿Con qué frecuencia desfilas?

—Cinco noches por semana, señor.

El soldado fue posteriormente relevado de su puesto por considerársele deficiente mental.

Pese a sus muchas limitaciones militares, la LDV desempeñó sin embargo un papel importante en el terreno propagandístico. No solo permitía a los ciudadanos sentirse útiles e involucrados en los acontecimientos, sino que aplacaba en cierta medida el temor creciente a una invasión aerotransportada. Anthony Eden recalcó en su discurso el peligro que representaban las tropas paracaidistas alemanas y el papel que la nueva organización podía jugar en la defensa nacional. «Vamos a tener que pedirles que nos ayuden», le dijo Eden a la ciudadanía, adelantándose —con cortesía inglesa— a John F. Kennedy en más de dos décadas.

Durante los meses y años posteriores, la LDV (o Home Guard) fue profesionalizándose y mejorando su organización y financiación. En sus primeros tiempos, sin embargo, era una asociación vecinal cuyas iniciativas procedían casi siempre de sus miembros, más que de las autoridades. Requisaban antigüedades de los museos (antiguos cañones chinos de bronce, por ejemplo) para mejorar sus arsenales, y muchas unidades fabricaban sus propios cócteles molotov. Los miembros de la LDV de

Bexley recogían botellas usadas de *whisky* y refrescos (las de cerveza se consideraban demasiado gruesas) y las llenaban con un engrudo de alquitrán y gasolina cuidadosamente calentado para que se mezclaran sus ingredientes. Luego metían las botellas en fundas de lona fabricadas con ese propósito. De ese modo, cada miembro podía defender el término de Kent armado con una docena de cócteles molotov.

Durante estos primeros tiempos, una de las unidades más destacadas de la LDV fue la Patrulla del Támesis Superior, que operaba en las tranquilas aguas del río Támesis entre Teddington y Lechdale: un tramo de unos doscientos kilómetros. Formada por propietarios de lanchas a motor, la patrulla tenía por cometido vigilar el río y sus orillas, así como evitar el sabotaje de puentes, embalses y diques. En caso de invasión, sería la encargada de volar los puentes. Tres de sus barcos (el Constant Nymph, el Surrey y el Bobell) desempeñarían posteriormente un papel importante en la evacuación de Dunkerque.

Otra unidad destacada (que sin embargo no se constituyó hasta principios de julio) fue el 1er Escuadrón Motorizado Estadounidense. Compuesto por ciudadanos americanos afincados en Inglaterra —principalmente, empresarios y profesionales liberales—, su fundador fue Charles Sweeny, un acaudalado financiero y figura prominente de la alta sociedad, que llamó a su padre —aún más rico que él— a Estados Unidos para informarle de la necesidad de armas y municiones que tenía el escuadrón. Al poco tiempo llegaron a Inglaterra un centenar de «naranjeros» y cien mil balas. Con sus influyentes miembros, sus elegantes coches americanos repintados con colores militares y su brigadier —que había servido a las órdenes del general Pershing en la Gran Guerra—, el escuadrón era una unidad excepcionalmente pertrechada y organizada, capaz de dar la talla en las maniobras junto a las unidades de élite del ejército británico.

Churchill, deseoso de que Estados Unidos entrara en guerra, se interesó especialmente por el escuadrón norteamericano. En cambio, el embajador Joseph Kennedy desaprobó su creación. La existencia del escuadrón pone de manifiesto, en todo caso, que al menos algunos estadounidenses estaban dispuestos a involucrarse en la guerra mucho antes de diciembre de 1941.

El entusiasmo y el número de los voluntarios de la LDV demuestran que el movimiento asociativo británico, en sus diversas formas, mantenía a la nación atareada y comprometida con el esfuerzo de guerra, lo que constituyó un arma esencial en la lucha del gobierno contra la apatía y la insatisfacción ciudadanas.

Al otro lado del canal, entre tanto, la BEF completó su repliegue hasta el curso del Escalda la noche del 19 de mayo. Consciente del peligro cada vez mayor de que los alemanes rebasaran su posición, lord Gort empezó a formar fuerzas de emergencia amalgamando distintas unidades y trasladándolas a zonas vulnerables. La Macforce, compuesta principalmente por miembros de la 127ª Brigada de Infantería, fue enviada a defender el flanco sur de la BEF a lo largo del río Scarpe, entre Râche y St. Amand. Actuaba, de hecho, como garantía por si se desmoronaba el I Ejército francés del general Blanchard, lo que parecía sumamente probable. La Petreforce, por su parte, formada mayoritariamente por batallones dedicados a excavar trincheras (así como por un batallón de élite de los Welsh Guards), fue enviada a defender Arrás.

Gort ha sido duramente criticado a lo largo de los años por su forma de dirigir la campaña. Algunas de las críticas más acerbas procedían de Montgomery, aunque estuvieran ligeramente salpicadas de pequeños cumplidos. Monty describía a Gort como una persona simpatiquísima y un amigo bondadoso que, sin embargo, dada su escasa astucia y su falta de interés por los asuntos administrativos, no debería haber sido nombrado para ese cargo. «Sabía todo lo que había que saber sobre el soldado, su indumentaria y sus botas», escribía Monty, «pero el puesto le venía grande».

La mayor queja de Monty concernía al desorden que reinaba en el cuartel general de Gort. «Costaba saber dónde estaba cada cual», observó. El deseo de Gort de estar cerca del teatro de operaciones le llevó a dividir el cuartel general central en tres ramas, en lugar de las dos habituales. El resultado fue una dificultad exasperante para comunicarse. «Cuando conseguías establecer comunicación», escribía un miembro del estado mayor del I Cuerpo de Ejército, «te enterabas de que el mando o la sección con los que querías hablar estaban en otra parte».

Gort no solo era el comandante en jefe de la BEF, sino que estaba supeditado a las autoridades militares francesas. Su labor era, por tanto, ingente y muy compleja. Era fundamental que las comunicaciones funcionaran con fluidez, tanto para que la BEF cumpliera su cometido con eficacia como para vigilar de cerca las iniciativas e intenciones del alto mando francés. Con todo, la creación por parte de Gort de esas unidades improvisadas demuestra que estaba dispuesto a poner soluciones a los problemas que le salían al paso. El movimiento de tropas hacia el sur resultó crucial posteriormente, y durante las discusiones con Pownall el 19 de mayo surgió una idea cuyas repercusiones han llegado hasta nuestros días.

En opinión de Gort, la BEF tenía tres alternativas. Podía tomar parte en un contrataque lanzado simultáneamente desde el norte y el sur para cortar el paso a los alemanes y mantener una línea defensiva. Podía tratar de retirarse hasta el curso del río Somme manteniendo abiertas sus vías de aprovisionamiento. O podía decantarse por la tercera opción, que, pese a ser la más drástica, era probablemente la más sensata: desplazarse hacia el noroeste protegida por las líneas defensivas del canal y los ríos, hasta llegar a Dunkerque, desde donde se procedería a su evacuación.

Una medida tan audaz supondría casi con toda seguridad abandonar la mayor parte de las armas y el equipamiento de la BEF en Francia. Cabía, además, la posibilidad de que los aliados franceses y belgas interpretaran este movimiento como una traición. Y probablemente suscitaría el rechazo de los ciudadanos británicos, que ignoraban la gravedad del atolladero en que se encontraba la BEF. Efectivamente, cuando Pownall telefoneó a la Oficina de Guerra para informar del plan al director de Operaciones Militares, este lo calificó de «absurdo e inútil».

Aun así, movidos por su afán de proteger Inglaterra a toda costa, y pese a sus fallas administrativas y su desconfianza en que los franceses resistieran el embate de las divisiones acorazadas enemigas, Gort y su estado mayor comenzaron a organizar el repliegue hacia Dunkerque.

Cinco

Contrataque

Lord Moran, médico personal de Winston Churchill, escribió en cierta ocasión acerca de su paciente
que, «sin ese sentido suyo de la palabra, posiblemente
habría hecho muy poco en la vida». Puede que tuviera
razón, pero en todo caso la capacidad innata de Churchill para disipar los temores y entusiasmar a mentes
atribuladas era sumamente necesaria cuando, el 19 de
mayo, se dirigió por primera vez a la nación en calidad
de primer ministro:

Los pueblos británico y francés han dado un paso
al frente para rescatar no solo a Europa sino a la humanidad en su conjunto de la tiranía más infame y
destructiva que ha ensombrecido y mancillado nunca las páginas de la Historia. Detrás de ellos, detrás
de nosotros, detrás de los ejércitos y flotas de Gran
Bretaña y Francia, se agolpan estados hechos añicos
y naciones vapuleadas —checos, polacos, noruegos,
daneses, holandeses y belgas—, sobre los cuales caerá
la negra noche de la barbarie, sin un solo destello de
esperanza, a menos que venzamos, como es nuestro
deber. Y venceremos.

El discurso fue muy bien recibido. «Nunca has hecho nada tan bueno ni tan grande», escribió Anthony
Eden. «Gracias, y gracias a Dios por ti».

Entre bambalinas, sin embargo, Churchill no podía permitirse tal derroche de seguridad y confianza en sí mismo. En un telegrama enviado esa misma noche al presidente de Estados Unidos, Franklin Roosevelt, le hacía una amenaza implícita: si Estados Unidos no ayudaba a Inglaterra y esta se veía obligada a rendirse, la Marina Real quedaría en manos de los alemanes, una posibilidad que sin duda daría que pensar al mandatario estadounidense. Churchill concluía el telegrama con las siguientes palabras: «Dándole las gracias de nuevo por su buena voluntad...»

Esa noche, los *pompadours* de Anthony Irwin llegaron al pueblecito de Bellegem, más allá del Escalda. Los días anteriores habían consistido en una marcha constante, sin apenas dormir y salpicada de incidentes con visos de irrealidad. Varias ametralladoras abrieron fuego sobre ellos al sur de Bruselas. Mientras las balas trazadoras pasaban silbando por encima de sus cabezas con sus destellos de un rojo candente, Irwin y sus hombres se arrojaron al suelo y comenzaron a disparar. «¡Alto el fuego!», gritó por fin una voz, y alguien anunció que el «enemigo» era en realidad un pelotón de artillería del Regimiento de Middlesex. La escaramuza se saldó con dos *pompadours* heridos, uno de ellos un sargento mayor.

Pocos después, la compañía de Irwin se dispersó alrededor de un huerto mientras sus miembros contemplaban, apasionados por el espectáculo, una desigual batalla aérea entre un solo Lysander[9] de la RAF, prácticamente indefenso y cuya velocidad máxima era de trescientos cuarenta kilómetros por hora, y seis Messerschmitt Bf 109, fuertemente armados y con una velocidad punta de más quinientos sesenta kilómetros por hora. La compañía vio como los 109 se turnaban para lanzarse en picado sobre el Lysander y ascendían luego bruscamente,

---

[9] De los 175 aviones Lysander desplegados en Francia y Bélgica, se perdieron 118. Puede que este episodio explique por qué.

volviendo a atacar en la ascensión. Cada vez que esto sucedía, el Lysander desaceleraba y hacía una finta, y los 109 erraban el tiro. Cuando el Lysander logró salir indemne del ataque del último avión de la escuadrilla, uno de los soldados ingleses que contemplaban la escena rompió a llorar. Después, al cambiar de táctica los 109 para atacar simultáneamente al avión de la RAF desde distintos puntos, el Lysander se lanzó en picado haciendo tirabuzones y se niveló justo sobre la posición que ocupaba la compañía. Pero los 109 no se dieron por vencidos. Se lanzaron en persecución del avión británico y, al acercarse al lugar donde se hallaba emboscada la compañía de Irwin, los británicos abrieron fuego.

Uno de los 109 se estrelló contra el suelo envuelto en llamas y los otros cinco ascendieron rápidamente y se alejaron. Al poco rato volvieron en formación para tomarse la revancha acribillando a la compañía, pero en ese momento aparecieron tres Hurricanes de la RAF y los ahuyentaron. El Lysander, entre tanto, siguió volando tranquilamente.

Poco después tuvo lugar un incidente mucho más prosaico. Irwin y un oficial compañero (y amigo) suyo se amenazaron mutuamente con sus pistolas cuando sus respectivos pelotones trataron de ocupar la misma posición. Estaban tan cansados que no podían pensar en trasladarse a otro sitio. Al final, lanzaron una moneda al aire y el pelotón de Irwin tuvo que ceder.

Poco antes de llegar a Bellegem, el grupo de Irwin pasó por una fábrica de dulces. Algunas tropas ya habían irrumpido en ella. Los hombres de Irwin, que en su mayoría llevaban varios días sin comer, los imitaron. Al poco rato estaban repartiéndose cajas y cajas de bizcochos de jengibre. Y una hora después estaban agachados en la cuneta de la carretera, aquejados de una diarrea colectiva.

El batallón esperaba poder montar un puesto avanzado en Bellegem, más allá del Escalda. Pero la tarde del 20 de mayo tuvieron que retirarse de nuevo. Esta vez, en todo caso, conocían el motivo: les había llegado la noticia del avance de los Panzer.

Unos treinta kilómetros más allá, en la localidad de Froidmont, el 2º Batallón del Regimiento Real de Norfolk se preparaba para recorrer el corto trecho que lo separaba del Escalda. Esa noche se trasladó a un paraje cercano a Calonne, donde relevó al Regimiento de Berkshire. La compañía A ocupó la posición central, cuyo frente se extendía por un espacio de casi ochocientos metros, lo que obligó a los hombres a dispersarse en exceso. El comandante de la compañía, el capitán Peter Barclay, pasó la noche asegurándose de que todos sus hombres ocupaban una sólida posición defensiva.

El río, que en aquel tramo tenía unos veinte metros de anchura, servía hasta cierto punto de barrera natural. La línea que ocupaba la compañía estaba flanqueada por edificios en todo su recorrido. Una sección de la compañía se apostó en un sótano; otra, detrás de la tapia de un jardín, y una tercera en el extremo izquierdo, en una vieja fábrica de cemento en cuya planta superior se situaron el soldado raso Ernie Leggett y sus compañeros. A la derecha se hallaba el puesto de mando de la compañía, integrado por Barclay, el sargento mayor George Gristock y otros. Un bosquecillo largo y estrecho situado en un extremo representaba un problema importante para toda la compañía, pues ofrecía cierta cobertura —aunque no total— al enemigo.

Al amanecer, sin que los alemanes hubieran dado aún señales de vida, Barclay —que pertenecía a la famosa familia de banqueros— decidió tomarse un rato de asueto. Su ordenanza había visto conejos en los terrenos del cercano Château Carbonelle, en cuyos establos encontró además perros de caza y hurones. Barclay y los demás oficiales pasaron una hora y media jugando a ser caballeros rurales, hasta que los alemanes empezaron a lanzar obuses. Entonces Barclay pensó que había llegado el momento de «solventar el otro problema».

Reinó una calma relativa durante un tiempo, hasta que aparecieron los alemanes al otro lado del río. Barclay ordenó a sus hombres que esperaran a oír el cuerno de caza que le gustaba llevar consigo para empezar a disparar. Los alemanes se adentraron en la arboleda y se pusieron a cortar árboles. Iban a intentar construir un puente aprovechando los bloques de cemento que ya había dentro del cauce. Mientras tanto, los de Norfolk guardaban silencio. Con el paso de los minutos fueron llegando más soldados a la otra orilla, entre ellos un miembro de las SS cubierto con un casco negro. Relajados, sin sospechar que los observaban, armaron el puentecillo y comenzaron a cruzar al otro lado, donde se encontraban los ingleses. No parecían tener ninguna prisa, hasta que Barclay hizo sonar su cuerno y los de Norfolk abrieron fuego. Murieron todos los alemanes a ambos lados del río.

Por su parte, el grupo de Ernie Leggett, instalado en el piso de arriba de la fábrica de cemento, dominaba por completo la arboleda. A unos ciento cincuenta metros, el enemigo avanzaba con tanques ligeros. Pronto se desató un feroz intercambio de disparos durante el cual Leggett no dio descanso a su Bren. Los alemanes consiguieron llegar a la ribera, pero tuvieron que retirarse. Regresaron al poco rato, avanzando sobre sus propios muertos. Dos veces más se vieron obligados a replegarse, pero Leggett y sus camaradas se hallaban ahora sometidos al fuego de los morteros, cuyos impactos sordos eran seguidos por la breve y angustiosa espera que precedía a la explosión.

Algo más allá, el puesto de mando también era blanco de los morteros y obuses alemanes. El capitán Barclay resultó herido en el estómago, el brazo y la espalda y, como todas las camillas estaban ocupadas, su ordenanza improvisó una arrancando de cuajo una puerta. Barclay siguió repartiendo órdenes mientras cuatro hombres le trasladaban tumbado en la puerta.

En el flanco derecho, la situación empezaba a complicarse. Los alemanes se las habían ingeniado para ocupar una posición ventajosa justo a la derecha de donde se encontraba el grupo de Barclay, y al otro lado del río había aparecido un nido de ametralladoras enemigo. Barclay ordenó a su sargento mayor, George Gristock, que atacara ambas posiciones con ayuda de un grupo variopinto que incluía a un operador de radio y un amanuense de la compañía.

Unos segundos después, Ernie Leggett se asomó desde la fábrica de cemento, a la izquierda, y vio que Gristock avanzaba a gatas, acercándose poco a poco al nido de ametralladoras alemán por el lado del río que ocupaban los de Norfolk. Los alemanes no habían detectado aún su presencia.

De pronto, una ametralladora enemiga escondida hasta entonces abrió fuego desde el flanco, acribillándole las piernas y destrozándole las rodillas. Gristock, sin embargo, siguió avanzando hasta que estuvo a unos veinte metros de la primera posición enemiga. Entonces comenzó a lanzar granadas de mano. Después se giró y siguió disparando con su naranjero. Se cercioró de que los cuatro alemanes estaban muertos antes de arrastrarse de nuevo hasta su punto de partida.

En aquel momento Barclay perdió el conocimiento. Cuando volvió en sí, algún tiempo después, se halló tumbado junto a Gristock en el *château*, transformado en puesto de socorro del regimiento. Leggett, entre tanto, permaneció en su puesto. De los veinticinco miembros de su pelotón que comenzaron la mañana en la cementera, solo quedaban cuatro. No había heridos; todos estaban muertos. Y, al cruzar el piso con intención de echar un vistazo a la izquierda para ver qué hacían los alemanes, Leggett sufrió una fuerte conmoción:

Me estrellé contra el techo y luego oí un estampido. Caí y choqué contra el suelo. Me di cuenta de que me habían dado. Era uno de esos odiosos morteros de tres pulgadas, y me había dado de lleno. Tenía la pierna izquierda completamente entumecida y no notaba la columna de cintura para abajo, no podía mover las piernas y solo veía el suelo cubierto de sangre. Los demás se me acercaron corriendo y uno dijo: «¡Madre mía, Ernie! ¡Lo que te han hecho!».

Bajaron a Leggett por las escaleras, medio arrastrándolo, y lo tendieron junto a una vía férrea de unos quince centímetros de alto. Desnudo salvo por los calzoncillos, comenzó a arrastrarse penosamente por la vía, protegido de los disparos por los rieles, cubierto de tierra por el estallido de los obuses y con las manos ensangrentadas por el esfuerzo de tirar de su propio cuerpo. Unos centenares de metros más allá llegó al puesto de mando de la compañía, donde lo tumbaron en una camilla. Recuerda estar dentro de un camión, que una monja con una aparatosa cofia se inclinó sobre él y que un oficial médico le dijo: «Solo es un pinchacito, hijo».

El combate fue encarnizado, pero el batallón logró rechazar dos ofensivas alemanas y mantener su posición. Esa noche les llegó la orden de retirarse, primero hacia Bachy y después al sector de Béthune, donde el batallón tuvo que afrontar nuevos horrores.

Un tiempo después, en un hospital de Inglaterra, Ernie Leggett fue informado de que se recuperaría a pesar de que tenía heridas de consideración, una de ellas causada por un trozo de metralla que había rozado su arteria femoral al atravesarle la entrepierna. En la sala de al lado estaba ingresado George Gristock, al que le habían amputado ambas piernas desde la cadera. Todos los días, Leggett era conducido en silla de ruedas a ver a su sargento mayor, que tenía permitido beber tanta cerveza como quisiera. «¡Qué rica!», exclamaba al sorberla de una pequeña tetera.

Leggett le contó que había visto cómo le hirieron. «¡Cabrones!», dijo George. «¡Pero me los cargué a todos!».

Hablaban a diario de sus tiempos en el regimiento y de los primeros meses de la guerra. «Y entonces», cuenta Ernie, «llegó esa mañana horrible, cuando no vinieron a buscarme, y le dije a la enfermera "Lléveme a ver a mi sargento mayor", y me contestó "No, lo siento". George había muerto».

George Gristock recibió la Cruz Victoria por su hazaña. La condecoración puede verse actualmente en el Museo del Regimiento Real de Norfolk, en Norwich.

El 20 de mayo, el suboficial Cyril Roberts[10] estaba en Vauchelles, al sur del Somme. Su unidad, el 2/7º Batallón del Regimiento de la Reina, se hallaba en Francia para desempeñar labores de construcción y había pasado la primera quincena de mayo trabajando a las órdenes de ingenieros franceses en Abancourt, entre Amiéns y Dieppe. Los hombres de su unidad no esperaban entrar en combate, pues apenas habían recibido instrucción militar en Inglaterra durante el invierno, y aún menos en Francia. Estaban mal pertrechados: tenían tres ametralladoras ligeras Bren para todo el batallón y carecían de morteros y vehículos blindados. Solo disponían de catorce camiones y un coche, y apenas tenían equipos de comunicaciones y técnicos capaces de manejarlos. Pero eran soldados y, hallándose la BEF en un atolladero, habían recibido orden de avanzar.

El 18 de mayo les ordenaron trasladarse primero a Abbeville y después a Lens, donde su tren fue bombardeado y acribillado desde el aire. Ocho hombres de otro batallón resultaron heridos; la unidad de Roberts, en cambio, no sufrió ninguna baja. Muy poco después se dieron cuenta de que había habido un error: el batallón debería haberse quedado en Abbeville, de modo que subieron a otro tren para desandar el camino. El 20 de mayo se hallaban en un pueblecito llamado Vauchelles

---

[10] Véase capítulo tres.

cuando las divisiones Panzer se les echaron encima. Las vacilaciones de Hitler aún no habían frenado significativamente la marcha del ejército alemán y, teniendo de nuevo vía libre, los tanques avanzaban a gran velocidad. El batallón de Cyril se hallaba en el ojo del huracán. El resultado fue el caos.

Heinz Guderian había dado orden de que la 2ª División Panzer ocupara el sector entre Abbeville y Flixecourt, despejándolo de tropas británicas y francesas. La 1ª División Panzer ocuparía la zona entre Flixecourt y el río al este de Amiéns, mientras que la 10ª División Panzer se situaría más al este, en dirección a Péronne.

El 20 de mayo, después de que la 1ª División Panzer ocupara Amiéns, Guderian dio un paseo por la ciudad. La catedral le pareció preciosa, pero no pudo quedarse mucho tiempo. Cuando se trasladaba hacia el este adelantó a sus columnas y detectó entre ellas varios vehículos británicos que trataban de pasar inadvertidos con la esperanza de dirigirse hacia el sur. «Así», escribió, «capturé de un plumazo a quince ingleses».

Esa mañana, el *oberleutnant* Dietz, de la 2ª División Panzer, había salido al alba de la aldea de Sorell. Su grupo de combate iba a trasladarse en bloque: la brigada de tanques, dos batallones de infantería, así como destructores de tanques y pioneros acorazados (ingenieros montados en vehículos de combate). Se dirigieron hacia Abbeville y el mar, sin apenas encontrar resistencia por el camino. A unos treinta kilómetros del pueblo, la gigantesca y sinuosa serpiente que formaba el convoy se detuvo. Por todas partes había carros y desperdicios dejados por los refugiados, en su mayoría belgas. A ojos de Dietz, eran hombres, mujeres y niños a los que los franceses habían obligado a dejar sus hogares y abandonado a su suerte. No concebía que los alemanes tuvieran responsabilidad alguna en su infortunio.

De momento, los carros de combate se quedaron donde estaban: finalmente se les había agotado el combustible. La infantería avanzó, dispuesta a conquistar las posiciones enemigas situadas al oeste de Abbeville. Los alemanes lucharon de casa en casa, apoyados por los vehículos blindados de los pioneros. El pueblo, como tantos otros, acabó arrasado por las llamas y al poco tiempo se hallaba bajo dominio alemán. La marcha hacia la costa parecía haber concluido, hasta que llegó un mensaje anunciando que la Luftwaffe había ordenado a los Stukas bombardear los puentes de Abbeville.

A los comandantes del grupo de combate les pareció una locura. Los puentes ya habían sido asegurados, con no poco esfuerzo. No era necesario emprender nuevas acciones. Y, si se retiraban, Abbeville caería de nuevo en manos del enemigo. Cuando llegó otro mensaje advirtiendo de que los Stukas iban de camino, se dio rápidamente orden de que todos los hombres y la maquinaria se retiraran del pueblo hasta una distancia de varios kilómetros.

Los ordenanzas y mensajeros atravesaron a todo correr Abbeville gritando que se había dado orden de retirarse al campo. Los carros de combate, que acababan de llegar al pueblo, volvieron a encender sus motores, cuyo estruendo retumbó en las estrechas callejuelas. Como les ocurrió a los británicos en el río Dyle, los soldados alemanes, que llevaban diez días esforzándose por llegar a la costa del Canal, recibían de pronto orden de retirada. Pero no todos iban a retirarse. Los puentes seguirían ocupados por tropas alemanas, y el puesto de mando se quedaría donde estaba. No iban a entregar el pueblo al enemigo, costara lo que costara en vidas humanas.

En el puesto de mando, los oficiales trataron de conciliar el sueño a pesar de saber el destino que les aguardaba casi con toda seguridad. Pero los Stukas no llegaron. Se canceló el ataque sin avisar al grupo de combate, y a las siete de la mañana del día siguiente los alemanes habían vuelto a ocupar la mayor parte de Abbeville. Ese día capturaron a cerca de un millar de prisioneros, en

su mayoría británicos, que fueron enviados a la retaguardia.

La fase decisiva del Plan Manstein (cruzar el río
Mosa, atravesar los alrededores de Sedán y avanzar con
decisión hacia el noroeste, en dirección a la costa) había
tocado a su fin. El ejército británico, el ejército belga y
los ejércitos franceses 1º y 7º se hallaban atrapados en
una franja de territorio de unos ciento noventa kilómetros de profundidad por ciento treinta de ancho, y separados del resto del ejército francés, que se hallaba al sur.
Afrontaban ahora ataques desde todas direcciones. Por
suerte para los británicos, sin embargo, los alemanes no
habían conquistado aún los puertos del canal. Hasta el
momento en que los conquistaran y neutralizaran a las
tropas británicas, la batalla no podía darse por perdida.

La mañana del 20 de mayo, un pelotón del batallón
de Cyril Roberts montaba guardia en los puentes de Abbeville. Cuando los refugiados comenzaron a inundar el
pueblo, el pelotón fue a reunirse con el resto de su unidad. Se pusieron en camino hacia el este, pero avanzaban
despacio y finalmente tuvieron que detenerse: los incendios provocados por los ataques aéreos alemanes les cor-
taban el paso. Dieron marcha atrás, tratando de encontrar
otra ruta.

Al pasar por una casa de labranza, les pareció que los
refugiados se alborotaban de pronto y, un momento después, una ametralladora abrió fuego. Algunos soldados se
lanzaron a una zanja mientras otros se quedaban en la carretera. Los de la zanja, creyendo que la ametralladora
disparaba desde la casa, abrieron fuego en esa dirección.
En ese momento una columna acorazada alemana apareció por la carretera, encabezada por un tanque. Uno de
los hombres que se habían puesto a cubierto en la zanja,
el soldado raso Jakeman, vio cómo eran apresados sus
compañeros que habían permanecido en la carretera.
Mientras tanto, otro vehículo blindado apareció a su espalda. Los alemanes se apearon armados con pistolas y

subfusiles, y Jakeman y sus amigos levantaron las manos y se rindieron.

Les ordenaron dirigirse a pie carretera abajo. Iban sin escolta, pero los vehículos y guardias alemanes que había apostados de trecho en trecho les impedían escapar. Cuando llevaban recorridos casi dos kilómetros pasaron junto a un bosquecillo y Jakeman, al no ver coches ni guardias enemigos en los alrededores, se escondió detrás de un árbol, trepó por una valla y se metió en el bosque. Echó a correr campo a través y no se detuvo hasta llegar a una espesa arboleda.

Pasó todo ese día escondido. Oía disparar por el norte a una batería antiaérea alemana y por todas partes, a su alrededor, se oían detonaciones. Esa noche siguió avanzando en dirección sureste, hasta que llegó a los altos que dominan el Somme. Descendió, cruzó el río a nado y atravesó una zona pantanosa, una carretera y una vía férrea. En cierto momento le dispararon y echó a correr, sorteando varios vehículos alemanes estacionados. Mientras huía comenzó a amanecer. Buscó otro bosque y pasó allí escondido el día siguiente, empapado y desmoralizado.

Esa noche llamó a la puerta de una granja en Bettencourt. La familia le permitió pasar allí la noche y le contó que los alemanes habían cruzado el pueblo hacía poco. Al día siguiente, le avisaron de que estaban registrando las casas en busca de soldados aliados. Lo único que podía hacer para ponerse a salvo era encaminarse hacia el sur. Así pues, emprendió de nuevo la marcha evitando las poblaciones, hasta que llegó a Selincourt, donde unos vecinos le informaron de que Hornoy, una localidad situada varios kilómetros más al norte, aún estaba en poder de los franceses. Al llegar allí, Jakeman se encontró con un control de carretera donde fue interrogado por oficiales franceses. Superado el interrogatorio, fue trasladado en un vehículo británico y finalmente pudo llegar al Comando Norte del ejército británico en Ruan.

El soldado Jakeman se libró del cautiverio, pero muchos otros miembros de su batallón —entre ellos Cyril Roberts— no tuvieron tanta suerte. La mañana del 20 de mayo, los alemanes redoblaron su ofensiva aérea sobre Abbeville y el batallón sufrió un intenso bombardeo. Se hallaban en campo abierto, faltos de cañones anticarro y ametralladoras Bren. El oficial al mando dio la orden de replegarse hacia Épagne-Épagnette y cruzar el Somme a fin de interponer el curso del río entre sus hombres y la 2ª División Panzer. Pero, aunque estas órdenes fueron comunicadas a la Compañía del Cuartel General y a parte de la Compañía D, no llegaron al resto de las compañías.

El comandante Adams, de la Compañía del Cuartel General, consiguió conducir a un grupo formado por dos oficiales y unos sesenta hombres hasta Blangy, al otro lado del Somme. Desde allí pudo llegar al puesto de mando de una brigada y, finalmente, al Comando Norte en Ruan. El comandante del batallón, teniente coronel Girling, entre tanto, se puso a la cabeza de un grupo que durante casi tres días marchó a pie desde los alrededores de Abbeville hasta St. Pierre-en-Val, atravesando la aldea abandonada de Hamicourt y el río Bresle. El grupo se dispersó debido al fuego de las ametralladoras enemigas, pero todos sus miembros consiguieron llegar finalmente a Ruan.

El resto del batallón, en cambio, permaneció en Vauchelles, incluido Cyril Roberts. No se habían recibido órdenes y, cuando dos oficiales partieron en busca de información y no regresaron, cundió el desconcierto. A primera hora de la mañana del 21 de mayo, llegó a Vauchelles una imponente columna de carros de combate alemanes. De un solo golpe cayeron prisioneros varios centenares de hombres del 2/7º Batallón del Regimiento de la Reina.

En el momento en que los Panzer llegaban a Vauchelles, el general Edmund «Tiny» Ironside, Jefe del

Estado Mayor General del Imperio, llegaba al cuartel general de Gort portando órdenes de que la BEF atacara hacia el suroeste cruzando el Somme, a fin de reunirse con las tropas francesas desplegadas en el sur. Pownall, que intuía la mano de Churchill tras aquella maniobra, montó en cólera. «Es una cosa escandalosa (o sea, winstoniana) y, además, imposible de cumplir», anotó en su diario.

Gort le explicó pacientemente a Ironside que, primero, no disponía de tropas para llevar a cabo la ofensiva (que implicaba el traslado de siete divisiones que en esos momentos luchaban encarnizadamente en el Escalda) y, segundo, los alemanes dominaban el frente del Somme. En resumidas cuentas, el ataque obligaría a las siete divisiones británicas a luchar a la desesperada en la retaguardia y a enfrentarse a potentes formaciones Panzer al tiempo que tendrían que proteger sus flancos.

Pese a que la ofensiva propuesta por Ironside era a todas luces imposible, Gort le ofreció una alternativa. Podía organizar un ataque de menor envergadura en dirección sur con las Divisiones 5ª y 50ª, las únicas tropas de reserva que tenía disponibles. Ironside así se lo comunicó al secretario de Guerra Anthony Eden, quien a su vez informó al gabinete de emergencia en Londres. Churchill, no obstante, mantuvo su optimismo instintivo y siguió creyendo en la viabilidad de un ataque masivo de la BEF hacia el sur. (No obstante, la realidad empezaba a hacer mella en él hasta cierto punto: en esa misma reunión, comunicó a su gabinete que había pedido a los jefes de estado mayor que estudiaran posibles operaciones por si «se hacía necesario retirar a la Fuerza Expedicionaria Británica de Francia»).

Ese mismo día, a una hora más avanzada, Ironside y Pownall se reunieron con Blanchard y Billotte. Este último, trémulo y desbordado por la situación, les gritó que su infantería no estaba en condiciones de aguantar ninguna ofensiva, fuese del tipo que fuese. Ironside —a quien apodaban irónicamente *Tiny*, «pequeñín», por su gran corpulencia— no soportaba la autocompasión. Agarró a Billotte por las solapas de la chaqueta y lo zarandeó. Su gesto pareció surtir efecto. Billotte se calmó y, a instancias de los generales británicos, accedió a organizar un ataque en dirección a Cambrai y a contribuir con dos divisiones a la ofensiva británica.

Aunque el ataque que proponía Churchill no fuera factible, los comandantes británicos eran conscientes de que debían emprender alguna maniobra ofensiva. El alto mando alemán (incluido Hitler) llevaba días temiendo un contraataque aliado y tenía motivos para ello: cuanto más avanzaban los Panzer hacia el litoral, más se estiraba el frente y, por tanto, más se debilitaban los flancos del ejército alemán. Estando la infantería tan rezagada respecto a las formaciones motorizadas, la ofensiva alemana podía compararse, en palabras de Churchill, con una tortuga que había sacado demasiado la cabeza del caparazón. Si los aliados no organizaban pronto una ofensiva importante, la tortuga volvería a meter la cabeza y el caparazón quedaría incólume.

Había, además, un nuevo comandante supremo francés, el general Maxime Weygand, que había sustituido a Gamelin. Weygand aseguró a Ironside que podía detenerse el avance alemán mediante ataques simultáneos desde el norte y el sur. (En realidad, el llamado «Plan Weygand» era, en esencia, idéntico al plan ya propuesto). Ironside, no obstante, estaba profundamente desencantado con los franceses. «Que Dios ayude a la BEF», anotó en su diario, «a la que la incompetencia del mando francés ha puesto en esta situación». Ese mismo día, el desencanto del alto mando británico comenzó a aflorar públicamente cuando Gort, normalmente tan cortés, abroncó al oficial de enlace francés reprochándole la calidad del ejército galo y su mala disposición para la lucha. Si los franceses no combatían —declaró Gort—, los británicos tendrían que ser evacuados.

Pese a las garantías ofrecidas por Billotte, el ataque británico tendría que llevarse a cabo sin las dos divisiones que les habían prometido. El comandante del cuerpo del ejército francés informó de que sus tropas se negaban a participar en la ofensiva, aunque una división mecanizada ligera prestaría apoyo a las fuerzas británicas.

El ataque tendría como eje la ciudad de Arrás que, por haber permanecido bajo control británico ininterrumpidamente desde el comienzo de la guerra, era el único motivo de esperanza para el alto mando inglés. El plan consistía en reforzar la guarnición de la ciudad, mantener el frente del río Scarpe y ocupar la zona situada al sur de la ciudad, cortando las vías de comunicación de los Panzer. La fuerza atacante se dividiría en dos columnas móviles. Cada columna contaría con un batallón de infantería, una compañía motorizada, una batería de cañones anticarro, otra de artillería de campaña y un batallón de carros de combate. De los ochenta y ocho tanques británicos disponibles, cincuenta y ocho eran Matilda Mark I (lentos y armados únicamente con ametralladoras), dieciséis eran Mark II (mucho más veloces y armados con cañones de dos libras) y catorce eran tanques ligeros.

A pesar de que la fuerza británica no era de gran magnitud, existía el riesgo de que los alemanes, ofuscados por el nerviosismo con que aguardaban el ataque aliado, respondieran como si se tratara de una ofensiva de mayor calado. Pero si los alemanes sobrestimaban a los británicos, da la impresión de que estos subestimaban a su enemigo, pues ignoraban por completo que la 7ª División Panzer del general Erwin Rommel se hallaba en el sector.

Las columnas británicas partieron a derecha e izquierda. Por la izquierda, los motociclistas del 4º Batallón de los Fusileros Reales de Northumberland avanzaban junto a un pelotón de reconocimiento equipado con coches Daimler Dingo. Detrás iban los carros de combate del 4º

Batallón del Regimiento Real de Tanques, en uno de los cuales —un vehículo ligero— viajaba el subteniente Peter Vaux, oficial de reconocimiento del batallón. Tras ellos avanzaban los soldados del 6º Batallón del Regimiento de Infantería Ligera de Durham.

La coordinación de los escuadrones de tanques resultaba extremadamente difícil sin comunicaciones por radio, y a las tripulaciones de los tanques se les había ordenado guardar silencio. Había también poca coordinación entre los tanques y la infantería, y una carencia casi total de órdenes e información actualizada. De modo que, cuando su tanque llegó a lo alto de una cresta en Dainville, al sur de Arrás, Vaux se quedó atónito al toparse con los flancos de la 7ª División Panzer de Rommel y la División SS Totenkopf. Ni los alemanes ni los británicos tenían constancia de que el enemigo estaba tan cerca, pero por suerte el Regimiento Real de Tanques se hallaba en posición ventajosa. Los carros de combate británicos abrieron fuego sobre las motocicletas, camiones y remolques de cañones anticarro enemigos, que quedaron envueltos en llamas. Delante de Vaux, un soldado alemán trataba frenéticamente de arrancar su motocicleta, pero no conseguía poner el motor en marcha. «A mi artillero le dio tal ataque de risa», cuenta Vaux, «que no pudo disparar. Al final, el alemán tiró la moto a una zanja y se marchó corriendo. ¡Y ni siquiera le habíamos disparado!».

El éxito fortuito del avance británico en este sector revistió una enorme importancia. El puesto de mando de la 7ª División Panzer comenzó a recibir mensajes por radio: «Importante ofensiva de tanques enemigos desde Arrás. Ayuda, ayuda». Los artilleros alemanes eran incapaces de perforar el blindaje de los Matilda, y los tanques británicos empezaron a hacerse famosos entre el enemigo, una fama que se hizo extensiva a la división e incluso a la BEF en su conjunto.

Los blindados siguieron avanzando. Vaux llegó pronto a un cruce de carreteras donde reparó en un camión que tenía pintada una gran *G* en la puerta. Mientras hacía elucubraciones (imaginó, por ejemplo, que la *G* significaba *German*, «Alemán»), el conductor del camión se apeó de un salto, vestido con el uniforme enemigo. «¡Dispara!», gritó Vaux espabilándose de repente, y su artillero disparó al camión. El chófer huyó calle abajo, aterrorizado, mientras los británicos seguían disparando y las balas trazadoras pasaban velozmente a su lado. Se metió de un salto en un huerto y logró escabullirse, momento en que una mujer que había estado esperando pacientemente a que acabara la escaramuza salió de su casa con toda calma para vaciar un cubo en un contenedor de basura.

Un rato después, el tanque de Vaux recibió los impactos de «algún arma pequeña pero potente», que, pese a no dar a la tripulación por escasos centímetros, abrió sendos boquetes en ambos lados de la torreta. Sin decir palabra, el artillero metió la mano en su petate, sacó un par de calcetines y taponó con ellos los agujeros. «Así quedó un poco mejor», asegura Vaux.

Entre Beaurains y Mercatel, el batallón sufrió la emboscada de varias baterías que disparaban a la vez. Fueron destruidos veinte tanques. Entre los muertos se contaban el comandante del batallón, teniente coronel Fitzmaurice, y un comandante de escuadrón, Gerald Hedderwick, de cuarenta y siete años, que había combatido contra los alemanes en aquella misma zona veintitrés años antes. Poco después, Vaux atravesó este valle de la muerte sin percatarse en un principio de que los tanques británicos estaban inutilizados. Solo al acercarse vio a los hombres tendidos junto a sus ametralladoras y colgando de las torretas. Se incorporó en su asiento gritando instrucciones a su conductor y su artillero, sin darse cuenta de que un soldado alemán estaba agazapado allí cerca, apuntándole a la cabeza. Le salvó la vida su superior, el capitán Robert Cracroft, que vio al alemán y lo abatió de un disparo.

Pasado un tiempo, y tras tomarse la revancha con algunas baterías enemigas de los alrededores, los carros de combate se replegaron a Achicourt. Había un buen motivo para ello: la infantería se hallaba muy rezagada y las unidades de vanguardia de la 5ª División Panzer estaban empezando a llegar al teatro de operaciones. Los tanques británicos se retiraron para cubrir la retaguardia junto a las motocicletas y los Daimler Dingo de los Fusileros de Northumberland.

John Brown estaba vigilando un cruce en su Dingo cuando apareció un tanque por la carretera. Algunos compañeros suyos abrieron fuego con sus Bren, hasta que otros empezaron a gritar. El tanque era en realidad británico, y los hombres cesaron de disparar sin causarle ningún daño. Cuando apareció otro tanque, abrieron fuego de nuevo. Hubo más gritos y los disparos se detuvieron de inmediato. Pero esta vez el tanque era alemán. Al pararse en el cruce, abrió fuego. «El primer disparo dio de lleno a mi compañero, que voló por los aires», cuenta Brown.

En otro cruce cercano se reunieron Peter Vaux, Robert Cracroft y todos los supervivientes del batallón. Un Matilda Mark II se había averiado algo más adelante, y se le oía avanzar traqueteando hacia ellos en la penumbra. Cracroft se acercó al Matilda y sacudió unos mapas delante del visor del conductor. Se abrió la trampilla y el enemigo asomó la cabeza. Era otro tanque alemán. Cracroft gritó para avisar y corrió unos doscientos cincuenta metros hasta su tanque mientras varios vehículos alemanes se alineaban a lo largo de la carretera y empezaban a disparar. Tras casi diez minutos de intenso pero inútil intercambio de disparos casi a oscuras, los alemanes se retiraron.

Durante la escaramuza, Vaux se quedó sin munición y tuvo que alejarse. Con él iban su conductor, el cabo Burroughs, y el comandante Stuart Fernie, que se había hecho cargo del mando del batallón tras la muerte del teniente coronel Fitzmaurice y había reemplazado al artillero de Vaux. Mientras se alejaban, en la zona reinaba una confusión absoluta. Los transportes británicos y las motocicletas alemanas se mezclaban sin saber, aparentemente, adónde se dirigían ni qué tenían que hacer. Vaux tomó una carretera desconocida y al poco rato se encontró pasando junto a una columna de vehículos alemanes, ninguno de los cuales se percató de que su tanque era británico. Finalmente se quedó sin combustible en un pueblecito a unos sesenta y cinco kilómetros al oeste de Arrás. Vaux, Burroughs y Fernie encontraron rápidamente una casa vacía y pasaron en ella la noche y el día siguiente.

El avance del 4º Batallón, pese a su irregularidad, inquietó a las tropas alemanas, que tenían escasa experiencia en la guerra de blindados. Y los carros de combate del 7º Batallón del Regimiento Real de Tanques, situados a la derecha, surtieron el mismo efecto, a pesar de que su progresión fue aún más caótica. Se desorientaron repetidas veces, alejándose primero demasiado hacia el oeste y luego demasiado al este, y circunvalaron Warlus, uno de sus objetivos, donde se habrían encontrado con el 25º Regimiento Panzer, una de las unidades de Rommel[11]. Por último, se dispersaron en tres direcciones distintas.

Dos de los grupos, compuestos principalmente por tanques Matilda Mark I, marcharon hacia la localidad de Wailly desde el norte y el oeste. El pueblo estaba defendido por los carros de combate de la 25ª División Panzer, que sin embargo en ese momento estaban combatiendo en otra parte. Solo unos pocos pelotones de infantería

---

[11] Fueron, en cambio, los Daimler Dingo de los Fusileros de Northumberland quienes tuvieron la mala fortuna de encontrarse con los Panzer. Más de la mitad de los doce pelotones de coches de reconocimiento fueron destruidos durante el combate que siguió.

montaban guardia en la localidad, apoyados por algunos cañones anticarro y antiaéreos. Un blindado disparó al tanque Matilda Mark II en el que iba Tom Craig, pero el proyectil no llegó a impactar. Cuando Craig abrió fuego, el vehículo enemigo estalló en llamas.

Hallándose los tanques británicos a punto de asaltar su posición (y de dañar, por tanto, su creciente fama), Rommel se hizo cargo personalmente de las maniobras defensivas desde un promontorio cercano. Puso en acción a toda la artillería anticarro y antiaérea, asignando un blanco a cada cañón y dando orden de disparar con la mayor celeridad posible. Relevó del mando a los comandantes de artillería que se quejaban de que el campo de tiro era demasiado corto y creó una línea secundaria de cañones pesados procedentes del cuartel general de la división.

A su manera, Rommel salvó la posición, aunque estuvo a punto de morir en dos ocasiones, una de ellas cuando su ayuda de campo, el *leutnant* Most, fue abatido de un disparo a su lado, y otra cuando su telegrafista y él quedaron arrinconados por un tanque británico, cuyos tripulantes, en lugar de dispararles o hacerles prisioneros, se rindieron.

Merece la pena conjeturar qué habría ocurrido si Rommel no hubiera salvado su posición. El ataque de los blindados de Arrás se habría convertido, al igual que la ofensiva alemana en Sedán, en un punto de inflexión en la campaña. Si los aliados hubieran abierto una brecha en el frente alemán y lo hubieran cruzado en tromba, las fuerzas de Guderian habrían quedado arrinconadas de espaldas al mar, a la espera de su evacuación. Cuesta imaginar, sin embargo, de dónde habría zarpado la flota de evacuación alemana de haberse dado esa circunstancia.

El resultado no fue ese, en todo caso, pese a las hazañas de otros dos tanques Matilda Mark II dirigidos por el comandante John King y el sargento Ben Doyle. Actuando por su cuenta en Mercatel, completamente solos, atravesaron territorio enemigo disparando a todo lo que se movía.

Mientras avanzaban, les dispararon tres o cuatro cañones anticarro. En lugar de responder al fuego enemigo, siguieron adelante. Durante diez minutos, les acribillaron diversas ametralladoras que King y Doyle fueron neutralizando una por una. Dos tanques enemigos les apuntaron con sus cañones y dispararon, pero los obuses rebotaron. Sus cañones, en cambio, destruyeron a los blindados alemanes.

Tras adentrarse en territorio enemigo y atravesar varias barricadas, se encontraron con un convoy de tanques y destruyeron cinco de ellos, como mínimo (perdieron la cuenta). A pesar de que su vehículo se incendió, King siguió avanzando una hora más. «Seguimos adelante dándoles su merecido», cuenta Doyle. Por último, King y él fueron hechos prisioneros, como muchos otros miembros de los batallones acorazados. La acción de los cañones flaK de 88 mm los obligó a detenerse. El resto del 7º Batallón del Regimiento Real de Tanques, al igual que el 4º Batallón, recibió orden de retirarse. Se perdieron gran cantidad de tanques Matilda Mark I y todos los Mark II, excepto dos.

El contraataque de Arrás fue, en resumidas cuentas, un fracaso de los británicos. Un fracaso valeroso y audaz, desde luego, teniendo en cuenta que la fuerza atacante se enfrentaba a unas tropas de infantería cinco veces más numerosas que las suyas y a un número de tanques diez veces mayor. Con todo, fue un fracaso. No se logró capturar ninguno de los objetivos enemigos. Los atacantes acabaron el día exactamente en la misma posición en que lo habían empezado, y las líneas de comunicación alemanas siguieron intactas. La 7ª División Panzer de Rommel sufrió gran cantidad de bajas, pero lo mismo puede decirse de la BEF, y la maquinaria de guerra alemana podría reemplazarlas mucho más fácilmente. Para los británicos, en cambio, el elevado número de bajas puso fin a cualquier posibilidad de emprender futuras ofensivas.

No obstante, los alemanes, tan dispuestos por lo común a adjudicarse la victoria, no asumieron la ofensiva de Arrás como una derrota británica. Resulta interesante en este sentido la lectura de los diarios de guerra alemanes del 21 de mayo. El diario de la 6ª División Panzer refiere que una «importante fuerza enemiga» había llevado a cabo «una incursión con vehículos blindados entre Arrás y Doullens», mientras que las notas del XIX Cuerpo de Guderian hablan de que «siguen recibiéndose numerosas notificaciones informando del avance de los tanques ingleses, que por lo visto ha causado inquietud en toda la zona del Grupo Kleist».

Tan nervioso estaba Von Kleist que ordenó a las Divisiones Panzer 6ª y 8ª trasladarse hacia el este para contrarrestar la amenaza de una ofensiva británica, mucho después de que hubiera pasado el peligro. Y el 22 de mayo, al día siguiente del contraataque, Von Rundstedt prometió solventar «el problema de Arrás» antes de permitir que los Panzer de Guderian avanzaran hacia los puertos del canal. Acabada la guerra, durante su juicio en Núremberg, Von Rundstedt reconoció haber temido «que nuestras divisiones acorazadas quedaran escindidas del grueso del ejército antes de que las divisiones de infantería pudieran acudir en su apoyo». Incluso después de concluida la ofensiva británica, los comandantes alemanes seguían temiendo que esta supusiera el fin de la *Blitzkrieg*.

No cabe duda de que el contraataque dio un primer buen susto a los alemanes. De haber estado mejor organizado, y de haber contado con más divisiones y tanques, podría haber traspasado las líneas alemanas. Tal y como salieron las cosas, la división de Rommel sufrió más de cuatrocientas bajas y las tropas de élite de la División SS Totenkopf perdieron a centenares de hombres, apresados por los británicos. La ofensiva no tuvo, sin embargo, tanto éxito como creían los mandos alemanes. Así que, ¿por qué su reacción fue tan extrema?

En parte porque el avance alemán había creado un frente muy amplio —y por tanto vulnerable— que los aliados deberían haber sido capaces de penetrar. Cuanto más crecía el frente, más endeble se hacía y más se inquietaban los generales alemanes (y Hitler). Y, como anotaba Halder, el *Führer* estaba cada vez más asustado por su propio éxito.

Había, no obstante, otro motivo. En sus informes acerca de los combates, Rommel exageró la fortaleza y el tamaño de los efectivos británicos. Aseguraba que en el ataque habían participado cinco divisiones y cientos de carros de combate británicos. Ello, además de apuntalar su reputación, sirvió para confirmar los temores del alto mando alemán respecto a la debilidad intrínseca de la *Blitzkrieg*. Teniendo en cuenta estas circunstancias, no es de extrañar que se pospusiera el ataque sobre los puertos del canal de la Mancha, que no se permitiera a la 10ª División Panzer avanzar hasta Dunkerque (un error de cálculo crucial) y que se enviaran gran cantidad de tropas a reforzar el sector de Arrás en lugar de desplegarlas en otros lugares donde eran más necesarias.

La forma en que se efectuó esta derrota fue, en definitiva, un golpe de suerte para la BEF, cuyos comandantes ya habían perdido toda confianza en sus aliados franceses. Estaba claro que no podrían salir luchando del atolladero en que se encontraban. Carecían de efectivos suficientes para forzar una ruptura del frente por el sur. Solo quedaba una alternativa viable a la rendición: evacuar a las tropas. Para llevar a cabo la evacuación, necesitaban más tiempo. Y, gracias al contraataque de Arrás, lo consiguieron.

Seis

Frenar a los Panzer

El 21 de mayo, la Oficina de Guerra emitió una circular relativa a la posible evacuación de emergencia de *un número muy elevado de efectivos* a través del canal de la Mancha. Hizo un listado de los transbordadores y cargueros que podían zarpar de manera inmediata e informó de que el Ministerio de Transporte estaba recabando embarcaciones de menor envergadura, como gabarras del Támesis y *schuits*, barcos de cabotaje holandeses.

Según sus estimaciones, era posible evacuar a treinta mil hombres en un plazo de veinticuatro horas desde tres puertos franceses, a saber, Calais, Boulogne y Dunkerque. No se mencionaba una posible evacuación desde las playas, pero se proponía el uso de pequeñas embarcaciones para trasladar a los soldados a los navíos más grandes anclados frente a los puertos.

Téngase en cuenta, advertía la circular, *que estas directrices atañen a una emergencia que podría darse únicamente en determinadas circunstancias*. Ello suponía, sin embargo, un cambio sustancial respecto a una nota emitida el día anterior en la que se consideraba «improbable» una evacuación a gran escala. Todas las partes implicadas empezaban, pues, a cobrar conciencia de que tal vez sí fuera necesaria una evacuación.

Ese mismo día, el general Weygand convocó a los comandantes aliados a una reunión en el ayuntamiento de Ypres para debatir su plan: una ofensiva hacia el sur

165

con todas las fuerzas británicas y francesas disponibles, mientras las tropas francesas desplegadas al sur atacaban simultáneamente en dirección norte. Por desgracia, Gort —retenido de nuevo por problemas logísticos— no estaba presente al iniciarse la reunión, que siguió adelante sin uno de sus principales protagonistas. Cuando el británico hizo por fin acto de presencia, Weygand ya se había marchado.

En la reunión se acordó que los británicos se retiraran del Escalda hasta la misma línea que ocupaban con anterioridad al 10 de mayo en la frontera franco-belga. Se trataba de un imperativo práctico: los tres comandantes de cuerpo británicos estaban de acuerdo en que, al reducirse la longitud del frente, quedarían libres divisiones que podrían entrar en combate cuando fuera necesario. En teoría, estarían disponibles para tomar parte en la ofensiva de Weygand. Pero, aunque estaba persuadido de que el ataque no conseguiría su objetivo, Gort no expresó su opinión. Se limitó a señalar que la BEF no podría aportar a la ofensiva sus unidades más efectivas. De haber adoptado una postura más firme y haber vetado la ofensiva en ese momento, es posible que la evacuación de la BEF se hubiera adelantado.

Churchill viajó de nuevo a Francia al día siguiente para reunirse con Weygand, quien le aseguró que el ataque daría comienzo un día después con ocho divisiones. Así se lo comunicó Churchill, muy animado, al gabinete de guerra a su regreso a Londres. A fin de cuentas, si se organizaba una ofensiva la victoria parecía todavía posible. Si no, la derrota era segura.

En el cuartel general de Gort, en cambio, dominaba el desánimo. Pownall escribió en su diario:

> Winston, otra vez con sus planes... ¿De dónde cree que vamos a sacar ocho divisiones para atacar, como propone? ¿Acaso no tenemos ya un frente que defender [y que si se resquebraja provocará una inundación]? No

tiene ni idea de nuestra situación ni del estado en que nos encontramos... Ese hombre está loco.

El 22 de mayo quedó claro que los alemanes habían cortado las vías de comunicación de la BEF, por lo que el aprovisionamiento tendría que hacerse a través de los puertos del canal. Convencido de que el avance alemán no seguiría la línea costera, Gort procedió a reorganizar sus fuerzas. El nuevo frente de la BEF a lo largo de la frontera franco-belga se hallaba ahora defendido por cuatro divisiones (la 42ª, la 1ª, la 3ª y la 4ª); la zona al norte de Arrás, siguiendo la línea del canal fluvial hasta La Bassée, estaba protegida por otras dos divisiones (la 2ª y la 48ª); y la zona situada al norte de esta última, hasta el mar, estaba defendida por cuatro fuerzas de diversa procedencia, que amalgamaban unidades más pequeñas y a menudo carentes de instrucción militar. De ello se derivaban dos consecuencias significativas: en primer lugar, las unidades británicas más endebles tendrían que hacer frente a las divisiones acorazadas alemanas, mientras que las más fuertes se enfrentarían únicamente a tropas de infantería. Y, en segundo lugar, a Gort le resultaría muy difícil destinar tropas a la ofensiva de Weygand, con la que estaba en desacuerdo.

Mientras tanto, nueve divisiones Panzer avanzaban siguiendo la línea del canal fluvial de La Bassée y ocupando posiciones peligrosas. Anthony Irwin, del Regimiento de Essex, se hallaba al otro lado de esa línea. Recuerda que lo dejaron «tirado en un pueblecito, junto a un canal». El pueblecito se llamaba Pont-à-Vendin, al sur de La Bassée, y fue allí donde su compañía recibió la orden de defender tres puentes a lo largo de un frente de más de dos mil quinientos metros de longitud. Mientras sus *pompadours* cavaban trincheras, Irwin vio al otro lado del canal a un soldado francés y le preguntó a voces quién era. El soldado respondió escupiendo desdeñosamente y acto seguido arrojó su fusil y sus bolsas de munición al canal. Cuando empezó a gritarles improperios, Irwin ordenó a un sargento que le disparara.

El batallón se hallaba por entonces muy escaso de provisiones. El subteniente Patrick Barrass recuerda que su intendente saqueaba depósitos abandonados y cantinas del NAAFI (el Instituto de la Marina, el Ejército de Tierra y la Fuerza Aérea) para poder alimentar a sus hombres. Irwin, por su parte, cuenta que dos brigadas encontraron unos pollos en algún sitio y que otro oficial consiguió hacerse con un barril de cerveza de ochenta litros en un bar cercano. Pero, si los soldados pasaban penalidades, la situación de los refugiados belgas que cruzaban el canal era aún peor. Cuando Irwin sacó un puñado de golosinas para dárselas a un niño, se le echó encima un grupo de adultos que intentaban coger una.

El batallón recibió orden de destruir todas las barcazas del canal que pudieran utilizar las tropas enemigas (y que ya estaban utilizando los refugiados). Quemaron muchas; otras las hundieron por el simple procedimiento de abrir sus válvulas de fondo y costado o, en unos pocos casos, disparándoles un obús a corta distancia. Luego, una tarde, aparecieron tres coches blindados sin distintivos al otro lado del canal, en el sector de Irwin. Dos oficiales se apearon y gritaron: «¡Hola, cabrones! ¡Venid aquí a echarnos una mano, que tenemos un problemilla!». El comandante de sección ya se había adelantado para ir a ayudarles cuando alguien reparó en que uno de los vehículos llevaba estampada una cruz negra en un costado. Los alemanes iban en misión de reconocimiento y se estaban haciendo pasar por soldados británicos para hacer caer a Irwin y a sus hombres en una trampa. Estalló un feroz tiroteo a través del canal y uno de los alemanes cayó abatido en la orilla antes de que los blindados se alejaran a toda velocidad.

Mientras escapaban, un hombre se lanzó desde uno de los coches, se puso en pie de un salto y echó a correr hacia el canal. Un soldado británico le disparó, el hombre volvió a caer, se levantó y siguió acercándose. Era en realidad un Cameron Highlander que había sido apresado por los alemanes y al que habían retenido en el blindado durante tres días. A pesar de que recibió dos disparos, sus heridas no revestían gravedad y fue enviado a la retaguardia tras referir a sus compañeros cómo los alemanes aparcaban sus coches cada noche y dormían en casas de lugareños, a ser posible acompañados por jóvenes francesas.

Al día siguiente, para alivio de Irwin, se procedió a la voladura de aquellos puentes que podían conducir a todo un ejército de tanques Panzer directamente hacia sus hombres. La voladura se efectuó justo a tiempo, porque los alemanes regresaron poco después. Primero llegaron varias motocicletas con sidecar. Una fue destruida y sus tres tripulantes abatidos. Otra quedó inutilizada. Una tercera, en cambio, se detuvo, y sus tripulantes se apearon y montaron rápidamente una ametralladora cuyas balas se incrustaron en la pared a espaldas de Irwin. Un segundo después un obús anticarro británico decapitó al artillero.

Irwin pidió voluntarios. Se ofrecieron dos soldados, ambos —según Irwin— con antecedentes penales y bravos como leones. Los tres *pompadours* cruzaron el canal remando; uno se apoderó de la ametralladora mientras Irwin se acercaba corriendo a la motocicleta, donde encontró dos mapas alemanes. Bajo el fuego enemigo, regresaron a su lado del canal. Poco después, un tanque avanzó hacia ellos empujando un cañón anticarro manejado por un solo artillero. Se inició un intercambio de obuses y disparos; un obús alemán fue a estrellarse en la pared, entre Irwin y su cabo; una bala británica mató al artillero enemigo, y el fuego de las ametralladoras destrozó la cara del conductor del tanque alemán a través de su estrecho visor. Cuando el tanque se detuvo por fin, los hombres de Irwin siguieron disparándole. Al acabar la escaramuza, los británicos se habían «encargado» de un tanque, un cañón de gran tamaño, dos motocicletas y varios soldados alemanes. Los británicos, en cambio, no sufrieron ninguna baja. A Irwin le fue concedida la Cruz Militar por participar en esta acción.

No se trató, sin embargo, de una tentativa seria de cruzar el canal por parte de los alemanes, sino de una simple misión de reconocimiento por el flanco mientras sus divisiones avanzaban hacia la costa. De hecho, los alemanes no hicieron ningún esfuerzo conjunto por cruzar la línea del canal, a pesar de que, en aquella fase de la guerra y utilizando divisiones combinadas, ello podría haber cortado casi por completo el acceso de la BEF al mar.

Pero a Heinz Guderian, cuyas unidades Panzer formaban la vanguardia del avance alemán, no le interesaba especialmente ese objetivo. El 23 de mayo anotó en su diario: «ahora mismo, lo esencial parece ser que el Cuerpo sirva de ariete hacia Dunkerque, el último gran puerto; con su caída, el cerco quedará completo». Dunkerque era, pues, el rutilante objetivo de los generales de las divisiones Panzer, un objetivo que quedaba a su alcance, casi a tiro de piedra de las unidades alemanas más avanzadas. Si conquistaban la ciudad y conseguían conservar su dominio, la guerra podía darse por terminada. El ejército británico sería apresado o diezmado al intentar resistir, y los alemanes podrían atacar a las desmoralizadas tropas francesas desplegadas al sur del Somme.

El 23 de mayo, los comandantes en jefe del ejército alemán y del grupo de ejércitos, Von Kluge y Von Rundstedt, se reunieron para debatir las medidas a adoptar si los aliados atacaban a través del Somme. Alarmados por la contraofensiva de Arrás y por su éxito aparente al enfrentarse al Grupo Panzer de Von Kleist, temían que los aliados lanzaran un ataque a gran escala mientras las divisiones Panzer se hallaban muy adelgazadas por su avance. Creían que un alto temporal permitiría acercarse a la infantería, que seguía muy rezagada, concentrar los efectivos y fortalecer los flancos del ejército alemán. A fin de cuentas, en 1914 se les había escapado de las manos una victoria relámpago por avanzar demasiado rápido en la región del Marne.

Desde el punto de vista de Von Rundstedt, también era necesario detener la progresión de los Panzer por otros motivos. Von Kleist le informó de que más de la mitad de los carros de combate de su grupo estaban inutilizados, y una pausa le daría tiempo para reequipar sus unidades con vistas a un posible choque con las todavía cuantiosas tropas francesas del sur del Somme. Combatir en un terreno pantanoso y entrecruzado por canales, y posteriormente dentro de los límites de Dunkerque, pondría en riesgo a los Panzer y posiblemente los convertiría en presas fáciles para los impresionantes Matilda Mark II británicos. ¿Para qué poner en peligro a las divisiones acorazadas en tales circunstancias, enfrentándolas a un enemigo ya derrotado, cuando por el sur tenían un reto mucho más urgente? A fin de cuentas, aún no habían conquistado París.

Para Franz Halder, Jefe de Estado Mayor del Alto Mando del Ejército Alemán, dicha decisión carecía de sentido. Los tanques del Grupo de Ejércitos A estaban a punto de rodear a la BEF y apenas encontraban resistencia a su paso. Y sin embargo iba a dárseles orden de detenerse, mientras que se esperaba de la infantería del Grupo de Ejércitos B que doblegara a la BEF, pese a encontrar mucha mayor resistencia en su avance.

El 24 de mayo, Hitler confirmó las órdenes previas de Von Rundstedt, pero por motivos distintos a los del general. Cuando Hermann Goering, comandante en jefe de la Luftwaffe, se enteró de que las fuerzas británicas estaban prácticamente rodeadas, vio en ello una oportunidad de conseguir la gloria, no solo para sí mismo, sino también para su fuerza aérea. Goering telefoneó a Hitler para implorarle que permitiera a la Luftwaffe acabar con la Fuerza Expedicionaria Británica. Gozaba de la confianza del *Führer*, eran aliados desde los primeros tiempos del Partido Nazi y sabía que Hitler desconfiaba de casi todos los generales de su ejército, que, pese a ser conservadores, no eran nazis de corazón. Goering le advirtió que, si los generales lograban la victoria final sobre los británicos, su prestigio entre el pueblo alemán sería tal que pondría en peligro la posición del *Führer*. Si, en cambio, era la Luftwaffe de Goering la que conseguía la victoria, sería un triunfo para Hitler y para el Nacionalsocialismo.

Hitler estuvo de acuerdo, y acabó de convencerse de ello cuando, al visitar el cuartel general de Von Rundstedt a la mañana siguiente, descubrió que el Alto Mando del Ejército (compuesto por esos mismos generales de los que desconfiaba) acababa de ordenar que las divisiones Panzer quedaran fuera del control de Von Rundstedt. Enfurecido, revirtió la orden y confirmó la decisión anterior de Von Rundstedt de detener el avance de los acorazados. No permitiría que su autoridad y la de Von Rundstedt —en el que sí confiaba— fueran socavadas por hombres envidiosos y de dudosa lealtad. ¿Acaso no había autorizado la *Blitzkrieg* cuando sus generales se lo desaconsejaron encarecidamente? Pues ahora la detendría, aunque ellos estuvieran ansiosos por seguir avanzando.

Esto no era todo, sin embargo. Hitler estaba de acuerdo con Von Rundstedt en que las divisiones acorazadas debían agruparse y en que había que reservar los tanques para la batalla inminente contra los franceses. Le asustaba, como había observado previamente Franz Halder, su propio éxito. Pero además estaba convencido de que debía dar un escarmiento a sus generales. Y la orden de detener el avance sería ese escarmiento.

Se ha dicho a lo largo de los años que la principal motivación de Hitler para frenar a los Panzer era brindar a la BEF un «puente de plata» para que regresara sana y salva a Inglaterra. Dicho de otra manera, que estaba ansioso por dejar escapar a los británicos. Nadie lo afirmó con mayor insistencia que el propio Hitler después de que hubieran escapado la mayoría de las fuerzas británicas. El jefe de estado mayor de Von Rundstedt así lo afirmó también acabada la guerra. Ambos tenían sus motivos: Hitler necesitaba justificar su error de cálculo, y el ayuda de campo de Von Rundstedt excusar su actuación y la de su superior.

No hubo tal puente de plata. Se dice a veces que Hitler sentía un gran respeto por Gran Bretaña, que consideraba a los británicos sus iguales en un mundo poblado por razas inferiores, y que no ambicionaba su imperio. En definitiva, que no quería derrotarles, sino firmar un tratado de paz con ellos. Puede que en parte sea cierto, pero no cabe deducir de ello que Hitler dejara marchar a la BEF.

En primer lugar, la Directiva Nº 13 del *Führer*, publicada el 24 de mayo de 1940, afirma: «El siguiente objetivo de nuestras operaciones es aniquilar a las fuerzas francesas, británicas y belgas». En segundo lugar, hay que tener en cuenta que se permitió que algunas unidades Panzer ignoraran la orden de detenerse: los tanques de la 1ª y 2ª Divisiones siguieron avanzando hacia Boulogne y Calais a fin de cortar las líneas de aprovisionamiento británicas. Y de las cerca de novecientas embarcaciones que tomaron parte en la evacuación posterior, más de un tercio fueron hundidas o resultaron muy dañadas por las bombas, minas, torpedos y obuses de los alemanes. Del mismo modo, en torno a tres mil quinientos soldados, marineros y civiles británicos perdieron la vida en el mar o en las playas de Dunkerque entre el 26 de mayo y el 4 de junio. Y muchos más soldados perecieron en el perímetro de Dunkerque, abatidos por las tropas de Hitler, que los atacaban encarnizadamente. A fin de cuentas, ¿qué mejor manera de obligar al Reino Unido a sentarse a la mesa de negociaciones que destruir su ejército? Ninguno de estos elementos sugiere, pues, la existencia de un puente de plata.

La tarde del 26 de mayo Hitler ordenó finalmente que las divisiones Panzer se pusieran de nuevo en marcha, aunque no iniciarían su avance hasta la mañana siguiente. Para entonces, sin embargo, resultaba más difícil garantizar una gran victoria alemana. La BEF se había trasladado al norte, se estaba organizando la defensa de Dunkerque, el gobierno británico preparaba una flota de rescate y las labores de evacuación ya habían dado comienzo. La mezcla de orgullo y temor de la que daba muestras Hitler, la cortedad de Von Rundstedt y las ambiciones de Goering se conjugaron, pues, para que la Fuerza Expedicionaria Británica tuviera una oportunidad de escapar.

Esa oportunidad seguía siendo muy remota, sin embargo. Mientras la 2ª División Panzer marchaba sobre Boulogne, dos batallones de Guardias Irlandeses y Galeses se preparaban para defender un perímetro de casi diez mil metros en torno a la ciudad. El diario de campaña del XIX Cuerpo de Ejército alemán informaba de que su ofensiva sobre la ciudad y su fortín estaba encontrando una resistencia enconada por parte de los defensores británicos, y añadía que el apoyo de la Luftwaffe era insuficiente y que el ataque progresaba muy lentamente. Al final, los alemanes tardaron tres días en apoderarse de Boulogne y la mayoría de los guardias británicos pudieron regresar a Inglaterra tras pasar un largo y angustioso fin de semana en Francia.

Entre tanto, la tarde del 23 de mayo los oficiales y soldados de la Brigada de Fusileros y el Regimiento de Fusileros del Rey ocuparon el puerto de Calais, donde ya se hallaban el Regimiento Real de Tanques y los Fusileros de la Reina Victoria. Iban a servir conjuntamente como guarnición de Calais a las órdenes del general de brigada Claude Nicholson. Su objetivo era defender la ciudad del ataque de la 10ª División Panzer comandada por el general Ferdinand Schaal.

Según el comandante Bill Reeves, del Regimiento Real de Tanques, Calais era en aquella época un lugar siniestro y fantasmal. Las casas estaban derrumbadas; las calles, llenas de cascotes; y los pocos civiles que no habían huido se dedicaban a emborracharse con el vino que encontraban en sus saqueos. Nicholson, que veía difícil mantener el control sobre la ciudad, envió a Dunkerque una patrulla de cuatro tanques dirigida por el comandante Reeves, en su tanque de crucero, para cerciorarse de que el camino estaba despejado.

Tras cruzar una barricada, la patrulla pasó junto a una unidad Panzer que estaba aparcada en la cuneta para pasar la noche. Confundiendo a los Panzer con tanques franceses, un oficial se asomó a su torreta y se dirigió a los alemanes en lengua francesa. Reeves se acercó a él rápidamente y le hizo callar. «¡Por el amor de Dios!», le dijo, «¡Avanza lo más deprisa que puedas!». La patrulla siguió avanzando por espacio de casi dos kilómetros, pasando junto a una procesión de alemanes, a uno y otro lado de la carretera. Para no levantar sospechas, de vez en cuando saludaban con la mano. Pasado un rato, un motorista se acercó por detrás al vehículo de Reeves y alumbró su matrícula con una linterna; después, se alejó. Los británicos temieron entonces que los atacaran por la retaguardia, pero no pasó nada y pudieron seguir adelante.

Al acercarse al puente de un canal, en Marck, Reeves vio que había minas en el puente. Dado que no podían ni avanzar ni retroceder, un sargento se ofreció a atar la cuerda de remolque de su tanque a las minas y arrastrarlas lentamente, con mucho cuidado, hasta la cuneta. Su valerosa acción permitió a los tanques empezar a cruzar el puente, pero al llegar al otro lado descubrieron que la salida estaba cerrada con alambre anticarro que había que cortar, lo que los obligó a permanecer allí, inmóviles y expuestos al fuego enemigo, durante media hora. Por fin consiguieron llegar a Gravelines, a las afueras de Dunkerque.

Allí, el comandante francés pidió a Reeves que le ayudara en la inminente batalla contra los Panzer alemanes. Reeves accedió y se dispuso a defender el puente principal sobre el río Aa mientras el resto de sus tanques cubría los otros puentes. Cuando apareció un blindado alemán trescientos metros más allá de la otra orilla del río, Reeves disparó su cañón de dos libras y destruyó el vehículo enemigo. Al ver que los tripulantes se refugiaban en una casamata, disparó de nuevo y la derribó. Siguió montando guardia y aparecieron otros dos tanques, a los que también disparó. Poco después, acosado por el fuego de los obuses y morteros enemigos, tuvo que retirarse a un punto de la ciudad desde donde divisaba oblicuamente el mismo puente. Desde allí disparó a otros dos vehículos blindados y a cinco tanques cuando trataban de cruzar el río.

A mediodía, ni un solo blindado alemán había logrado atravesar el puente, si bien el tanque de Reeves había sufrido el ataque de un cañón anticarro británico que le disparó por error. Al caer la noche, reinaba la calma. La orden de detener el avance de los Panzer había entrado en vigor y no habría nuevos ataques hasta tres días después. La peripecia de Reeves demuestra, no obstante, lo cerca que estuvieron los alemanes de tomar Dunkerque y lo importante que fue la orden de detención. De hecho, de no haber llegado la patrulla de Reeves desde Calais, los alemanes podrían haber entrado en Dunkerque antes de que se hiciera efectiva la orden de detener el avance.

Entre tanto, en Calais, el general de brigada Nicholson había recibido un telegrama de la Oficina de Guerra informándole de que había que evacuar la ciudad. Nicholson recibió la noticia con alivio, puesto que estaba rodeado por un enemigo mucho más fuerte y debía defender un perímetro muy extenso con recursos limitados. Unas horas después, la Oficina de Guerra le notificó mediante otro telegrama que la evacuación iba a posponerse un día como mínimo. Pero, mientras Nicholson centraba sus esfuerzos en defender la ciudad a corto plazo, el comandante francés dio al traste con sus planes al quejarse ante sus superiores de que los británicos tenían intención de evacuar. A raíz de ello, esa misma noche Nicholson recibió un nuevo telegrama en el que la Oficina de Guerra le comunicaba que se cancelaba la evacuación en nombre de la solidaridad entre los aliados y que debía elegir la mejor posición defensiva posible y seguir luchando. Así pues, cuando a la mañana siguiente el general Schaal mandó al alcalde (judío) de Calais a preguntarle a Nicholson si se rendía, este contestó que no. «Dígales a los alemanes», respondió, «que si quieren Calais tendrán que luchar por ella».

Sin embargo, mientras Nicholson pronunciaba estas palabras, la Marina francesa ya había empezado a desmontar sus cañones y a evacuar a sus tropas sirviéndose de sus propios barcos. Nicholson tampoco recibía mucho apoyo moral de Londres. Subestimando temerariamente la importancia de las fuerzas alemanas que asediaban Calais, Winston Churchill envió una serie de mensajes a su jefe de estado mayor preguntándole por qué la guarnición no atacaba a los alemanes. «Si un bando lucha y el otro no, la guerra va a ser un tanto desigual», comentaba.

La guarnición de Calais, sin embargo, llevaba veinticuatro horas luchando denodadamente, y los combates prosiguieron al día siguiente bajo los ataques aéreos de los Stukas y el fuego de la artillería alemana. El comandante alemán exigió de nuevo la rendición de Nicholson, y este volvió a negarse. «El deber del ejército británico es luchar», escribió en un mensaje dirigido a Schaal, «como lo es el del ejército alemán».

Dentro de la ciudad, el subteniente Philip Pardoe, del Regimiento de Fusileros del Rey, no pensaba siquiera en rendirse. «Una de dos», cuenta, «o nos mandaban refuerzos y rompíamos las líneas alemanas, o, en el peor de los casos, nos evacuaban».

El soldado de primera Edward Doe, del mismo regimiento, recuerda que le hicieron retroceder hacia el canal mientras los alemanes atacaban desde todos los flancos. Disparó su fusil anticarro Boys por primera vez contra un tanque que se hallaba a unos cincuenta metros de distancia, cruzando un puente. El proyectil dio en el blanco, pero no le hizo más que una abolladura en la chapa. «Rebotó», cuenta Doe, «y sonó como una pelota de pimpón». William Harding, el artillero que se enamoró de una chica francesa en Nantes durante la fase de la «guerra falsa», vio escenas que ya nunca podría olvidar, como a un soldado que se arrastraba con los codos, sollozando, mientras dejaba dos estelas rojas tras de sí. Una explosión le había arrancado de cuajo los dos pies.

El corneta Edward Watson, de los Fusileros de la Reina Victoria, recuerda que vio a un sargento mayor increpar a un hombre que tenía un gran agujero en la espalda. El soldado estaba tumbado en el suelo, llorando, mientras el sargento le gritaba que se levantara. Y, para asombro de Watson, el hombre obedeció. «Pensé que aquel sargento era un cabrón de mucho cuidado, pero consiguió que aquel tipo se moviera».

Philip Pardoe entró en una plaza acompañado por un pequeño grupo de fusileros y allí se encontró con un numeroso contingente de alemanes provistos de vehículos blindados. Ambos grupos se vieron al mismo tiempo y los fusileros tuvieron que salir corriendo calle abajo mientras los alemanes se apresuraban a montar en sus vehículos. Pardoe y sus hombres se refugiaron rápidamente en el sótano de una casa, pero en lugar de quedarse allí subieron a la primera planta y se escondieron en un dormitorio. «No me preguntes por qué», cuenta Pardoe, «pero eso fue lo que hicimos». Unos segundos después oyó que uno de los blindados alemanes bajaba por la calle, parándose en cada casa y acribillándola con sus ametralladoras. Cuando llegó al edificio donde se encontraban Pardoe y sus compañeros, acribilló el sótano y luego la planta baja. Arriba, Pardoe esperó su turno, pero no ocurrió nada. El vehículo pasó a la siguiente casa y comenzó de nuevo a disparar.

Edward Watson, mientras tanto, se hallaba escondido en la bodega de otra casa y acababa de probar por primera vez el vino. No le gustó mucho —era muy amargo para su gusto—, así que no se preocupó demasiado cuando su oficial le advirtió: «Puedes beber todo lo que quieras, pero, si te emborrachas, te mato». Cuando necesitó ir al servicio, en cambio, las cosas se complicaron. Intentó aguantarse, porque para ir al retrete tenía que salir al exterior y los alemanes estaban disparando morteros. Pasado un rato, cuando no pudo aguantar más, salió todo lo deprisa que pudo. Pero al abrir la puerta del retrete vio que dentro había un francés muerto. Volvió a entrar corriendo e hizo sus necesidades en el rincón de una habitación.

Un tiempo después, el grupo de Watson divisó a un pequeño contingente alemán a unos cien metros de distancia. Estaban doblando una esquina, portando un cañón anticarro. Watson no los perdió de vista mientras montaban el cañón y empezaban a disparar sin darse cuenta de que los estaban observando.

—¿Qué hacemos? —preguntó.

—Eso es cosa tuya —contestó el oficial—. Pero tienes que matarlos. No puedes fallar porque, si fallas, sabrán de dónde vienen los disparos.

Watson apoyó su fusil en el alféizar de la ventana, situada a una altura desde la que podía apuntar sin dificultad. Asustado en un principio, se relajó al ponerse manos a la obra y hasta empezó a divertirse. «Pasado un rato me parecía bastante divertido matarlos», afirma. Cayeron tres, cuatro, cinco hombres, y Watson recuerda vivamente las caras que ponían los vivos, que no lograban adivinar de dónde procedían los disparos y temían ser los siguientes. Finalmente, volvieron a doblar la esquina y Watson los perdió de vista.

Al poco rato, sin embargo, cuando los alemanes empezaron a subir por la calle en gran número, el oficial ordenó que cada hombre actuara por su cuenta, excepto Watson, al que ordenó acompañarle.

—¡No! —contestó Watson—. ¡Quiero ir solo!

—¡Tú te vienes conmigo! —le espetó el oficial, y juntos salieron corriendo por la puerta de atrás de la casa mientras los francotiradores alemanes les disparaban.

Al entrar en otra casa vieron a un tirador alemán apostado junto una ventana, de espaldas a ellos. El oficial lo mató de un disparo. «Era la primera vez que veía algo así desde tan cerca», cuenta Watson. «No hubo preguntas. Nada de "¿Qué haces?", ni nada por el estilo. Simplemente *¡BANG!*».

La noche del 25 de mayo se reunió en Londres el Comité de Defensa del gabinete de guerra para debatir si debía intentarse la evacuación de Calais o bien ordenarse a las tropas que resistieran a toda costa, dando por sentado que ello equivaldría a perder a toda la guarnición. Se acordó esto último. Las tropas tratarían de conservar la plaza hasta el límite de sus fuerzas. «Si intentáramos retirar a nuestra guarnición», afirma el acta de la reunión, «las tropas alemanas de Calais marcharían de inmediato sobre Dunkerque».

Churchill aplaudió la decisión. Previamente, ese mismo día, cuando le mostraron el primer telegrama de la Oficina de Guerra informando al general de brigada Nicholson de la evacuación inminente, se había puesto furioso. «¡Esta no es forma de animar a los hombres a luchar hasta el fin!», le escribió a Anthony Eden, y añadió: «¿Estás seguro de que no hay una veta de derrotismo en el Estado Mayor General?».

Al día siguiente, mientras la guarnición seguía defendiéndose, Guderian, comandante del XIX Cuerpo Panzer, se impacientó con Schaal, el comandante de la 10ª División, y le preguntó si no debían dejar que la Luftwaffe se encargara de Calais. Schaal contestó que sería contraproducente. Las bombas —dijo— no lograrían penetrar los gruesos muros y los cimientos de las fortificaciones medievales de la ciudad, y para efectuar un ataque aéreo habría que retirar a las tropas alemanas de posiciones avanzadas que más tarde sería necesario retomar.

Alex, Gibson y Tommy en la playa en una escena de la película. (© *Warner Bros. Entertainment Inc.*)

Los tres Spitfires de la película en formación.
(© *Warner Bros. Entertainment Inc.*)

Destructores británicos zarpando hacia Inglaterra
con una escolta de la RAF. (© *Popperfoto/Getty Images*)

En la película, un Spitfire es perseguido por un Messerschmitt 109
mientras volaba por encima de una representación del HMS Keith.
(© *Warner Bros. Entertainment Inc.*)

Las tropas guardando fila con esperanza para que embarcaciones pequeñas las trasporten a grandes barcos mar adentro.
(© *Hulton Deutsch/Corbis Historical via Getty Images*)

Una escena de la película: tropas guardando cola para las embarcaciones pequeñas mientras removían las bajas.
(© *Warner Bros. Entertainment Inc.*)

El director Christopher Nolan con Fionn Whitehead, desempeñando el papel de Tommy. (© *Warner Bros. Entertainment Inc.*)

Las tropas aliadas esperando su liberación.
(© *Ullstein Bild/Getty Images*)

El espigón, planeado como un rompeolas para evitar el bloqueo de arena del puerto, fue reconstruido substancialmente para la película. (© *Warner Bros. Entertainment Inc.*)

Las tropas caminando por el espigón.
(© *Popperfoto/Getty Images*)

Una fotografía tomada por el subteniente John Crosby a bordo del barco de vapor Clyde Oriol.
(© *Time Life Pictures/The LIFE Picture Collection via Getty Images*)

Un muelle construido de camiones recreado por el diseñador de producción Nathan Crowley y su equipo.
(© *Warner Bros. Entertainment Inc.*)

Algunas de las embarcaciones pequeñas, repletas de soldados evacuados. (© *Hulton Archive/Stringer via Getty Images*)

En la película, los soldados suben a una de las embarcaciones sobrevivientes actuales. (© *Warner Bros. Entertainment Inc.*)

El espigón como se ve hoy con la marea baja. Solo unos pocos pilotes entrecruzados originales son visibles todavía. (© *Joshua Levine*)

El capitán William Tennant, más tarde el almirante Sir William Tennant. (© *Popperfoto/Getty Images*)

George Wagner, fotografiado en su casa en Lichfield en noviembre de 2016. (© *Joshua Levine*)

El autor está al lado de uno de los cañones del Crested Eagle en la playa, cerca de Bray-Dunes. (© *Paul Reed*)

Guderian aceptó sus argumentos, y esa misma tarde la guarnición de Calais se rindió por fin. Fueron apresados casi cuatro mil británicos.

El subteniente Philip Pardoe era uno de ellos. Sus hombres y él habían pasado media hora sentados en aquel dormitorio, esperando a que se hiciera de noche para salir. Pero antes de que pudieran trasladarse a otro lugar oyeron gritos en alemán y comprendieron que un grupo de soldados alemanes estaba registrando el edificio de al lado. «Fue la peor decisión que he tenido que tomar en toda mi vida», cuenta Pardoe. Podía matar al jefe del grupo cuando entrara, pero ¿de qué serviría? ¿Merecía la pena sacrificar las vidas de sus tres hombres, que harían lo que les ordenase, para matar a un alemán o dos? Al final, ordenó a sus hombres deponer las armas y, cuando los alemanes abrieron la puerta de la casa, bajó con las manos en alto. Sus hombres lo siguieron. «Fue el momento más humillante de mi vida».

A Edward Watson también lo apresaron dentro de una casa. Había soldados alemanes en la calle, gritando y lanzando granadas. «¡Tommy, a ti ya se te ha acabado la guerra!», gritaban, regodeándose en el estereotipo. «Debían de haberles enseñado a decir esa frase», supone Watson.

Vale la pena preguntarse si el sacrificio de Philip Pardoe, Edward Watson y otros muchos sirvió de algo. Winston Churchill tenía claro que sí. En el segundo volumen de su historia de la II Guerra Mundial escribió:

> Calais era crucial. Muchas otras cosas podrían haber impedido la toma de Dunkerque, pero es seguro que los tres días que se ganaron con la defensa de Calais permitieron mantener el frente fluvial de Gravelines y, sin eso, a pesar de las vacilaciones de Hitler y de las órdenes de Von Rundstedt, todo se habría desbaratado y perdido.

Es posible que el apego sentimental que mostraba Churchill por los acontecimientos históricos le indujera a

atribuir a Calais una importancia que en realidad no tenía. A fin de cuentas, Calais fue la última posesión inglesa en Francia, perdida en 1558, y María I llevaba su
nombre grabado en el corazón. No está del todo claro,
además, por qué había que sacrificar la guarnición del general de brigada Nicholson a fin de frenar a la 10ª División Panzer. De haber sido evacuada la ciudad la noche
del 25 al 26 de mayo, los acontecimientos subsiguientes
apenas se habrían visto afectados. Heinz Guderian, desde
luego, no estaba de acuerdo con el análisis de Churchill,
y escribió que, aunque consideraba heroica la defensa de
Calais, esta no había influido de manera determinante en
la evolución de lo sucedido en torno a Dunkerque.

Parece lógico que así sea. Al fin y al cabo, Guderian
tenía previsto atacar Dunkerque con una división distinta a la que estaba sitiando Calais. Con todo, si la 10ª
División Panzer hubiera logrado una victoria rápida en
Calais, sin duda habría avanzado a toda velocidad por la
costa para prestar apoyo a la 1ª División Panzer, lo que
sí habría influido considerablemente en «lo sucedido en
torno a Dunkerque».

Al final, y dado que los Panzer de Guderian ya estaban a las puertas de Dunkerque cuando Von Rundstedt
y Hitler ordenaron detener su avance, esta última orden
parece haber influido de manera mucho más decisiva
que la defensa de Calais en la salvación del ejército británico. Aun así, Guderian se equivocaba al afirmar que
dicha defensa no influyó en modo alguno sobre los
acontecimientos.

Lo ocurrido en Calais tuvo un colofón lamentable.
El 26 de junio de 1943, el general de brigada Claude
Nicholson se quitó la vida en el campo de prisioneros
de guerra de Rotenberg. Al parecer, sufría de depresión desde hacía mucho tiempo, una depresión que se
vio agravada por el sentimiento de culpa que le produjo la pérdida de Calais. Pero, pese a lo que se dijera a sí
mismo el general Nicholson en sus momentos de mayor

abatimiento, salta a la vista que se condujo con honor y valentía mientras duró la defensa de la ciudad. Es uno de los héroes de nuestro relato.

Entre tanto, en Inglaterra reinaba una atmósfera de confusión y pesimismo creciente, como atestigua el informe de Mass Observation del 25 de mayo de 1940. Hasta los optimistas más irreductibles (normalmente, varones de clase obrera) empezaban a expresar dudas acerca del futuro. El estado de confusión generalizada se manifestaba en una imposibilidad para comprender por qué los alemanes avanzaban continuamente mientras los británicos se retiraban. Quizá —se preguntaban algunos, esperanzados— aquello formaba parte de una estrategia previamente acordada.

El pesimismo adoptaba principalmente la forma de fatalismo, como si la gente estuviera cada vez más acostumbrada a recibir malas noticias. «Se diría que toda la estructura de la fe nacional se tambalea suavemente», observa el informe diario de Mass Observation. Pero no todo el mundo opinaba lo mismo. En las zonas rurales las cosas no se veían tan negras. Así, por ejemplo, un jardinero de East Essex que había combatido en la Gran Guerra, afirmaba: «La semana pasada estuvo por aquí un chaval de Londres y me preguntó si no nos daba miedo que nos invadieran. ¡Le dije que eso era insultar a la Marina británica!».

Un asunto que dio mucho que hablar ese día fue el discurso que pronunció el rey Jorge VI para conmemorar el Día del Imperio. «Ha llegado el momento de la lucha decisiva», les dijo a sus súbditos, y añadió que el enemigo perseguía «la derrota total y definitiva de este Imperio y de todo lo que representa y, a continuación, la conquista del mundo». El rey, con ayuda de su logopeda, Lionel Logue, llevaba días ensayando el discurso y quedó muy satisfecho con su actuación. El pueblo británico pareció estar de acuerdo con él, pues fueron muchos los que comentaron cuánto había mejorado su dicción. El contenido del discurso, en cambio, les impresionó mucho menos. Se parecía demasiado a un sermón, opinaban algunos, mientras que otros se quejaban de que no decía casi nada que no supieran ya.

El fotógrafo y diseñador de vestuario británico Cecil Beaton brinda una perspectiva interesante. Debía zarpar de Inglaterra el 22 de mayo para cumplir un contrato de trabajo en Estados Unidos, pero se resistía a marcharse. Temía que fuera un error abandonar la atribulada Inglaterra por el apacible Nuevo Mundo. Pidió consejo a su amigo, el vizconde Cranborne. «Bueno, las noticias son horribles», le dijo Cranborne, «pero yo que tú iría, porque cuando vuelvas seguirán siendo horribles». Así pues, Beaton se marchó.

En Nueva York, la incoherencia entre el lujo relajado de la Quinta Avenida y las pésimas noticias que llegaban de Europa le causó un profundo malestar. «En ningún lugar encontraba uno refugio del abatimiento imperante», escribe. «Cada hora, los amigos y los boletines de noticias confirmaban tus peores temores». Cuando le llegó el momento de regresar a Inglaterra, sus amigos americanos trataron de convencerle de que se quedara. «¿Qué vas a encontrarte al volver?», le decían. Pero Beaton estaba deseando regresar a su infortunada Inglaterra.

Al zarpar de Nueva York, el buque de línea en el que viajaba pasó junto a un yate de placer tripulado por alemanes, que sonrieron alegremente mientras hacían gestos a los pasajeros del transatlántico señalando con los pulgares hacia abajo. Beaton, sin embargo, se animó al llegar a su casa de Wiltshire. «El futuro podía ser espantoso», escribió, «pero estar en medio de aquella vorágine era de algún modo mucho menos penoso que oír hablar de ella desde la distancia».

El 25 de mayo, en medio de esa vorágine, los británicos tuvieron un golpe de buena suerte. En una localidad a orillas del río Lys, un sargento del Regimiento de Middlesex abrió fuego contra un gran coche azul en el que viajaban dos oficiales alemanes. Uno de los oficiales,

Eberhard Kinzel, huyó a la carrera dejándose en el coche un maletín que contenía dos documentos, además de un sacabotas. El oficial de inteligencia del II Cuerpo examinó los documentos y descubrió que incluían pormenores acerca del orden de batalla alemán, así como planes para un ataque inminente en el frente de Ypres-Comines.

Al teniente general Alan Brooke le preocupó en un principio que los documentos fueran falsos, un señuelo para distraer a la BEF haciéndola esperar un ataque que no llegaría nunca. Brooke, sin embargo, llegó pronto a la conclusión de que eran auténticos (por lo visto le convenció la presencia incongruente del sacabotas en el maletín). Por desgracia, solo había una brigada defendiendo el canal Ypres-Comines y en el flanco izquierdo de la BEF, donde las tropas belgas perdían cohesión, parecía estar abriéndose una brecha cada vez mayor, lo que suponía que, si el ataque alemán tenía éxito, cortaría el acceso de la BEF al mar.

Esa posibilidad llevó a lord Gort a desestimar por completo el Plan Weygand (aunque Weygand, por su parte, no se dio por vencido: dos días más tarde seguía enviando mensajes exigiendo la participación británica en su ofensiva inminente). Gracias a ello, la 5ª División, que Gort había destinado a regañadientes a tomar parte en la ofensiva francesa, podría ser enviada a defender el frente de Ypres-Comines, y la 50ª División a defender los alrededores de Ypres. A la mañana siguiente, Gort visitó al general Georges Blanchard en su puesto de mando. Blanchard, que había ocupado el puesto de comandante del I Ejército tras la muerte en accidente de carretera de Billotte, convino con Gort en que era imposible llevar a cabo un ataque hacia el sur. Por el contrario, se hacía necesario un nuevo repliegue.

Pero, aunque Gort y Blanchard parecían estar de acuerdo, en realidad pensaban de manera muy distinta. Para Blanchard, un repliegue equivalía a una retirada a una posición más segura. Para Gort, en cambio, significaba el comienzo de una evacuación. Sin la aprobación de los políticos de Londres ni de sus aliados franceses y belgas, Gort decidió que el ejército británico se retirara a Dunkerque, el único puerto de la región que aún estaba en poder de los aliados, con la esperanza de evacuar a la mayor cantidad posible de efectivos a Inglaterra a través del canal de la Mancha. Puede que su liderazgo pecara de cierto desorden; quizá la evacuación podría haber empezado antes, y es posible que hubieran tenido que alinearse ciertos astros para que quedara abierta una vía de escape, pero el hecho es que el 25 de mayo de 1940 lord Gort tomó una decisión singularmente osada cuyas consecuencias todavía perduran.

Al avanzar hacia la línea Ypres-Comines, el 1er Batallón del Regimiento de Infantería Ligera de Oxfordshire y Buckinghamshire tuvo que abrirse paso por «un embotellamiento de tráfico de enormes proporciones» para llegar a su destino. El soldado de primera John Linton había recorrido casi cien kilómetros la semana anterior y estaba rendido de cansancio. Su última posición defensiva era un canal seco que no parecía difícil de cruzar. Tumbado en una vía de tren, con hombres a cada lado, esperaba a que el enemigo atacara. Del mismo modo que el comandante Bill Reeves y sus hombres habían tenido que frenar al Grupo de Ejércitos A en su avance hacia Dunkerque desde el oeste, así el soldado Linton y sus compañeros tenían que cortar el paso al Grupo de Ejércitos B, que intentaba abrirse camino hasta Ypres y de allí a Dunkerque.

Cansado, hambriento y sin afeitar, Linton solo comió algunas piezas de fruta deshidratada ese día. Sus compañeros y él tenían orden de mantener la línea mientras decenas de miles de soldados avanzaban hacia la costa, a sus espaldas. Linton, sin embargo, apenas tenía munición: solo le quedaban seis balas de fusil. «¿Qué vamos a hacer cuando lleguen los alemanes?», se preguntaba. «¿Morderlos?».

A lo largo de todo el frente, los alemanes llevaban las de ganar, pero los refuerzos de la 50ª División estaban llegando por fin para ocupar su posición al norte de Ypres. Al amanecer, Linton oyó el ruido de la batalla cerca de allí. Ese día, horas después, mientras el valle se aquietaba, vio a una pequeña patrulla alemana avanzar lentamente hacia él por entre la hierba crecida. Le habían dicho que su compañía tenía que luchar hasta el último hombre, pero no podía permitirse malgastar munición, así que esperó antes de disparar. De pronto, la artillería alemana abrió fuego. Al principio, los obuses estallaban en su retaguardia, pero al poco rato Linton sintió que una sacudida recorría su cuerpo. Le había alcanzado un trozo de metralla.

Lo siguiente que recuerda es que dos soldados le llevaban en andas al puesto de socorro del regimiento, pero un oficial les ordenó dejarlo en el suelo y regresar a sus posiciones. Al parecer, la brigada estaba siendo rebasada por el enemigo y los heridos no eran una prioridad en esos momentos.

Mientras tanto, Brooke había visitado al general Alexander en el puesto de mando de la 1ª División. Alexander acudió en su ayuda con tres batallones, un regimiento de caballería y algunos tanques que contribuyeron a reforzar la línea del canal y a recuperar terreno perdido. La 5ª División de Infantería estaba recibiendo auxilio, aunque el soldado Linton siguiera esperando que alguien le socorriera.

Uno de los batallones, que recorrieron más de quince kilómetros para prestar ayuda, era el de los Guardias Granaderos, la antigua unidad de lord Gort. Los guardias lucharon valerosamente durante un día y una noche, tratando de recuperar terreno perdido. A última hora de la tarde del 27 de mayo organizaron un ataque. La resistencia alemana no fue muy enconada durante la primera media hora, pero se fue endureciendo a medida que los guardias avanzaban hacia su objetivo, el canal. Entonces los alemanes contraatacaron con ferocidad y empezaron a hacer retroceder a los británicos, hasta que un comandante de compañía, el capitán Stanton Starkey, ideó una estratagema.

Starkey se había quedado atónito al descubrir que la última caja de munición del batallón no contenía balas, sino bengalas: un error de intendencia. Pero en lugar de lamentarse por su mala suerte, el capitán aplicó el pensamiento lateral. Se había fijado en que los disparos más certeros del enemigo iban siempre precedidos por el estallido de una serie de bengalas que seguía una pauta de color fija: rojo-blanco-rojo. Pasado un rato, cambiaba el patrón por blanco-rojo-blanco, lo que indicaba el cese del fuego de mortero y el inicio del ataque de la infantería.

El capitán Starkey, que tenía una enorme provisión de bengalas, esperó a que la infantería alemana avanzara y después lanzó una serie de bengalas siguiendo el patrón rojo-blanco-rojo. Los morteros abrieron fuego sobre sus propias tropas. Los alemanes lanzaron de inmediato una sucesión de bengalas siguiendo el patrón blanco-rojo-blanco para rectificar su error. Los morteros dejaron de disparar y las tropas supervivientes siguieron avanzando. El capitán Starkey esperó un momento; después, disparó de nuevo sus bengalas: roja-blanca-roja. Los morteros abrieron fuego nuevamente, bombardeando a la infantería. El caos siguió creciendo hasta que los morteros dejaron de disparar y la infantería se detuvo. La astucia había logrado vencer a la fuerza bruta.

En todo el frente se combatió con denuedo hasta que las dos brigadas de la 5ª División quedaron reducidas a una fracción de sus efectivos. Pero al atardecer del 28 de mayo la línea Ypres-Comines aguantaba aún, sirviendo de parapeto a incontables soldados en su repliegue hacia el norte, camino de Dunkerque.

Los restos de la 5ª División se retirarían finalmente a la línea marcada por el cauce del río Yser, justo al oeste de la frontera franco-belga. En el ínterin, sin embargo,

Brooke ordenó a la 3ª División de Montgomery llevar a cabo un movimiento nocturno extremadamente difícil, en un intento por cerrar un hueco abierto a lo largo del canal, al norte de su posición. Partiendo de los alrededores de Roubaix, la división cruzó el río Lys cerca de Armentières, avanzó hacia el norte cruzando Ploegsteert y ocupó su posición al norte de Ypres antes de que rayara el día. A pesar de que la formación al completo se desplazaba a un kilómetro escaso del frente de batalla, los alemanes no llegaron a sospechar su presencia. «La división era como una pieza de buen acero», escribió Monty, que se enorgullecía enormemente de sus hombres. «Si aquella operación la hubiera propuesto un estudiante de la academia de estado mayor» —añadía—, «le habrían tomado por loco». La retirada estaba fomentando enormemente la improvisación.

El desplazamiento de la 3ª División estuvo motivado por el atolladero en que se encontraban las fuerzas belgas, que desembocó en su rendición (o «capitulación», como se la llamó peyorativamente en Inglaterra) la noche del 27 al 28 de mayo. Y aunque la historia de la rendición apenas se recuerda actualmente fuera de Bélgica, dentro del país sigue siendo un tema polémico, sobre todo para quienes creen que el rey belga Leopoldo III fue víctima de una «enorme y escandalosa infamia» perpetrada por Winston Churchill. Merece la pena detenerse en este asunto, porque ejemplifica la relación entre política y guerra y la forma en que se genera el discurso histórico oficial.

Bélgica es un país dividido, con una historia breve y conflictiva. Creado en 1830 a partir de dos comunidades distintas y no muy bien avenidas (los valones francófonos y los flamencos de habla neerlandesa), la I Guerra Mundial convirtió al país en un campo de batalla para sus vecinos extranjeros. «Sufrimos muchísimo», dice Louis van Leemput, «y el comportamiento de los alemanes fue brutal. Fue un desastre. Todo el país era una ruina». Los belgas, que habían vivido ese horror hacía tan poco tiempo, se hallaban extrañamente unidos por su deseo de impedir que se repitiera, pero no por ello se engañaban respecto a la realidad de la situación.

De ahí que el rey Leopoldo y su gobierno adoptaran una postura de «neutralidad armada». Pese a que Churchill hubiera dicho que Bélgica alimentaba al cocodrilo alemán con la esperanza de ser el último país en servirle de pasto, era evidente que los belgas se hallaban ante un dilema. Aunque no les cabía duda de que Alemania los atacaría tarde o temprano, si se aliaban con Francia y Gran Bretaña estarían invitando a los alemanes a invadir sus fronteras. Si permanecían neutrales, cabía al menos una posibilidad, por pequeña que fuese, de que el país evitara una debacle semejante a la de la guerra anterior. Así pues, acordaron compartir información militar con los aliados y al mismo tiempo les prohibieron entrar en Bélgica hasta que se efectuara la invasión alemana.

Cuando el 10 de mayo comenzó el avance alemán, Bélgica pasó a ser oficialmente aliada de Inglaterra y Francia. «En el último momento, cuando Bélgica ya había sido invadida, el rey Leopoldo nos pidió que fuéramos en su ayuda y, a pesar de lo tarde que era ya, acudimos», escribe Churchill.

Si las relaciones entre Leopoldo y sus aliados eran turbias, la relación entre el rey y su propio gobierno se volvió gélida. Mientras los alemanes avanzaban y los aliados se replegaban, el primer ministro belga, Hubert Pierlot, instó a Leopoldo a abandonar el país, tanto para evitar que lo capturaran como para encabezar la resistencia belga desde el extranjero. Pero Leopoldo no tenía intención de marcharse. Pensaba —dijo— quedarse en Bélgica y correr la misma suerte que sus tropas.

En una última reunión con sus ministros, Leopoldo afirmó que la situación militar se estaba haciendo insostenible y que Bélgica tendría que rendirse. Los ministros, irritados por el aparente desprecio del monarca hacia la constitución, le hicieron notar que no le correspondía a él decidir la rendición. Le instaron de nuevo a abandonar el país y él, de nuevo, se negó.

La actitud del rey obedecía a distintos motivos. Por de pronto, no era únicamente el jefe del estado, sino el comandante supremo de las fuerzas armadas belgas, y tenía el convencimiento de que un comandante digno de tal nombre no abandonaba a sus tropas. En segundo lugar, creía que los intereses propios de Bélgica eran absolutamente prioritarios y que, una vez perdida la batalla, el país dejaba de tener cualquier obligación moral para con los aliados, pese a que estos hubieran acudido en auxilio del país. Pero, sobre todo, estaba convencido de que hacía lo correcto al quedarse con su pueblo. Confiaba en su propio sentido de la justicia, por encima de la ley.

Así pues, comunicó a sus ministros que pensaba quedarse en Bélgica, que no tenía intención de convocar un nuevo gobierno para lograr términos de paz ventajosos con Alemania, y que no tenía deseo alguno de convertirse en un títere del régimen nazi. Pero eso era justamente lo que temían Pierlot y sus ministros, que expresaron su rotundo rechazo a las decisiones del monarca. No fueron los únicos que trataron de convencer a Leopoldo de que depusiera su actitud. Sir Roger Keyes, el almirante que tan eficazmente había apoyado a Churchill durante el debate sobre la campaña en Noruega, era un viejo amigo suyo y actuaba ahora como enlace entre el gobierno británico y el rey belga. Le propuso que se exiliara en Inglaterra y Leopoldo también se negó.

El 25 de mayo, el día en que el gobierno belga se trasladó a Francia, Leopoldo escribió al rey Jorge VI para comunicarle que la rendición de Bélgica era inevitable y que pensaba quedarse con su pueblo. Añadió que su ejército estaba plenamente comprometido en la lucha y que sean cuales sean las pruebas que afronte Bélgica en el futuro, estoy convencido de que puedo ayudar mejor a mi pueblo quedándome con él, en lugar tratar de actuar desde el exterior, sobre todo en lo relativo a las penalidades que sin duda generará la ocupación extranjera, la amenaza del trabajo forzoso o la deportación y la carestía de alimentos.

En su respuesta, Jorge VI se mostraba en desacuerdo con la postura adoptada por su homólogo belga y le decía que ningún monarca debía caer en manos de los nazis:

Al tomar esta decisión, Su Majestad no habrá pasado por alto la extrema importancia de establecer un gobierno de unidad nacional con plena autoridad fuera de los territorios ocupados por el enemigo [...] A mi entender, Su Alteza ha de considerar la posibilidad, incluso la probabilidad, de que le hagan prisionero, de que lo trasladen quizás a Alemania y, casi con toda certeza, de que le priven de toda comunicación con el mundo exterior.

Entre el 24 y el 27 de mayo, el ejército belga luchó a la desesperada en el río Lys. Hubo miles de bajas, los alemanes consiguieron finalmente cruzar el río y más de un millón de refugiados vagaban por las ciudades y pueblos del país. A las 12:30 del mediodía del 27 de mayo, sir Roger Keyes, que se encontraba junto a Leopoldo, envió un telegrama a Gort informándole de que se acercaba el momento en que el ejército belga, que llevaba cuatro días combatiendo sin descanso, no podría continuar resistiendo. «[Leopoldo] desea que tenga usted constancia, escribía Keyes, de que se verá obligado a rendirse». Dos horas más tarde, las autoridades francesas fueron igualmente informadas de que los belgas no podían seguir resistiendo. Y a las cinco de la tarde, Leopoldo envió un emisario a los alemanes solicitando los términos del alto el fuego.

Una hora después, el teniente coronel George Davy, representante de la Oficina de Guerra en el cuartel general del ejército belga, informó a Gort de que el rey había solicitado el alto el fuego, pero el mensaje no se recibió.

Churchill, no obstante, estaba al corriente, porque a las siete de la tarde comunicó al comité de defensa la «preocupante noticia» de que los belgas habían pedido el armisticio. Media hora después los alemanes recibieron al emisario belga y esa misma noche entró en vigor la rendición incondicional.

Mientras tanto, Louis van Leemput, que entonces tenía trece años, se hallaba refugiado en casa de unos desconocidos, cerca de Ypres, con su madre y su hermano. Recuerda que al día siguiente, muy temprano, le despertaron las voces de la gente en la calle: «¡Están aquí los alemanes!», gritaban. Louis agradece a Leopoldo que pusiera fin a la guerra. «Me salvó la vida a mí, y a mi madre y mi hermano», cuenta.

Ese mismo día, sir Roger Keyes regresó a Londres para reunirse con el gabinete de guerra. Defendió con vehemencia la postura de Leopoldo e informó a los mandatarios británicos de que «únicamente la figura del rey ha mantenido unido al ejército belga estos últimos cuatro días». Tras la marcha de Keyes, Churchill se mostró relativamente tolerante con el monarca belga y afirmó que sin duda la Historia criticaría a Leopoldo por haber involucrado a Inglaterra y Francia en la ruina de Bélgica, pero añadió que no les correspondía a ellos juzgarle. Poco después, el teniente coronel Davy se sumó a la reunión e informó al gabinete de guerra del valor del que habían hecho gala las tropas belgas.

Ese mismo día, sin embargo, la opinión pública internacional empezó a volverse contra Leopoldo. La creencia popular que lo retrata como un derrotista que traicionó a los aliados empezaba ya a echar raíces. En una alocución radiofónica, el primer ministro francés Paul Reynaud calificó la rendición belga de «secreta» y «traicionera»: «En plena batalla, sin mostrar ninguna consideración ni avisar a sus aliados franceses y británicos, el rey Leopoldo III de los belgas ha depuesto las armas». Después de Reynaud intervino Pierlot, el primer ministro belga en el exilio, quien declaró que las decisiones del monarca no tenían «validez legal» y lo acusó de «negociar unilateralmente con el enemigo».

La virulencia de estas palabras responde a un telegrama que sir Ronald Campbell, embajador británico en Francia, envió el 29 de mayo a Winston Churchill advirtiéndole de que el ministro francés de Información le había pedido encarecidamente que hiciera «todo lo posible por impedir que la prensa y la radio británicas den relevancia [y procuren omitir cualquier referencia en los noticiarios de la BBC en francés] a las declaraciones del almirante Keyes [...] instando a no criticar la actitud del rey Leopoldo». El propio telegrama explica el motivo de esta petición: si se excusaba la rendición de Leopoldo, ello alentaría el derrotismo en Francia «en un momento en que la opinión pública francesa se encuentra solivantada por la repulsa de su aparente deslealtad, lo que ha elevado sustancialmente la moral».

El general Edward Spears, que actuaba como enlace entre la Oficina de Guerra británica y el Ministerio de Guerra francés, envió un mensaje parecido a Churchill ese mismo día. En él comentaba: «El hecho de que Londres haya adoptado una actitud tan tibia hacia el rey de los belgas está siendo causa de considerable preocupación por aquí [...] La moral [de los franceses] depende en gran medida de hacerle aparecer como el villano que desde luego tiene visos de ser». Dicho de otra manera: para impedir que cundiera el desánimo entre el pueblo francés y que se culpara de ello a los comandantes franceses y a su ejército, era necesario un chivo expiatorio, y el rey Leopoldo estaba muy a mano.[12]

---

[12] Posiblemente también era deseable la existencia de un chivo expiatorio para impedir que los franceses acusaran a los británicos de deslealtad, dado que la evacuación de las tropas de Dunkerque había comenzado ya sin conocimiento de las autoridades galas.

Así se forja la historia. El 4 de junio, Churchill declaró ante la Cámara de los Comunes: «Repentinamente, sin consulta previa y avisando con el menor tiempo posible, sin el acuerdo de sus ministros y por iniciativa propia, [Leopoldo] envió un plenipotenciario al Comando alemán ofreciendo la rendición de su ejército y dejando expuestos nuestro flanco y nuestras vías de retirada». A fin de cuentas, Churchill ansiaba que Francia siguiera luchando, y con ese fin estaba dispuesto a sacrificar la reputación del rey Leopoldo III de Bélgica como si fuera una bagatela. Quizá lo más lamentable del caso sea que los valerosos esfuerzos del ejército belga por resistir la invasión alemana hayan quedado eclipsados (a veces hasta el punto de la obliteración) por los intereses políticos que estaban en juego a finales de mayo y principios de junio de 1940, y de nuevo unos años después dentro de la propia Bélgica, cuando Leopoldo volvió a ocupar temporalmente el trono antes de verse forzado a abdicar. Diversas circunstancias (como la orden de detener el avance alemán, la contraofensiva de Arrás, la decisión adoptada por Gort el 25 de mayo y otros hechos de los que hablaremos más adelante) hicieron posible la evacuación de las tropas británicas, pero la contribución del ejército belga fue un factor importante que no debe pasarse por alto.

Puede aducirse, naturalmente, que Leopoldo obstaculizó los preparativos bélicos de los aliados al adoptar una postura de neutralidad armada. Se le puede criticar por su egocentrismo, por sus decisiones anticonstitucionales y por su falta de gratitud para con los aliados. Pero, desde el punto de vista puramente militar, la rendición de Bélgica era inevitable. El rey Leopoldo no la precipitó, ni la promovió en modo alguno. Y está claro que se esforzó por mantener informados a británicos y franceses de la verdadera situación de su ejército y de su inevitable resultado. De hecho, si alguien retuvo información el 27 de mayo fueron los británicos, que ocultaron conscientemente a sus aliados que habían iniciado la evacuación de sus tropas.

En marzo de 2017, los Archivos Nacionales de Kew hicieron público un dosier del Ministerio de Exteriores acerca de la rendición de Bélgica que llevaba décadas clasificado. Oculta entre sus páginas, entre un sinfín de documentos relativos a la rendición y a las consecuencias que tuvo para Bélgica después de la guerra, había una notita escrita en 1949 por un joven diplomático llamado John Russell (posteriormente sir John Russell, embajador británico en Brasil y España). La nota dice:

Tras cerca de año y medio revisando, a mi pesar, estos documentos, he extraído la impresión personal de que la rendición fue inevitable desde un punto de vista militar, y de que no fue en modo alguno una sorpresa para nosotros. Pese a todo, no tiene sentido entrar ahora a discutir los aciertos y errores de esta turbia historia, y estoy plenamente de acuerdo con [otro diplomático] en que no debemos dejarnos arrastrar a un debate público sobre este asunto.

Esta discreta nota resume la triste historia de la rendición de Bélgica. Era inevitable que depusiera las armas. Los británicos lo sabían. Pero ninguna de las dos cosas podía reconocerse públicamente: había demasiadas susceptibilidades de por medio.

Siete

Evasión a Dunkerque

Para quienes seguían combatiendo a los alemanes el 28 de mayo, la rendición de los belgas era ya cosa del pasado. La principal consecuencia de la capitulación de Leopoldo fue la apertura de un hueco de más de treinta kilómetros entre el flanco izquierdo de la 3ª División de Montgomery y la localidad costera de Nieuport, a treinta y dos kilómetros de Dunkerque. Monty lo solventó llamando en su auxilio al 12º Regimiento de Lanceros, un venerable regimiento de caballería equipado con blindados ligeros Morris CS9 al que dio orden de demoler todos los puentes del canal del Yser desde el flanco de la división hasta el mar.

Fue una intervención oportuna: apenas diez minutos después de que el puente de la carretera entre Dixmude y Furnes fuera volado, llegó el primer grupo de motoristas enemigos, seguido por los camiones que transportaban a la infantería. A los alemanes les sorprendió encontrar el puente destrozado, y más aún toparse con los blindados británicos, que estaban esperándolos. Todos los motoristas y gran parte de los soldados resultaron heridos o muertos. De haber llegado más tarde los Lanceros, los alemanes habrían cruzado la línea del canal en su avance hacia Dunkerque.

En Nieuport, sin embargo, solo se había destruido un puente. El otro seguía intacto. Y aunque el Escuadrón B del 12º de Lanceros se esforzó durante todo el día por impedir que los alemanes entraran en la ciudad, no pudo encontrarse a ningún ingeniero que se encargara de la demolición del puente. Al caer la noche, un oficial y dos sargentos trataron de destruirlo con granadas de mano, acercándose a rastras todo lo que pudieron. Pero justo cuando se disponían a arrojar los explosivos, los alemanes lanzaron una bengala y los tres hombres quedaron al descubierto. Consiguieron lanzar las granadas, pero no dañar el puente. Uno de los sargentos murió y los otros dos pudieron escapar a la carrera. Al poco tiempo la ciudad estaba en llamas y los Lanceros tuvieron que retirarse. El camino quedaba, pues, expedito para que los alemanes avanzaran por la costa hasta Dunkerque.

La 12ª Brigada de Infantería fue enviada de inmediato a Nieuport para cortarles el paso, pero hubo problemas con la organización del transporte y las tropas tardaron horas en llegar. Entre tanto, se mandó urgentemente a dos compañías de Ingenieros Reales a destruir los puentes restantes, con lo que se consiguió mantener a los alemanes a raya hasta que llegó por fin la 12ª Brigada de Infantería. Así pues, al este de Dunkerque, los alemanes aún no habían logrado romper las líneas aliadas.

Al suroeste, la 2ª División de Infantería estaba encargada de contener el avance alemán en un tramo de veinticuatro kilómetros del canal de La Bassée. Era esta una tarea crucial, además de compleja. El grueso de las fuerzas británicas se estaba replegando justo detrás del canal mientras una asombrosa variedad de tropas enemigas trataba de romper el frente, entre ellas las Divisiones Panzer 3ª, 4ª y 7ª y la División SS Totenkopf. Levantada ya la orden de detenerse, los Panzer ansiaban recuperar el tiempo perdido.

La mañana del 27 de mayo, la infantería y los tanques alemanes atacaron la localidad de St. Venant, situada al norte del canal y defendida por los Fusileros Galeses y el Regimiento Real de Infantería Ligera de Durham. Aunque los batallones británicos lograron contener al enemigo casi todo el día, al anochecer la mayor parte de sus hombres habían muerto o caído prisioneros. Un batallón de artillería de los Highlanders de Argyll y Sutherland[13] fracasó en su tentativa de llegar a Merville, mientras que más al sur, en dirección a Béthune, el 2º Batallón del Regimiento Real de Norfolk (en cuyas filas habían luchado tan valerosamente Peter Barclay, Ernie Leggett y George Gristock en el Escalda) defendía el frente del feroz asalto de los Stuka y los Panzer.

El soldado Robert Brown pertenecía al 2º Batallón de Norfolk. La mañana del 27 de mayo, estaba montando guardia cerca de una casa de labranza cuando vio aparecer tras él una ametralladora montada sobre una motocicleta alemana con sidecar. Regresó a toda prisa al puesto de mando de su batallón para informar de que el enemigo había conseguido colarse por su retaguardia. Él y otro soldado pasaron casi todo el día apostados en un retrete exterior, en cuya pared de ladrillo abrieron troneras por las que disparar. Otros miembros del diezmado batallón hicieron lo mismo en establos, vaquerías y graneros de los alrededores. En conjunto, se las arreglaron para formar una línea defensiva sólida y pasaron casi todo el día combatiendo.

A última hora de la tarde, el oficial al mando hizo una ronda recabando opiniones: ¿debían seguir luchando o rendirse? Algunos dijeron que rendirse, pero Brown optó por continuar. «Teníamos la moral tan alta», cuenta, «que ni se me pasaba por la cabeza que me hicieran prisionero, o me mataran o hirieran. La verdad es que nos limitábamos a disparar y a gastar bromas». Al final, sin embargo, el oficial les ordenó deponer las armas y añadió que, si alguien creía que podía escapar, tenía todo el derecho a intentarlo. Brown y dos amigos, que habían

---

[13] En la película, el personaje de Alex lleva el distintivo de este batallón en el hombro.

visto humo carretera abajo, echaron a andar en esa dirección confiando en que el humo los ocultara a ojos del enemigo. Al poco rato, sin embargo, tuvieron que meterse en una zanja de la cuneta, donde unos soldados alemanes los descubrieron y les ordenaron salir con las manos en alto.

Brown se levantó con los brazos en alto. Cuando los alemanes se le acercaron, le impresionó su aspecto: los escudos de las SS, las insignias con calaveras y los fusiles automáticos. «Pero nos trataron tan razonablemente como cabe tratar a un enemigo», añade Brown. «Los empujones, golpes y gritos habituales». El resto del batallón fue apresado en otra parte y, como veremos, recibió un trato muy distinto.

Al concluir los combates en el canal de La Bassée, solo sobrevivía un 10% de la división, que sin embargo había logrado proteger al ejército británico en su retirada. Gracias a ello, la noche del 27 al 28 de mayo el grueso de la Fuerza Expedicionaria Británica se hallaba ya sana y salva al norte del río Lys.

Resulta interesante leer los informes alemanes sobre la batalla. El diario de campaña del XLI Cuerpo Panzer describe en su entrada del 27 de mayo a un enemigo que «lucha tenazmente y permanece en su puesto hasta el último hombre». De hecho, tan tenaz era el enemigo que «el Cuerpo no consigue ganar terreno que merezca la pena mencionar ni al este ni al noroeste». El diario del XXXIX Cuerpo aporta dos detalles interesantes: observa, en primer lugar, que los alemanes «sufrieron bajas considerables al atacar el canal de La Bassée, defendido con obstinación por el enemigo» y, en segundo lugar, que «el flujo de tropas anglo-francesas» que se dirigían hacia el canal de la Mancha no había podido ser «interceptado a tiempo ni con efectividad suficiente».

Cabría esperar tales informes tras una derrota, pero los alemanes no habían sido vencidos: por el contrario, habían destruido una división británica casi en su totalidad.

De hecho, de haber organizado un ataque concentrado en los flancos, muy bien podrían haber roto las líneas enemigas y haber puesto fin a la guerra. Pero, incluso sin un ataque concentrado, gran parte del I Ejército francés se hallaba ahora atrapado al sur, sometido a ataques simultáneos por el este y el oeste e incapaz de llegar al Lys.

Tras la heroica hazaña de la 2ª División, sus escasos supervivientes se sumaron al éxodo británico hacia el norte y pudieron vivir un día más para luchar (y ser evacuados). La mayoría de los prisioneros fueron trasladados lejos de allí. Pero para los supervivientes del batallón de Robert Brown, apresados por la División SS Totenkopf, el día acabó con espantosa brusquedad. En un pueblecito que llevaba el paradójico nombre de Le Paradis, los alemanes les hicieron desnudarse hasta la cintura, los condujeron a un prado, los alinearon frente a la pared de un granero y los fusilaron con ráfagas de ametralladora. Solo sobrevivieron dos hombres de los noventa y nueve que formaban el grupo: Bill O'Callaghan y Albert Pooley, de Transmisiones. O'Callaghan recibió un disparo en el brazo y Pooley resultó herido en una pierna. Ambos se quedaron tumbados, sepultados bajo los cuerpos destrozados de sus compañeros, mientras los hombres de las SS remataban a todo aquel que se movía o emitía algún gemido.

Sobrevivieron los dos a la guerra y en 1948 testificaron en el juicio por crímenes de guerra contra Fritz Knoechlein, comandante de la compañía alemana responsable de los fusilamientos. La conducta de los alemanes ha intentado justificarse de diversas maneras, desde la creencia de que los británicos estaban usando balas *dum-dum* (expansivas), prohibidas por la ley, a la rabia que se apoderó de la compañía debido al gran número de bajas que sufrió durante un enfrentamiento anterior con los Royal Scots. Ninguna excusa es suficiente, sin embargo. Los hombres de Knoechlein asesinaron a sangre fría a sus prisioneros. De los varios oficiales de las

SS presentes en ese momento, solo uno protestó, lo que le valió ser tachado de «conejo asustado» por sus compañeros. Knoechlein fue declarado culpable y ejecutado en enero de 1949.

No fue este un incidente aislado. En Wormhoudt, al día siguiente, fueron asesinados varios hombres de los Regimientos de Warwickshire y Cheshire, así como numerosos artilleros y soldados franceses, a manos de miembros del Leibstandarte SS Adolf Hitler. En este caso, sin embargo, el comandante de la compañía alemana, Wilhelm Mohnke, nunca fue llevado ante la justicia. Murió en 2001, a la edad de noventa años.

Y aunque no pueda culparse al ejército alemán de estas atrocidades (las unidades de las SS responsables de estos crímenes estaban adscritas organizativamente al Partido Nazi), la Wehrmacht estuvo implicada, como mínimo, en una masacre: la que se produjo en la localidad de Vinkt, en los alrededores de Gante, donde, entre el 26 y el 28 de mayo de 1940, el 337º Regimiento de Infantería alemán mató a un centenar de civiles. Algunos (entre ellos un anciano de ochenta y nueve años) fueron fusilados en presencia de sus familiares y allegados. Otros fueron empleados como escudos humanos cuando los alemanes cruzaron un puente y ejecutados luego aleatoriamente. Algunos fueron asesinados a tiros tras haber sido obligados a cavar sus propias tumbas, en un momento en que el ejército belga ya se había rendido.

Fueron malos tiempos para la BEF, que se replegaba sometida a una presión casi irresistible mientras sus aliados se rendían o fragmentaban. Los obstáculos y las malas noticias se acumulaban incesantemente con el paso de las horas. La canción *We're going to hang out the washing on the Siegfried Line* [Vamos a tender la colada en la Línea Siegfried], que antes se cantaba con alborozo, se entonaba ahora con lúgubre ironía. Pese a todo, con el paso de los días, el dominio ininterrumpido de ciertas plazas clave, como La Bassée, permitió mantener abierto el corredor aliado y que las tropas británicas cruzaran, con notable peligro, el territorio ocupado por los alemanes, como los israelitas atravesando el mar Rojo. Por otra parte, los aliados consolidaron el control sobre algunas de estas plazas, como Gravelines, la localidad en la que Bill Reeves, del Regimiento Real de Tanques, cortó el paso a los alemanes el 24 de mayo, defendida ahora en profundidad por la 68ª División francesa.

Otra plaza importante era Cassel. Se ordenó a efectivos del 2º Batallón del Regimiento de Gloucestershire y al 4º Batallón del Regimiento de Oxfordshire y Buckinghamshire que defendieran el pueblo (una loma estratégica situada en la carretera de Dunkerque) del avance de la 6ª División Panzer. Compañías de ambos batallones se dispersaron por la localidad para defender puntos clave, mientras varios pelotones montaban guardia a las afueras del pueblo.

El 27 de mayo, el pelotón 8 de la Compañía A de Gloucestershire, capitaneado por el subteniente Roy Cresswell, se trasladó a un búnker de cemento sin terminar que había al norte del pueblo. El búnker ya estaba ocupado por refugiados franceses y belgas, y el pelotón llevaba consigo galletas, una lata casi llena de paté de carne y unos cuantos huevos. A lo largo de ese día, los soldados convirtieron el búnker en una posición defendible tapando las entradas con sacos de arena y abriendo troneras para los Bren y los fusiles anticarro.

Al atardecer vieron avanzar a los alemanes a unos seiscientos metros de distancia y abrieron fuego. Cayeron varios soldados enemigos. Esa noche, los alemanes regresaron en mayor número. De pronto estalló un proyectil dentro del búnker, hiriendo a un soldado en la cabeza y el cuello. Uno de los atacantes se acercó lo suficiente para empezar a golpear la puerta, pero fue abatido por una granada de mano. Finalmente, los británicos consiguieron repeler el ataque. Contaron, además, con una ventaja: las balas incendiarias alemanas prendieron fuego a un almiar cercano que ardió con grandes llamaradas, lo que permitió al pelotón vigilar el exterior toda la noche.

La mañana del 28 de mayo, el enemigo atacó de nuevo. Los británicos consiguieron repeler el asalto, pero el número de bajas crecía y casi todos los miembros del pelotón habían sido alcanzados por fragmentos de metralla y esquirlas de cemento que las balas arrancaban de las paredes al rebotar. La comida empezaba a escasear y, como no llegaban nuevas provisiones, el pelotón sobrevivía a base de ron y agua (menos los heridos, a los que se les negaba el ron).

A la mañana siguiente, los alemanes llevaron frente al búnker a un prisionero británico de la Artillería Real, a fin de que persuadiese al pelotón de que se rindiera. El prisionero, el capitán Derick Lorraine, había sido herido dos días antes y enviado en una ambulancia a un puesto de evacuación de heridos junto con otros tres hombres. Los alemanes capturaron la ambulancia por el camino y se llevaron al conductor. Los cuatros heridos permanecieron dentro del vehículo, sin tratamiento ni comida, dos días con sus noches. Al tercer día, unos soldados alemanes ordenaron salir de la ambulancia al capitán Lorraine, lo condujeron al búnker que ocupaba el pelotón de Gloucestershire y le ordenaron dar una vuelta a su alrededor para convencer a sus ocupantes de que debían rendirse. Lorraine protestó, alegando que tenía la pierna herida y no podía caminar. Pero los alemanes le apuntaron a la cara con una pistola, dejándole claro lo que ocurriría si se negaba.

Así pues, Derick Lorraine, herido y hambriento, caminó renqueando lentamente en torno al búnker con ayuda de un bastón, mientras gritaba: «¡Aquí un oficial británico herido!». Cresswell empezó a hablar, pero Lorraine le dijo rápidamente en voz baja: «¡No contesten!». Luego miró a un alemán muerto y añadió «Hay muchos ingleses y alemanes así por aquí». Mientras decía esto, levantó los ojos elocuentemente, mirando hacia el techo del búnker.

Cresswell comprendió lo que intentaba decirle: que los alemanes se habían apostado allá arriba. Cuando Lorraine se hubo alejado, se oyó una explosión repentina y un humo acre inundó el búnker. Los alemanes del techo estaban tratando de hacer salir al pelotón mediante el procedimiento de destapar una tronera condenada con cemento, rellenarla de paja, escombros y gasolina y prenderle fuego con granadas de mano. Cresswell y sus hombres tenían máscaras antigás. Se las pusieron rápidamente y taponaron el agujero del techo con una manta. El fuego siguió ardiendo toda la noche, pero los británicos consiguieron mantener el humo bajo control.

Sabedores de que los ocupantes del búnker no cederían fácilmente, los alemanes recrudecieron sus ataques al día siguiente. Cuando el fuego enemigo se hizo tan intenso que las balas empezaron a entrar por las rendijas de las troneras, Cresswell les dijo a sus hombres que cuando oscureciera intentarían escapar hacia Dunkerque. A las 5:30 de la tarde, sin embargo, quedó claro que el búnker estaba completamente rodeado y que no había escapatoria. El pelotón, que llevaba tres días sin comer, sin atención médica y subsistiendo a base de un poco de ron y agua, se rindió finalmente.

Mientras tanto, en Cassel, la guarnición británica logró resistir hasta que recibió orden de sumarse al repliegue hacia Dunkerque. Los heridos (y un camillero que se ofreció a acompañarlos) permanecieron en casas de la localidad, con algo de comida y la esperanza de que los alemanes los trataran bien. El subteniente Julian Fane fue uno de los varios centenares de miembros del Regimiento de Gloucestershire que se unieron a la retirada. En algún punto del camino, los alemanes divisaron a su compañía y les gritaron: «¡Hitler va ganando la guerra! ¡Están perdidos! ¡Salgan si no quieren que los acribillemos!». Fane, que había oído hablar de las masacres perpetradas por las SS, informó a sus hombres del trato que podían esperar de los alemanes. Lógicamente, los soldados prefirieron no rendirse. Esperaron un tiempo y luego, de pronto, echaron a correr hacia un bosque cruzando un descampado. Muchos de ellos murieron o resultaron heridos por el fuego de las ametralladoras.

Tras cuatro noches de marcha, Fane y su grupo, que había quedado reducido a diez hombres en total, llegaron a Dunkerque. Fane había visto a un oficial ahogarse en su propia sangre, y a un suboficial saltar por los aires cuando una bala trazadora acertó en la munición que llevaba en su bandolera. Había tomado muy poco alimento, las botas le hacían daño y tenía una herida en el brazo. En cierto momento se había acercado a un soldado alemán, tomándolo por francés, y le había pedido indicaciones. Y sin embargo había sobrevivido.

Así pues, el corredor aguantaba y una abigarrada procesión de tropas seguía desfilando por él. El sargento Leonard Howard, de los Ingenieros Reales recuerda que pasó dieciséis horas andando y corriendo. Su grupo, reducido y desharrapado, se detenía únicamente cuando los alemanes los atacaban con Stukas, obuses, ametralladoras o armas de menos calibre. «Lo único en lo que pensábamos todos era en sobrevivir», cuenta. Y recuerda que un soldado veterano, un suboficial, caminaba por la carretera con las lágrimas corriéndole por la cara y mascullando: «¡Nunca pensé que vería al ejército británico así!».

El soldado raso Fred Clapham, del Regimiento de Infantería Ligera de Durham, guarda memoria de un problema más prosaico. Mientras avanzaba a pie por el corredor, con el calor de principios de verano, los calzoncillos largos de lana le rozaban los genitales. Oficiales y soldados marchaban separando las piernas todo lo posible. «Debía de ser una estampa bastante cómica», cuenta Clapham.

Los alemanes, mientras tanto, arrojaban hojas volanderas sobre las tropas aliadas instándolas a rendirse. La más común contenía un mapa sorprendentemente preciso en el que las tropas británicas aparecían rodeadas e iba acompañado por comentarios en inglés y francés. La leyenda en inglés rezaba: «¡Soldados británicos! ¡Mirad este mapa, que muestra vuestra verdadera situación! Vuestras tropas están completamente rodeadas. ¡Dejad de luchar! ¡Deponed las armas!».

Había tantos folletos circulando que casi todos los soldados británicos recuerdan haberlos visto. Los alemanes los lanzaban en enormes cilindros, cada uno de ellos con doce mil quinientas hojas volanderas y sujetos con largos flejes metálicos. Las tripulaciones de la Luftwaffe cargaban los cilindros en los bombarderos utilizando las compuertas que daban salida a las bombas, como si cargaran explosivos. Al llegar a una altitud predeterminada, arrojaban los cilindros, que llevaban mechas preparadas para estallar a cierta altura, de modo que se rompieran los flejes. Entonces las hojas se dispersaban y caían al suelo separadas por doce o quince metros de distancia, en un radio de entre cinco y siete kilómetros cuadrados, aunque a veces caían más juntas. Los soldados británicos solían usarlas como papel higiénico, o como mapa para orientarse hacia Dunkerque, puesto que carecían casi por completo de planos oficiales.

Los alemanes eran muy conscientes de que los británicos trataban de escapar. Ya el 26 de mayo, apenas un día después de que lord Gort tomara su valerosa decisión, el diario de campaña del XIX Cuerpo mencionaba «la evacuación de las tropas inglesas» y advertía de que trataban de «escapar hacia Dunkerque», cosa que había que impedir. Curiosamente, los franceses estaban menos al tanto que los alemanes de los planes de evacuación británicos. Hasta el 28 de mayo, el general Blanchard, comandante del I Ejército francés, no fue informado oficialmente por las autoridades británicas de su intención de evacuar a sus tropas.[14]

---

[14] El resentimiento soterrado que ha existido entre Francia e Inglaterra estos últimos setenta y siete años tiene su origen, en gran me-

A menudo, sin embargo, los últimos en enterarse de la evacuación fueron los propios soldados británicos. Algunos no supieron por qué se retiraban casi hasta el final, y pensaron que tal vez fuera un castigo por su mal comportamiento, o quizá que su unidad necesitaba un descanso. Muchos ignoraban qué implicaba aquello incluso cuando los informaban de que iban camino de Dunkerque. Algunos, los más despistados, pensaban que Dunkerque estaba en Escocia.

El 27 de mayo, Anthony Rhodes, de los Ingenieros Reales, se quedó atónito cuando su coronel le informó de que su unidad iba a ser evacuada desde Dunkerque. «Vamos a intentar algo esencialmente británico», le dijo el coronel. «Me apostaría algo a que solo a los británicos se les ocurre intentar algo tan descabellado». No animó mucho a sus hombres cuando les explicó que todavía no se habían hecho planes para la evacuación y que iban a tener que jugársela.

Para algunos resultó desconcertante y para otros descorazonador que les ordenaran abandonar y destruir sus vehículos y su equipamiento. A unos ocho kilómetros de Dunkerque, Fred Carter y su grupo de Ingenieros Reales recibieron orden de alejarse de sus camiones y volarlos con granadas de mano, y, mientras se replegaba desde Poperinghe, Peter Hadley, del Regimiento Real de Sussex, pasó junto a una hilera ininterrumpida de vehículos destrozados. Pese a que comprendía por qué había que destruirlos

---

dida, en este presunto acto de deslealtad. Si bien es comprensible, cabe hacer dos salvedades. En primer lugar, la retirada y la evacuación constituían la única solución sensata, dadas las circunstancias. Al insistir en llevar a cabo su impracticable plan de atacar hacia el sur, Weygand estaba poniendo en peligro tanto a sus fuerzas como a las británicas. En segundo lugar, estaba previsto que los navíos británicos evacuaran también a gran cantidad de efectivos franceses. El éxodo desde Dunkerque fue un intento desesperado por mantener viva la guerra, no una estratagema de los ingleses para salvar el tipo.

(no debían caer en manos del enemigo), le asombró el sacrificio de una maquinaria que prácticamente no había tenido uso y que había costado millones y millones de libras.

Los vehículos, por tanto, empezaron a escasear. En cierta ocasión, un grupo de soldados que avanzaba a pie por el corredor paró a un transporte ligero para pedir que los llevara. El oficial al mando se negó y, cuando el vehículo ya se alejaba, uno de los soldados disparó con su fusil y dio al conductor, que quedó inválido de por vida.

A veces reinaba tal confusión que los soldados apresados por los alemanes conseguían escapar en medio del tumulto. Un prisionero pasó tres días trabajando en las cocinas de los alemanes, hasta que logró escabullirse. Los que seguían libres, a menudo pasaban días y días sin dormir. Un soldado descubrió que podía mantenerse despierto frotándose los ojos con granos de café (y tener café a mano ya era un golpe de suerte).

Pese a que les habían ordenado dejar atrás a los heridos, los hombres no querían abandonar a sus compañeros, pero tampoco tenían fuerzas para cargar con ellos durante días. Ello explica por qué a menudo se veía a los heridos montados en carretillas.

En las proximidades de Dunkerque, las carreteras estaban completamente congestionadas. Hombres, caballos y vehículos motorizados se agolpaban en la oscuridad, formando un inmenso organismo en retirada. Peter Hadley descubrió que el único modo de mantener juntos a sus hombres era pedirles que se agarraran al compañero que llevaban delante y gritar de cuando en cuando el nombre de la unidad para atraer a los que se despistaban. Pero para entonces muchos soldados habían perdido a sus batallones y avanzaban en grupos más reducidos. Uno pensó que iba caminando con cuatro amigos, hasta que se volvió y vio que detrás de él había una veintena de desconocidos. En tales circunstancias, cualquiera que tuviera cierta autoridad natural se convertía en un líder. La jerarquía militar empezaba a diluirse.

Al entrar en Dunkerque el 27 de mayo, Anthony Irwin, del Regimiento de Sussex, se detuvo en un cerro desde el que se dominaba la ciudad y contempló los muelles, prácticamente arrasados por los ataques de la Luftwaffe. Mientras bajaba precipitadamente por la ladera, al sol, oyó explosiones. Unos minutos después llegó al lugar de donde procedía el ruido. Un convoy de ambulancias, todas ellas señalizadas con cruces rojas, ardía disperso por la carretera. Los alemanes lo habían bombardeado. Se oían gritos procedentes del interior de los coches y había cuerpos tirados en la calzada, pero, al ver que ya había gente echando una mano, Irwin pasó de largo.

Anthony Rhodes entró en Dunkerque ese mismo día, por un puente del canal de Bergues. Los civiles franceses con los que habló parecían estar al corriente de que los británicos iban a ser evacuados. Abandonaban en su mayoría la ciudad, temerosos de que la Luftwaffe la arrasara por completo, con todos sus ocupantes dentro. Y, en efecto, un rato después los bombarderos alemanes taparon el sol y el ruido de sus motores fue en aumento. «Fue como si hubiera una serie de terremotos a nuestro alrededor, uno detrás de otro», cuenta Rhodes. El puente se vio afectado por las explosiones y dos grandes camiones que había junto a él desaparecieron, pulverizados en apenas treinta segundos.

Peter Hadley, entre tanto, llegó a un pueblecito situado unos kilómetros al este de Dunkerque. Desde allí divisó, justo delante de él, una franja azul. Dio el alto a sus hombres, les ordenó que se juntaran y los condujo en perfecto orden por espacio de unos centenares de metros. La escena que contemplaron al llegar a Bray-Dunes era sobrecogedora. Una playa de arena se extendía a derecha e izquierda, hasta muy lejos. Justo enfrente estaba el mar; detrás de la playa había dunas cubiertas de hierba, y sobre ellas se hallaban los hombres de la Fuerza Expedicionaria Británica.

Unos cuantos kilómetros al este se encontraba La Panne, la localidad costera en la que lord Gort estaba montando su nuevo (y último) cuartel general. El 30 de mayo, Frederic Wake-Walker, oficial de Marina del Hebe, un buque de Su Majestad, contemplaba la escena desde La Panne, en dirección oeste. Era, afirma:

Una de las imágenes más sorprendentes y patéticas que he visto nunca. Los dieciséis kilómetros que medía la playa estaban cubiertos casi en su totalidad, desde las dunas a la orilla, por decenas de miles de hombres. Algunos estaban metidos hasta la rodilla o la cintura en el agua, esperando su turno para montar en aquellos penosos barquitos. Parecía imposible que pudiéramos llevarnos de allí siquiera a una parte de aquellos hombres.

Para que la evacuación tuviera alguna posibilidad de efectuarse, era necesario defender el perímetro en torno a Dunkerque y las playas, a fin de impedir que los alemanes aniquilaran a los soldados que habían llegado a través del corredor. La batalla no había terminado, ni mucho menos. Gort encargó la defensa del perímetro al teniente general sir Robert Adam, comandante del III Cuerpo de Ejército.

El perímetro tendría que ser lo bastante grande para proteger Dunkerque, las playas y la inmensa muchedumbre que se agolpaba en ellas. Además, tendría que tener amplitud suficiente para que los alemanes solo pudieran bombardear las playas con sus cañones más potentes. Y al mismo tiempo debía ser lo bastante reducido para que pudiera defenderlo un número limitado de tropas. Tendría, además, que aprovechar el curso de los canales, que constituían barreras defensivas ya existentes.

Para que cumpliera todos estos requisitos, debía tener unos cuarenta kilómetros de longitud por doce de ancho. Se acordó que las tropas francesas defendieran el sector que se extendía desde el puerto de Dunkerque hacia el oeste, mientras que los británicos cubrirían la zona entre Dunkerque y Nieuport, al este. El encargado de encontrar y organizar a las tropas necesarias para la operación —dos labores cruciales— fue el general de brigada Edward Lawson, que en tiempos de paz había sido director general del periódico *Daily Telegraph*. Con frecuencia, al relatarse la historia de lo sucedido en Dunkerque, se olvida la rapidez con que se formaron las unidades encargadas del perímetro y la tenacidad con que defendieron sus posiciones, aun a sabiendas de que posiblemente sacrificarían sus vidas en el intento.

Mientras su unidad se replegaba en las inmediaciones de Poperinghe, al subteniente Jimmy Langley, de los Coldstream Guards, se le acercó su brigadier. «Estupendas noticias, Jimmy», le dijo. «¡Las mejores!». Langley se preguntó qué podía ser tan maravilloso, aparte de la rendición inmediata de los alemanes. El brigadier contestó que su batallón iba a encargarse de defender un tramo del perímetro a lo largo del canal de Bergues-Hondschoote.

A su llegada el 29 de mayo, la Compañía Nº 3 de Langley comenzó a excavar trincheras siguiendo el curso del canal, hasta una casona de campo en la que se instalaría su puesto de mando. La compañía, diezmada por los combates, había quedado reducida a treinta y siete hombres. Pero, requisando el contenido de los camiones inutilizados que encontraban en las cunetas, consiguieron hacerse con un buen arsenal. Recogieron en total doce ametralladoras Bren, tres viejas ametralladoras Lewis, un fusil anticarro y treinta mil balas. Langley encontró además varios uniformes de combate nuevos, una brújula, una radio y quinientos cigarrillos que fueron muy bien recibidos.

Durante los dos días siguientes, Langley y sus hombres vieron pasar una procesión constante de tropas francesas y británicas que, cruzando el canal, se dirigían hacia

Dunkerque. Entre ellas había soldados de toda condición: impecables Guardias Galeses que venían de combatir en Arrás, franceses desmoralizados y británicos zarrapastrosos procedentes de diversas unidades. A Langley le impresionó especialmente un cabo que cargaba con dos ametralladoras Bren cuyas correas se le habían clavado en la carne de la clavícula. Cuando trató de requisar las armas, el cabo se negó a entregárselas. Su comandante fallecido —le dijo— le había ordenado llevarlas de vuelta a Inglaterra, donde pronto harían falta. Langley le sirvió un poco de *whisky* en el té, le puso unos vendajes debajo de las correas y le deseó buena suerte.

Langley veía pasar soldados sin cesar, pero en cambio solo vio pasar un avión y le disparó con saña. Por fortuna el aparato siguió volando tranquilamente. Era un Lysander británico a bordo del cual viajaba lord Gort, inspeccionando desde el aire el perímetro defensivo.

Después de que el avión se perdiera de vista, y cuando el flujo de las tropas en retirada se había reducido a un goteo, aparecieron los alemanes. Algunos hombres de Langley estaban apostados en el desván de la casona, de cuya techumbre habían retirado tejas para colocar sus ametralladoras. Los alemanes, de pie en un campo a unos seiscientos metros de distancia, eran un blanco fácil. El resultado fue, según Langley, una masacre que le puso enfermo.

Esa misma tarde comenzó la batalla en serio con un ataque alemán a la derecha de la casona, una posición que ocupaban en parte la Compañía Nº 1 y en parte una compañía del Regimiento Fronterizo. Mientras las Bren de Langley disparaban constantemente tratando de apoyar a las compañías vecinas, los alemanes acercaron un cañón anticarro y apuntaron a la casona. No pasó nada durante un rato; luego, Langley oyó un tremendo estampido y un objeto de colores vivos comenzó a rebotar por el desván, hasta que se detuvo junto al tiro de la chimenea. Era un obús incendiario anticarro.

Los defensores cogieron sus armas y bajaron corriendo las escaleras mientras otros cuatro obuses caían en el desván.

El ataque alemán se recrudecía y, mientras Langley conferenciaba con el comandante Angus McCorquodale, se les acercó el capitán al mando de la compañía del Regimiento Fronterizo situada a la derecha. Los informó de que los alemanes se estaban agrupando para lanzar un ataque y propuso retirar a sus tropas.

McCorquodale le ordenó quedarse donde estaba y luchar, pero el capitán contestó que ello contravenía las órdenes de su coronel, que le había dado instrucciones de retirar a sus hombres cuando fuera posible. McCorquodale señaló un gran chopo que había carretera abajo y dijo: «Si usted o alguno de sus hombres van más allá de ese árbol, les dispararemos».

El capitán hizo amago de protestar, pero McCorquodale lo interrumpió. «Vuelva a su puesto», le dijo, «o le pego un tiro aquí mismo y envío a uno de mis oficiales a tomar el mando».

El capitán regresó en silencio a su posición. McCorquodale cogió fusil y ordenó a Langley que fuera a buscar uno. «Apunte a las tres menos diez», dijo. «Dispare a matar en cuanto pasen del árbol. ¿Está claro?».

Un rato después apareció el capitán acompañado por dos hombres. Permanecieron junto al árbol unos instantes, mientras Langley y McCorquodale apuntaban. Luego, el capitán fue más allá del árbol. Los oficiales de los Guardias dispararon a la vez, el capitán cayó y sus dos compañeros huyeron a la carrera en dirección contraria. El batallón del Regimiento Fronterizo se quedó donde estaba.

Poco después, la artillería enemiga abrió fuego a todo lo largo de la posición que ocupaban los Guardias, a lo que siguió un ataque que los británicos lograron repeler. Cuando se hizo de nuevo la calma, los oficiales de la Compañía Nº 2, situada a la izquierda, se acercaron a hacerles una visita. McCorquodale ordenó a su asistente que fuera a la casa a buscar una botella de jerez, vasos y una mesa. En medio del campo de batalla, los cuatro oficiales (a tres de los cuales les quedaban menos de veinticuatro horas de vida) se pusieron en pie y brindaron «por la gallardía y competencia del enemigo». Y cuando empezaron de nuevo las descargas de la artillería, se retiraron a sus posiciones y siguieron luchando.

Esa misma tarde, el oficial al mando de la Compañía Nº 1 murió mientras trataba de recuperar una Bren de una posición que había quedado descubierta. Ya solo quedaba un oficial en el flanco derecho, el subteniente Ronald Speed, que había llegado al batallón apenas unas semanas antes. Langley informó a McCorquodale de que Speed quería replegarse a la posición de la Compañía Nº 3.

McCorquodale le pasó su petaca y le dijo que obligara a Speed a bebérsela entera. «Si no quiere o si después sigue hablando de retirarse, péguele un tiro y hágase cargo del mando de la compañía», ordenó tranquilamente. «No pueden retirarse».

Langley regresó a la posición de Speed, le dio la petaca y le aconsejó que bebiera. Por suerte, lo hizo. Langley le informó de que no debía replegarse.

Speed asintió con un gesto. Media hora después estaba muerto.

Las siguientes dos horas transcurrieron confusamente. Langley recuerda que comió estofado de pollo; que dejó que una anciana se refugiara en la casa y que la mujer se puso a despotricar, furiosa con los alemanes por invadir países ajenos; que incendió tres tanques alemanes disparando con su Bren, y que se agachó junto al comandante McCorquodale mientras agonizaba. «Estoy cansado, muy, muy cansado», le dijo el comandante. Después, con su último aliento, sonrió y le mandó regresar a su puesto.

Mientras sus hombres y él se defendían a la desesperada dentro de la casa, Langley recibió un disparo en el brazo, que le quedó colgando, inutilizado, y le manchó de sangre todo el uniforme. Sus compañeros lo llevaron abajo y lo colocaron en una carretilla. No sentía dolor, sino sed, cuando lo subieron a una ambulancia que lo trasladó hasta la playa. Allí lo transportaron hasta el borde del agua tumbado en una camilla. Pero, como no podía ponerse en pie, no le permitieron subir a una barca. La camilla ocuparía el espacio de cuatro hombres —le dijeron— y solo se evacuaba a los heridos que podían caminar. Finalmente, lo trasladaron a un puesto de socorro a las afueras de Dunkerque. Fue allí donde los alemanes le hicieron prisionero, cuando por fin llegaron.[15]

Existía el peligro, no obstante, de que todos los esfuerzos de los Coldstream Guards y de los oficiales y la tropa que defendían el perímetro quedaran invalidados por las discusiones políticas que tenían lugar en Londres en esos momentos. El 28 de mayo, Winston Churchill le comentó a sir Roger Keyes que lord Gort no creía que la BEF tuviera «muchas oportunidades» de sobrevivir. Poco después, el primer ministro declaró ante el Parlamento que, a pesar de que la situación era «extremadamente grave», Inglaterra debía confiar en su capacidad de superar «el desastre y el dolor, hasta derrotar definitivamente a sus enemigos». Tras comparecer ante la Cámara, Churchill asistió a dos reuniones, primero con su gabinete de guerra y después con el gobierno en su totalidad. No sería exagerado calificar estas reuniones como las deliberaciones políticas más importantes que han tenido lugar en Gran Bretaña en los últimos cien años.

---

[15] Pero no por mucho tiempo: Langley se escapó del hospital un mes después y consiguió llegar a Marsella, en la «zona libre» de Vichy, donde trabajó para una red de evasión. Cuando regresó a Inglaterra en 1941, ingresó en el MI6, donde se dedicó a facilitar medios de evasión en la Europa continental.

Churchill debatió con el gabinete de guerra la oferta de Italia de actuar como mediadora en las negociaciones de paz entre el Reino Unido y Alemania. Lord Halifax, secretario de Exteriores y antiguo rival de Churchill por el puesto de primer ministro, opinaba que Inglaterra debía sopesar la posibilidad de hacer concesiones, siempre y cuando no pusieran en peligro su independencia. Era de sentido común, a su modo de ver. Podían negociar desde una posición más ventajosa en ese momento que tres meses más tarde, cuando tal vez la situación hubiera empeorado. Churchill se negó, alegando que los términos de paz que exigiría Hitler dejarían a Gran Bretaña completamente a su merced, en ese momento y en cualquier otro.

Neville Chamberlain tomó la palabra para decir que no veía qué había de malo en dejar claro que, aunque Inglaterra lucharía hasta el fin para conservar su independencia, podía tomar en consideración los términos de paz que se le ofrecieran, siempre y cuando fueran razonables.

Churchill respondió como era típico en él: las naciones que caían luchando —afirmó—, volvían a levantarse, pero las que se rendían dócilmente estaban acabadas. La respuesta del viceprimer ministro Clement Atlee, que intervino a continuación, fue más pragmática: una vez dieran comienzo las negociaciones —dijo—, sería imposible levantar la moral del pueblo británico.

La oratoria de Churchill, cuyo estilo solía oscilar entre Edward Gibbon y el *Enrique V* de Shakespeare, a veces podía parecer un acierto magistral y a veces una banalidad, pero nunca dio mejores resultados que en la reunión subsiguiente con los veinticinco miembros del consejo de ministros. Muchos de aquellos hombres no compartían las ideas de Churchill en tiempos de paz. Algunos, como los militantes socialistas Herbert Morrison y Ernest Bevin, jamás hubieran imaginado que formarían parte de un gobierno presidido por él. Todos ellos, no obstante, le escucharon atentamente cuando habló de la situación que se vivía en Francia y de la probabilidad de que los alemanes trataran de invadir Inglaterra. Le escucharon cuando reconoció que había considerado la posibilidad de negociar con Hitler, al que se refirió como «ese hombre», y cuando advirtió de que cualquier tratado de paz convertiría al Reino Unido en un estado esclavo. «Estoy convencido», afirmó ante su público absorto, «de que todos ustedes se levantarían y me arrancarían por la fuerza de mi puesto si contemplara, aunque solo fuera por un momento, la posibilidad de negociar o deponer las armas. Si la larga historia de esta isla nuestra ha de llegar a su fin, que sea únicamente cuando cada uno de nosotros yazga en el suelo, ahogándose en su propia sangre».

En la atmósfera enrarecida del gabinete de guerra podían expresarse ciertas actitudes, pero era allí, en el pleno del gobierno —un microcosmos más representativo del país— donde Churchill podía empezar a evaluar cómo serían acogidas sus palabras en los *pubs* y cuartos de estar de los británicos. Y su discurso entusiasmó a los ministros. *Se oyeron vítores en toda la mesa*, escribió el laborista Hugh Dalton, ministro de Economía de Guerra, y añadió que *nadie expresó el menor atisbo de desacuerdo*. Churchill volvió a reunirse esa misma noche con el gabinete de guerra para informar enfáticamente a sus miembros de que no habría capitulación. La lucha continuaba. La guerra aún no había terminado.

De haber concluido estas reuniones de otra manera (de haber decidido Gran Bretaña negociar con «ese hombre»), el sacrificio hecho por las tropas británicas, francesas y belgas habría servido de poco, pues es casi seguro que la guerra habría llegado a su fin poco después. Hoy en día tendemos a olvidar lo cerca que estuvo Inglaterra de hacer las paces con Hitler, lo cerca que estuvo de convertirse en un gobierno títere, de efectuar detenciones masivas de judíos, disidentes y de cualquier otra persona que desagradara a las autoridades, de suprimir ideas y disensiones, de aplicar leyes y medidas como las descritas en el capítulo anterior.

Para lord Halifax, Gran Bretaña era una entidad geográfica, un país de colinas, valles, páramos y tolmos, un mundo como el descrito por H. E. Bates en sus novelas, lo bastante duradero como para resistir a cualquier tiranía que detentara el poder. Para Churchill, era algo más. Era el modelo original de la libertad, un país cuya existencia dependía de la independencia y el imperio de la ley. Si esas cosas se extinguían, su supervivencia no significaría nada. Y aunque ambas visiones eran, cada una a su modo, sentimentales y almibaradas, la de Churchill se aproximaba más a la verdad... y era mucho más humana.

Ocho

Sin atisbos de un milagro

En la escena inicial de la película de Chris Nolan se ve a Tommy entrando en Dunkerque por un tramo del perímetro defendido por tropas francesas. Una vez allí, se descubre en el interior de la burbuja de Dunkerque, en un mundo caótico poblado por hombres (y alguna que otra mujer) como los que pueblan las páginas de este libro, cuya meta inicial era llegar a Dunkerque pero que, conseguida esa meta, ansían volver a marcharse. Al deambular a la playa, Tommy se encuentra con filas y filas de soldados que se adentran en el mar confiando en que algún barquito los recoja y los traslade a un buque mayor, que a su vez los devuelva a Inglaterra. A Tommy le echan de la primera fila a la que intenta unirse. Después, forma equipo con otro soldado y se convierte en camillero. Para entonces ya le han llovido panfletos enemigos, ha ayudado a otro soldado a enterrar un cadáver, ha sufrido el ataque de un Stuka y ha tratado de hacer sus necesidades en varias ocasiones[16]: el tipo de peripecias que vivieron cientos de miles de personas dentro del perímetro de Dunkerque durante los días que duró la evacuación.

Difícilmente puede exagerarse hasta qué punto variaron las vivencias de esas personas. A un soldado raso

---

[16] Cosa que sucedía regularmente (o no) y que a menudo causaba problemas. Recuérdese lo que le ocurrió a Edward Watson en Calais.

del Regimiento Real de Warwickshire le echaron de varias colas cuando llegó a la playa, como a Tommy, gritándole: «¡Vete a buscar a tu unidad, chaval! ¡Aquí no!». Otros soldados, en cambio, pudieron sumarse a la primera fila que encontraron, y otros se quedaron tan perplejos al ver la longitud de las colas que se sentaron a esperar en la arena. Algunos no vieron ninguna cola.

Hay veteranos que son capaces de dejar a un lado su orgullo para contarte cómo hacían sus necesidades. Otro, en cambio, me dijo airadamente que nadie comió durante días y que por tanto no había necesidad de defecar. El capitán Humphrey Bredin, de los Fusileros Reales del Ulster, al que vimos por última vez luchando denodadamente en el río Dyle, habla de pequeños grupos de soldados británicos que jugaban a las cartas sentados al sol, en la playa, como si estuvieran de vacaciones. Otros se acuerdan de partidos de críquet espontáneos, o de los Ingenieros Reales haciendo piruetas en la arena con sus motos, y de un exartista circense que hacía acrobacias a lomos de un caballo mientras los soldados le observaban embelesados.

El subteniente John Crosby desembarcó de un vapor Clyde en La Panne el miércoles 29 de mayo. Como su barco estuvo varado por la marea casi todo el día, Crosby se acercó al hotel Splendide, donde se sentó ociosamente a beber una botella de vino acompañado por dos soldados británicos que bebían limonada porque, según dijeron, en la ciudad no quedaba cerveza. Había, en cambio, burdeles, y se veía a los hombres hacer cola pacientemente (en un curioso paralelismo con las colas de la playa) para probar un último bocado del continente.

Fue también en Dunkerque donde Fred Carter, de los Ingenieros Reales, probó por primera vez el champán. Tras cavar con las manos una pequeña trinchera en las dunas, Fred y sus amigos decidieron visitar un *estaminet* cercano. Se dieron «un buen homenaje» y gastaron todo el dinero que les quedaba. Fred decidió probar el champán para ver si de verdad era para tanto. Y, en efecto, descubrió que era «fantástico».

Al mismo tiempo, sin embargo, llegaban a Dunkerque hombres tan maltrechos, ensangrentados y desmoralizados que habría sido inútil ofrecerles un trago antes de volver a Inglaterra. Un soldado cuenta que su uniforme estaba tan sucio y deteriorado que había perdido por completo el color, y que sus pies y sus calcetines se habían fundido en un amasijo de sangre y algodón. Un oficial que saltó desde el espigón a un barco se hizo un ovillo al aterrizar y, cuando le quitaron las botas, se le veían los huesos de los pies. Vic Viner, unos de los oficiales encargados de mantener el orden y la disciplina en las playas, recuerda haber visto a suboficiales veteranos echarse a llorar delante de él. «Cuesta expresar lo horrible que era aquello», asegura.

En otro lugar, un pelotón encontró una lata de alubias cocidas y la compartió: al final, les tocaron tres alubias a cada uno. Varios hombres, mientras tanto, enloquecidos por no haber probado bocado durante días, fingían comer sentados en corro. Hacían como que manejaban cuchillos y tenedores, y masticaban comida imaginaria. A otro hombre se le vio mascando la correa de cuero de su casco. Robert Halliday, de los Ingenieros Reales, recorrió Dunkerque en busca de comida registrando casa por casa. No encontró nada, y su búsqueda se vio interrumpida por el estallido de una bomba que lo lanzó a cincuenta metros de distancia y le reventó los dos tímpanos.

Después de aquello, Halliday y otros cincuenta Ingenieros Reales construyeron una balsa en la playa de Bray-Dunes, empleando tablones arrancados del suelo de camiones y latas de gasolina flotantes que sujetaban con cabos de cuerda recogidos aquí y allá. El plan era que uno de los miembros del grupo fuera nadando hasta contactar con un barco; que los que no sabían nadar montaran en la balsa y que los que sí sabían empujaran la balsa hasta el barco. Estuvieron dos días atareados construyendo la balsa, hasta que un oficial naval les ordenó que pararan inmediatamente. «Lo que quiero», les dijo el oficial, «es que se pongan en fila y se metan en el agua hasta donde lleguen y que esperen ahí».

Mientras Halliday y sus amigos trabajaban en vano, muchos otros permanecían ociosos, tumbados en la arena, o se enterraban en trincheras excavadas en las dunas. «¡Madre mía, ese sí que se ha enterrado bien!», exclamó un bromista al ver un casco tirado en la playa.

He aquí unas pocas muestras de la enmarañada paradoja que fue Dunkerque. La vida siempre es compleja, contradictoria y poliédrica. Eso lo sabemos instintivamente. Pero hoy en día hay demasiados políticos y medios de comunicación empeñados en hacernos creer que es simple y monocromática. Si algo hay que debemos recordar respecto a lo ocurrido en Dunkerque, es esto: que no hay una historia unívoca. Chris Nolan lo pone de relieve en su película, que se desarrolla en tres esferas: tierra, mar y aire. En cada una de esas esferas, la gente tenía experiencias muy distintas, todas ellas igualmente válidas.[17]

Como hemos visto, ya se hablaba de una posible evacuación en fecha (relativamente) tan temprana como el 17 de mayo. Dos días después, comenzó la vuelta a casa de las «bocas inútiles» (con esa expresión tan poco halagüeña se denominaba a todo aquel al que se consideraba prescindible para el funcionamiento básico de la Fuerza Expedicionaria Británica). Al acabar el 26 de mayo, casi veintiocho mil personas habían sido enviadas de vuelta a Inglaterra desde Dunkerque. A partir de entonces daría comienzo la verdadera evacuación de las tropas, hasta donde fuera posible.

---

[17] La película no se limita a narrar vivencias distintas; también muestra el mismo hecho desde múltiples puntos de vista.

Ese día, lord Gort recibió dos telegramas: uno de Anthony Eden y otro de la Oficina de Guerra. El primero le advertía de que la evacuación podía hacerse necesaria; el segundo confirmaba que *ya* era necesaria. Dirigiría la operación el vicealmirante Bertram Ramsay, de cincuenta y siete años, hombre meticuloso e impaciente al que su amigo Winston Churchill había persuadido hacía poco para que regresara a la Marina Real.

Ramsay estableció su puesto de mando en la llamada Sala Dinamo del castillo de Dover. La sala, que antaño había servido para alojar un generador eléctrico, prestó su nombre al ímprobo esfuerzo de organización, improvisación y tenacidad que fue Dunkerque. La evacuación de la Fuerza Expedicionaria Británica comenzó cuando pasaban unos minutos de las siete de la tarde del domingo 26 de mayo con un mensaje enviado por el Almirantazgo: «Den comienzo a la Operación Dinamo».

El primer barco en zarpar tras la llegada del mensaje fue el Mona's Isle, un paquebote de vapor de la isla de Man que embarcó a mil cuatrocientos veinte hombres en el puerto, veintitrés de los cuales murieron en la travesía de vuelta a Inglaterra como consecuencia de los disparos de la artillería enemiga a la altura de Gravelines y de un ataque con ametralladoras desde el aire. Esto marcó la pauta de los días siguientes. Pero el Mona's Isle, que llegó por fin a Dover el 27 de mayo a mediodía, no fue el primer barco en zarpar. Ya antes de que se diera la señal de comienzo de la operación varios buques de pasajeros habían partido hacia Dunkerque. Entre ellos se encontraban navíos cuyos nombres pronto se hicieron célebres, como el Mona's Queen, el King Orry y el Maid of Orleans, que llevarían a casa a miles de hombres a lo largo de los nueve días siguientes.

Al iniciarse la evacuación, el mando británico se hacía muy pocas ilusiones. Las tropas aliadas estaban arrinconadas en una estrecha franja de territorio y luchaban con ahínco por sobrevivir, enfrentadas a un ejército mucho más poderoso. Los alemanes, por su parte, se hallaban apenas a quince kilómetros de Dunkerque y de la victoria. Winston Churchill afirmaba que podía evacuarse a unos treinta mil soldados, mientras que Ramsay confiaba en que fueran cuarenta y cinco mil. Pero ello dependía de muchas variables. ¿Cuántas tropas podían llegar a Dunkerque? ¿Cuánto podrían aguantar británicos y franceses defendiendo el perímetro? ¿En qué medida podría neutralizar la Luftwaffe los barcos, los efectivos militares y la maquinaria aliada, no solo dentro del perímetro sino también en el mar y hasta en los puertos ingleses de llegada? ¿Podrían implementarse medios eficaces de evacuación que permitieran trasladar a gran número de soldados diariamente? ¿Favorecerían las condiciones meteorológicas a los evacuados o al enemigo? La noche del 26 de mayo, nadie conocía la respuesta a estos interrogantes.

El comandante Philip Newman, cirujano del 12º Puesto de Evacuación de Heridos, llegó a Dunkerque el lunes 27 de mayo a la una de la madrugada. Le acompañaban cuarenta hombres distribuidos en tres camiones, con la misión de montar un hospital de campaña en un *château*, junto a un puesto de ambulancias francés. Newman, que hasta hacía poco había ejercido como cirujano en el hospital Middlesex de Londres, se había resignado a quedarse allí con sus hombres mientras todos los demás se marchaban a casa. «Estábamos muy desanimados», escribe, «por tener que ponernos otra vez manos a la obra y aguantar el chaparrón».

La primera impresión que guarda de Dunkerque es el recuerdo de los edificios en llamas y las bombas que estallaban por todas partes. La Luftwaffe llevaba ya un tiempo bombardeando el centro de la ciudad y el puerto, pero ese día arrasó ambas zonas con ataques continuos y a gran escala. Newman pasó la noche en una casa adosada, vacía pero muy bien amueblada, y al amanecer se trasladó al *château*. Allí montó su quirófano en una habitación de la planta baja con grandes ventanales,

buena luz artificial y espacio para aparcar fuera una furgoneta equipada con rayos equis. Al cabo de unos minutos empezaron a llegar ambulancias llenas de heridos.

Anthony Rhodes llegó a Dunkerque esa misma
mañana, sobre las seis. Recordaba la ciudad de otras vi-
sitas en tiempos de paz como un sitio bonito, lleno de
restaurantes agradables y tiendas en las que comprar
souvenirs para sus amigos. Ahora, lo primero que vio fue
la inmensa cortina de humo que despedían los depósitos
de combustible en llamas, un humo que caracterizaría
toda la evacuación y que aparece recreado en la película. Como muchos de los que llegaron a Dunkerque al
iniciarse la Operación Dinamo, Rhodes buscó un sótano cerca del puerto en el que refugiarse de los bombardeos. A fin de cuentas, el puerto era el punto de partida
lógico para la evacuación.

Rhodes creía que un sótano sería el lugar más seguro para cobijarse de los ataques de la Luftwaffe. Sin
duda, si caían bombas en los pisos superiores, la bodega
quedaría intacta y, estando en una casa de tres plantas,
se sentía a salvo. Pero esa sensación de seguridad se disi-
pó de golpe cuando, al salir a la calle después del primer
bombardeo, descubrió que el edificio de enfrente, idéntico al suyo, había quedado reducido a escombros. Evidentemente, si alguien había buscado refugio en el
sótano, había quedado enterrado vivo.

Norman Prior, de los Fusileros de Lancashire, también se refugió en un sótano a su llegada. Se quitó las botas por primera vez desde hacía quince días, se tumbó
en el suelo... y notó que algo se movía. Cuando levantó la
vista, vio a un francés que intentaba robarle las botas.
«Le eché una buena bronca y se marchó», cuenta. «No
hizo falta llegar a las manos». Después de aquello, no volvió a quitarse las botas.

Muchos de los que llegaron a Dunkerque ese día,
antes de que las autoridades británicas tomaran el control
de la ciudad, fueron testigos de una anarquía motivada a

partes iguales por el miedo y la euforia. Ernest Holdsworth, que era abstemio de toda la vida, se descubrió en la bodega de un hotel bebiendo una mezcla de ron, *whisky* y coñac. Era una escena rocambolesca: soldados británicos, franceses y senegaleses cantando todos juntos, vomitando y bebiendo hasta perder el sentido.

Ese día, el capitán William Tennant, oficial jefe del estado mayor del Primer Lord del Mar, fue enviado a Dunkerque como comandante general naval. Experto en navegación y de carácter reservado, Tennant sería el responsable de organizar la distribución de las naves y el embarque de tropas, pero se encontró con una airada horda de soldados británicos dispuestos a cuestionar su autoridad. Vio soldados manchados de carmín y a un sargento borracho luciendo una boa de plumas.

En el Bastión 32[18], cuartel general del almirante Abrial, comandante de las fuerzas francesas en Dunkerque, Tennant se reunió con dos oficiales de alto rango del ejército y con un capitán de corbeta que le informaron de que el puerto estaba tan dañado y expuesto a los ataques de la aviación enemiga que no serviría para la Operación Dinamo. Las tropas tendrían que embarcar desde las playas. Asimismo, informaron a Tennant de que los alemanes tardarían entre veinticuatro y treinta y seis horas en llegar a Dunkerque. Ante la imposibilidad de que los navíos de gran tamaño se acercaran a la orilla, y faltando casi por completo embarcaciones pequeñas para trasladar a los hombres desde las playas a los buques, la labor de Tennant resultaba aparentemente imposible. El objetivo que se había marcado Churchill (rescatar a treinta mil soldados) parecía una quimera.

Desde el Bastión 32, Tennant comenzó a enviar mensajes por radio al castillo de Dover, donde se encontraba Ramsay. Pidió que todas las embarcaciones

---

[18] Situado junto al actual (y evocador) Dunkirk 1940 Museum.

disponibles fueran despachadas de inmediato hacia las playas. Desde la Sala Dinamo, se ordenó cambiar de rumbo a todos los navíos que en ese momento se dirigían hacia el puerto de Dunkerque. Entre tanto, los oficiales al mando de Tennant comenzaron a reunir a los soldados que se habían refugiado en los sótanos en torno al puerto y a enviarlos a las playas.

Uno de ellos era Anthony Rhodes. Para entonces, los ataques aéreos se sucedían cada media hora y, aparte de una breve e infructuosa salida en busca de otro refugio más alejado del centro de la ciudad, Rhodes había pasado todo el día escondido en su sótano. Había llegado a la conclusión de que era demasiado peligroso salir a la calle. Esa tarde, sin embargo, oyó que alguien gritaba: «¡Oficiales!». Al salir para ver qué pasaba, le informaron de que no se harían más evacuaciones desde el puerto y le indicaron amablemente que reuniera a todos los hombres que pudiera y los acompañara a las playas. Así fue como Rhodes —al igual que casi todo el mundo en Dunkerque— se encaminó hacia el este.

La serpiente de tropas resultante fue, cómo no, atacada desde el aire. Cuando empezaron a caer bombas, Rhodes se tiró al suelo boca abajo. Y cuando el avión enemigo volvió para rematar a los supervivientes ametrallándolos, se tumbó de nuevo y vio que dos hombres que habían permanecido de pie para disparar una Bren acababan cosidos a balazos.

Al acabar el ataque, Rhodes siguió avanzando hacia las playas. Una vez allí, miró a lo lejos y quedó impresionado al ver a tantos miles de hombres reunidos en un solo lugar: unos con la mirada perdida, otros comiendo, otros durmiendo, y todos ellos esperando el siguiente barco o el próximo ataque aéreo. Había oficiales entre ellos, pero el traje de campaña del ejército era tan genérico que costaba distinguirlos de la tropa. A los oficiales de Marina, en cambio, ataviados con su llamativo uniforme azul, les resultaría mucho más fácil hacer valer su autoridad durante los días siguientes. Rhodes recorrió a pie un par de kilómetros y por fin se sentó en las dunas, al borde de la playa. Allí esperaría a los grandes navíos que anclaban mar adentro y a los barquitos que trasladaban a las tropas hasta ellos.

La escasez de pequeñas embarcaciones fue un problema desde el comienzo de la evacuación. Hasta el 30 de mayo no empezaron a llegar en número significativo. Hasta entonces, hubo que usar los botes salvavidas y las lanchas de los buques más grandes. Y aun cuando había embarcaciones disponibles, las cosas se complicaban. Cuando el mar estaba revuelto, a los soldados les resultaba muy difícil subir a ellas desde la orilla. Las barcas, además, empezaron a averiarse de tanto uso, a lo que hay que sumar el agotamiento de las tripulaciones. De hecho, muchas embarcaciones fueron requisadas a sus propietarios y pilotadas por personal naval que en realidad no sabía cómo manejarlas. Y cuando una barca llegaba a remo hasta un buque, a menudo se la dejaba a la deriva, en lugar de devolverla a la orilla para recoger más soldados.

La noche del 27 de mayo, ya tarde, el capitán Tennant reparó en que la Luftwaffe, pese a haber atacado repetidamente el puerto principal de Dunkerque con intención de destruirlo, casi no había tocado el antepuerto. Como resultado de ello, dos largas escolleras (el espigón del este y el del oeste) estaban intactas. No eran muelles ni atracaderos; eran grandes brazos de cemento que protegían el puerto e impedían que se enfangara. Tennant advirtió de inmediato el potencial del espigón situado al este. Se adentraba más de un kilómetro y medio en el mar, tenía una pasarela de madera en la parte de arriba en la que cabían cuatro hombres uno al lado del otro y era relativamente fácil que los soldados llegaran hasta allí desde las playas. Tenía, por otra parte, una caída de cuatro metros y medio, estaba sometido a corrientes traicioneras, y no había forma aparente de atracar barcos a su lado. Tennant, sin embargo, llegó a la conclusión de que no había casi nada que perder. Y así se tomó la primera decisión improvisada que resultaría crucial para el éxito de la Operación Dinamo.

Se envió rápidamente un barco de pasajeros, el Queen of the Channel, desde la playa de Malo-les-Bains al espigón, y se condujo hasta allí a un contingente de soldados para que subieran a bordo como pudieran. Poco después de las cuatro de la madrugada del 28 de mayo, el Queen of the Channel zarpó rumbo a Dover llevando a novecientos cincuenta soldados británicos. Al comprobarse que la idea de Tennant era viable, se ordenó a otros barcos que se dirigieran al espigón. Si las tropas que defendían el perímetro podían frenar a los alemanes un poco más, si seguía haciendo buen tiempo, si podían conseguirse más embarcaciones y si podía evitarse que la Luftwaffe las destruyera (y destruyera el espigón), *tal vez* pudieran cumplirse las expectativas de Churchill. Al concluir el lunes 27 de mayo, 7.669 soldados habían sido evacuados y se confiaba en que al día siguiente se pudiera evacuar a muchos más.

Entre tanto no dejaban de llegar soldados al perímetro. Algunos, como los miembros del batallón de Guardias al que hemos visto marchando en perfecto orden por el espigón, llegaban en unidades, mientras que muchos otros se presentaban en pequeños grupos, sin orden ni concierto. Y muchos, pese a las espantosas experiencias que habían vivido y las penalidades que afrontaban aún, querían llevarse a casa recuerdos de su estancia en el extranjero. Algunos llevaban cientos de cigarrillos en el petate, con la esperanza de eludir la normativa aduanera, y un hombre sostenía una maqueta de gran tamaño de un hidroavión que quería regalarle a su hijo. Otro llevó una moto al espigón. «¿Puedo subir esto a bordo, jefe?», le preguntó a un marinero, y añadió —como si eso lo explicara todo— que la moto solo tenía cuatrocientos cincuenta kilómetros. Dado que el objetivo de la Operación Dinamo era devolver a Inglaterra a tantos hombres como fuera posible a fin de defender el territorio nacional y permitir que la guerra continuara, no es de extrañar que el marinero le contestara que no.

Aun así, cuesta asimilar la suerte que corrieron las mascotas adoptadas por los soldados durante el repliegue. Al marinero de primera Ian Nethercott, artillero a bordo del HMS[19] Keith, le sorprendió la cantidad de perros que los soldados trataban de subir a bordo, y quedó horrorizado al ver lo que se hacía con ellos. «A medida que iban llegando los hombres con sus perros», cuenta, «la policía militar los mataba a tiros y los tiraba al puerto». Cada vez que esto pasaba, los soldados y los marineros los abucheaban. Pero los policías militares no se ablandaron ni siquiera al ver a un cachorro de perro salchicha asomar la cabeza por la abertura de una mochila.

Por suerte, sin embargo, no todos los perros fueron ejecutados sumariamente. Un mestizo de terrier llamado Kirk (cabe suponer que por el puerto donde se hallaba en esos momentos[20]) subió a bordo del HMS Windsor, cuya tripulación le dio una cálida bienvenida. Kirk, que al principio solo respondía a órdenes en francés, permaneció en el barco durante toda la evacuación y posteriormente fue puesto en cuarentena en Inglaterra. Al concluir su aventura, lo adoptó un párroco rural, padre de un subteniente del barco.

Se vio asimismo a un canario en una jaula que un soldado sostenía en equilibrio sobre la cabeza mientras hacía cola metido en el agua, y a un conejo blanquinegro dentro de una cesta que portaba un hombre inexplicablemente desnudo. Un soldado llevaba el petate lleno de relojes para venderlos en Inglaterra, y otro que pensaba

---

[19] *His Majesty Ship*, «Buque de Su Majestad» (N. de la T.).).
[20] *Dunkirk*, topónimo inglés de Dunkerque (N. de la T.).

abrir una peluquería lo llevaba lleno de cortapelos. Muchos llevaban postales y fotografías como recuerdo de su temporada en Francia. Pero también había *souvenirs* más macabros (como ocho balas extraídas del cuerpo de un presunto espía al que habían fusilado), y más tristes, como los vestiditos para su hija que un soldado que yacía muerto en la playa de Bray-Dunes llevaba escondidos en la guerrera.

Al llegar a Dunkerque, las tropas pasaban junto a los soldados que, como Jimmy Langley, defendían el perímetro de las unidades alemanes que asediaban la ciudad. Pero los alemanes trataban de impedir la evacuación también por otros medios. Los obuses que disparaban las baterías enemigas eran un peligro constante para quienes se hallaban dentro del perímetro y, cuanto más avanzaban los alemanes, más intenso era el bombardeo. Ello afectaba especialmente a los barcos que cruzaban el canal de la Mancha. La travesía más corta entre Dover y Dunkerque, conocida como Ruta Z, exigía navegar cerca la costa francesa entre Calais y Dunkerque, lo que resultaba muy peligroso a plena luz del día debido a las baterías de cañones ubicadas a lo largo de la costa. De ahí que se adoptara la Ruta Y, un itinerario que discurría mucho más al norte. Al principio fue una ruta más segura, pero también aumentaba considerablemente la distancia del viaje de ida y vuelta (de ciento veintiocho kilómetros a doscientos setenta y ocho) y quedó dentro del radio de acción de los cañones alemanes tras la caída de Nieuport. Al poco tiempo, el único modo seguro de cruzar el Canal durante el día era la Ruta X, un itinerario intermedio. Era una ruta *relativamente* corta (ciento setenta y cuatro kilómetros, ida y vuelta) y *relativamente* segura, puesto que escapaba al alcance de las baterías costeras.

Pero los alemanes también atacaban los barcos con lanchas torpederas y submarinos durante la travesía del Canal. (El HMS Grafton, por ejemplo, fue hundido por un submarino). Y, naturalmente, la Luftwaffe se encargaba de bombardear y ametrallar a los soldados en las playas y a los barcos en el mar.

Los buques hacían lo que podían por evitar los ataques. Por las noches se mantenían estrictamente a oscuras, lo que significaba que tenían que avanzar sin luces de navegación. En las playas había muy pocas defensas antiaéreas, quitando unos pocos cañones Bofors ubicados cerca del espigón y las playas.

Ello se debía principalmente a que los cañones antiaéreos pesados que defendían Dunkerque habían sido destruidos por las propias tropas que los manejaban. Este hecho extraordinario fue el resultado de un malentendido entre dos oficiales. El primero envió un mensaje avisando de que se trasladara a las playas a los heridos para su evacuación. El mensaje que recibió el otro oficial ordenaba, en cambio, que se llevara a *todos* los hombres a las playas para su evacuación. Creyendo que todas sus tropas iban a regresar a Inglaterra, el segundo oficial les ordenó destruir los cañones. Una vez hecho esto, se personó ante el teniente general Adam y, tras saludarle, le informó con orgullo de que todos los cañones antiaéreos pesados de la BEF habían sido inutilizados. Adam se quedó casi mudo de horror. «Idiota. Márchese», logró decir por fin.

Uno de los cometidos más importantes (y menos conocidos) de la Luftwaffe era la colocación de minas. Comenzó de manera sistemática la noche del martes 28 de mayo y se concentró en distintos puntos a lo largo de la Ruta X. Las minas eran arrojadas al mar mediante paracaídas. Podían ser minas de contacto flotantes, que estallaban cuando una embarcación presionaba una de sus protuberancias, o minas magnéticas, que, más insidiosas que las anteriores, podían destruir un buque sin necesidad de contacto. Hundidas en el agua, estaban compuestas por un explosivo unido a un mecanismo magnético que detonaba la mina cuando pasaba por encima cualquier embarcación con el casco de hierro.

Esta arma, potencialmente catastrófica, podría haber matado a decenas de miles de soldados durante la Operación Dinamo y haber impedido que otros tantos fueran rescatados. Podría haber cambiado, de hecho, el curso de la evacuación. Pero al final, y a pesar de que había muchas diseminadas por el Canal, solo hundió dos barcos.[21] La historia de cómo un científico canadiense afincado en Londres descubrió la manera de neutralizar las minas magnéticas es una de las más grandiosas (y menos conocidas) de Dunkerque.

Charles Goodeve se convirtió en 1939 en subdirector del Departamento de Desarrollo de Armas Mixtas del Almirantazgo, un grupo de científicos e ingenieros a los que se conocía colectivamente como Wheezers and Dodgers.[22] Goodeve compartía la convicción de Winston Churchill (que por entonces ocupaba el puesto de Primer Lord del Almirantazgo) de que la ciencia aplicada tendría un enorme impacto sobre la guerra. No todo el mundo estaba de acuerdo. Arthur Harris, futuro jefe del Comando de Bombarderos de la RAF, aborrecía la confianza que Churchill depositaba en la ciencia. «¿Vamos a librar esta guerra con armas o con reglas de cálculo?», preguntó en cierta ocasión, indignado.

Churchill dio tranquilamente una calada a su puro. «No es mala idea», contestó. «Vamos a probar con las reglas de cálculo, para variar».

Con el respaldo de Churchill, Goodeve comenzó a investigar cómo podían neutralizarse las minas magnéticas. Propuso primero un método mejorado para dragarlas. Para ello harían falta dos barcos que navegaran en paralelo, arrastrando largos cables. Se haría pasar una corriente eléctrica entre los cables para crear un campo

---

[21] El Mona's Queen y el Grive.
[22] Expresión que podría traducirse libremente como «Pícaros y tramposos» (N. de la T.).

magnético entre los buques que detonaría cualquier mina que hubiera en medio.

Se dio la casualidad de que en Shoeburyness acababa de desactivarse una mina magnética, lo que permitió a Goodeve examinar su mecanismo. Como resultado de ello, puso en marcha un complejo experimento en una laguna de agua salada, cerca de Portsmouth. Varios marineros que actuaban como señuelos tiraban de maquetas de barcos por la laguna, observados por espectadores curiosos, mientras Goodeve y sus ayudantes llevaban a cabo el verdadero experimento en una barca de remos. Los cables eléctricos estaban sumergidos en el fondo de la laguna mientras Goodeve permanecía sentado en la barca con el mecanismo de la mina desactivada. Cuando una corriente cruzó los cables creando un campo magnético, un indicador del mecanismo empezó a parpadear: la mina habría estallado de haber estado activada. El experimento fue un éxito.

Conocido como «barrido en doble L», el método de Goodeve empezó a utilizarse en Francia en febrero de 1940 y logró desactivar casi trescientas minas a lo largo de los tres meses siguientes. Fue un logro impresionante (aunque hubiera sido el único), puesto que permitió mantener las Rutas X, Y y Z libres de minas magnéticas durante la evacuación de Dunkerque.

Pero Goodeve logró mucho más. Conjugando su experiencia científica con el pensamiento creativo, dio con un método para «limpiar» los barcos y hacerlos inmunes a las minas magnéticas. Una vez limpios, podían pasar por encima de las minas una y otra vez sin sufrir ningún daño.

Por entonces se practicaba ya el método de «enrollamiento», consistente en envolver el casco de un barco con cables de cobre desnudos a fin de neutralizar su campo magnético. Pero no solo se trataba de un procedimiento lento y costoso, sino que no había suficiente cobre ni instalaciones adecuadas para aplicarlo al gran número de embarcaciones que había que proteger. Goodeve dio con una solución mucho más eficaz. Si se tendía un gran cable eléctrico con una corriente de doscientos amperios por los costados del buque, surtía el mismo efecto que el enrollado, pero el procedimiento resultaba mucho menos costoso y podía llevarlo a cabo la propia tripulación del barco.

Goodeve propuso este procedimiento al Almirantazgo pero, al no recibir respuesta, decidió comenzar a hacer experimentos por su cuenta. Empezó con embarcaciones pequeñas y fue luego pasando a navíos más grandes, siempre con éxito, aunque quedó claro que la vibración de los motores y el golpeteo del mar deterioraban paulatinamente el campo magnético alterado, de modo que había que proceder a una nueva «limpieza» del barco cada seis meses.

Goodeve denominó a este procedimiento *degaussing* («desgaussado»), un término que se le ocurrió una noche de borrachera. El nombre era un homenaje a Carl Friedrich Gauss, el primer científico que logró medir la fuerza magnética, y además rimaba con *delousing* («despiojado»). En vísperas de la Operación Dinamo, se «desgaussaron» nada menos que cuatrocientos barcos de todas las formas y tamaños en apenas tres días, gracias a la labor de equipos que trabajaban de sol a sol. Durante los días siguientes, se procedió a la limpieza de un millar de barcos más. Ello, junto con el barrido en doble L, mantuvo a los buques británicos asombrosamente a salvo de las minas a lo largo de la evacuación. El milagro de Dunkerque debe mucho a Charles Goodeve y la oportunidad de sus experimentos. Como declaró el propio Goodeve después de la guerra: «La batalla de las minas magnéticas fue la primera batalla tecnológica de la guerra, en la que Gran Bretaña consiguió una victoria decisiva y, para Alemania, totalmente inesperada». Marcó, además, la pauta de una guerra que se libraría no solamente con armas convencionales y tesón, sino también con amperios y voltios, y con las reglas de cálculo de las que hablaba Arthur Harris.

Pero, aunque el procedimiento que fue inventado por Goodeve mantuviera a los barcos a salvo de las temibles minas magnéticas, se necesitaba un lugar donde embarcar a las tropas, y el punto de embarque más práctico (siempre y cuando siguiera siendo accesible) era el espigón, que con marea alta podía dar cabida a dieciséis barcos de buen tamaño. Las colas que partían del espigón se adentraban a menudo en las calles de la ciudad. El almirante Frederic Wake-Walker (enviado a Dunkerque el miércoles 29 de mayo para que colaborara con Tennant como comandante naval de la flotilla británica) recuerda que vio una procesión inacabable de hombres agotados que avanzaban trabajosamente, silueteados por la luz de las enormes llamas. A veces —cuenta— rompían a correr cansinamente, y a veces «se limitaban a caminar renqueando, a ciegas, hacia la salvación». Su avance iba acompañado por el ruido amortiguado de los pasos en la arena y el entrechocar de los fusiles.

Una vez en el espigón, el oleaje hacía difícil subir a los barcos. Con marea baja, los destructores de la Marina quedaban tan bajos que a veces se situaba a los buques de pasajeros más grandes entre ellos y el espigón para que sirvieran de plataformas flotantes. Otras veces, los hombres bajaban por escalerillas, cruzaban con cuidado endebles pasarelas de embarque o (pese al riesgo de ahogarse, romperse algún hueso y morir aplastados entre el barco y los pilotes) simplemente saltaban. Y hasta cuando la marea era más propicia, la barandilla de madera del espigón hacía necesario que todos, incluso los que iban en camilla, tuvieran que superar un obstáculo antes de embarcar.[23]

Cuando, a las ocho de la mañana del miércoles 29 de mayo, el vapor Manxman llegó al espigón procedente

---

[23] Al menos hasta que se rompió la barandilla en algunos puntos para facilitar el acceso a las embarcaciones.

de la isla de Man, lo encontró completamente desierto. «Fue espeluznante», cuenta un marinero que iba a bordo, «llegar allí y no ver ni a un alma». No había nadie ni siquiera para recoger las amarras del Manxman. Luego, sin embargo, cuando el barco fue aproximándose, empezaron a aparecer los soldados. Un ataque aéreo los había obligado a refugiarse debajo del espigón, sentándose a horcajadas o abrazándose a los pilotes y traviesas, algunos de ellos hundiéndose hasta la barbilla en el agua. Una vez pasado el bombardeo, volvieron a subir. Esta imagen impactante aparece plasmada en la película, cuando Tommy y Gibson se cobijan en el maderamen de debajo del espigón.

El miércoles por la mañana ya se había evacuado a veinticinco mil soldados. Aún no se había alcanzado la estimación de Churchill (treinta mil hombres), pero los viajes que hacían las embarcaciones entre el espigón y los barcos de pasajeros y destructores permitían abrigar la esperanza de que se llegara a esa cifra. A pesar de sus inconvenientes, el espigón permitía que embarcaran unos seiscientos hombres a bordo de un destructor en aproximadamente media hora: un promedio excepcional.

Hasta ese día, la mayor parte de los ataques que sufrió el espigón procedían de la artillería pesada situada a unos once kilómetros al oeste. El miércoles, sin embargo, un viento del norte despejó el denso humo que cubría la ciudad. Como consecuencia de ello, el espigón sufrió el ataque constante de Stukas y otros bombarderos y el azote de las ametralladoras de los Messerschmitt.

Esa tarde llegó al espigón el Crested Eagle, un vapor de ruedas del Támesis equipado con una chimenea telescópica que se replegaba cada vez que pasaba bajo el Puente de Londres. En tiempos de paz se dedicaba a llevar a turistas y veraneantes desde Londres hasta la localidad costera de Southend y más allá, siguiendo la costa, hasta Clacton y Felixstowe. Al declararse la guerra, comenzó a patrullar por el Támesis provisto de dos cañones antiaéreos hasta que el martes por la tarde recibió orden de sumarse a la Operación Dinamo.

Mientras se hallaba atracado junto al espigón, del lado de mar abierto, los Stukas iniciaron (por tercera vez ese día) un feroz ataque aéreo. El espigón se hallaba rodeado de barcos de pasajeros, destructores y pesqueros. El Crested Eagle estaba amarrado justo detrás de otro vapor, el Fenella, en diagonal a dos destructores, el HMS Grenade y el HMS Jaguar, y frente a seis pesqueros atracados en fila. Detrás de los pesqueros esperaban un gran carguero y un destructor francés.

Normalmente, el espigón resultaba difícil de localizar desde un avión. Con marea baja podía cernerse a bastante altura sobre los barcos y, visto de lado, era bastante voluminoso, pero desde el aire era poco más que una raya poco visible. Esa tarde, sin embargo, con el cielo despejado y sin humo, y rodeado por grandes barcos, constituía un blanco muy visible y tentador para los bombarderos. El Jaguar quedó inutilizado por las bombas que cayeron cerca de su casco, y sus tropas tuvieron que ser trasladadas. El Grenade recibió varios impactos directos, se incendió y hubo que hacer un ímprobo esfuerzo para desamarrarlo e impedir que se hundiera bloqueando todo un tramo del espigón. Avanzó a la deriva por el canal del puerto y finalmente fue remolcado hasta mar abierto por un pesquero, donde se hundió.

Vic Viner, uno de los oficiales a cargo de la organización de las tropas en la playa de Bray-Dunes, vio cómo sucedía todo. Su hermano Albert servía como telegrafista en el Grenade y Viner recibió permiso para acercarse al puerto y darle la bienvenida. Al aproximarse al espigón, presenció el ataque de los Stukas y, cuando regresó a Bray-Dunes para continuar con su labor, ignoraba qué había sido de su hermano. Albert consiguió sobrevivir al ataque y, como muchos otros ocupantes del Grenade, fue trasladado al Crested Eagle.

En el transcurso del ataque, una bomba abrió un gran boquete en el espigón. Casi de inmediato, otro avión pasó en vuelo rasante para ametrallar a las tropas del Grenade que habían desembarcado en la pasarela. Entre tanto, al otro lado, el Fenella, un vapor de ruedas muy semejante en diseño al Crested Eagle y construido casi por completo en madera, recibió un impacto en la cubierta de paseo y, segundos después, su casco se vio atravesado por el cemento que otra bomba arrancó del espigón. Un tercer proyectil voló su sala de máquinas, y la nave se hundió en el atracadero.

A pesar del caos reinante era necesario mantener el impulso de la Operación Dinamo, y aún había barcos intactos junto al espigón, aguardando para embarcar tropas. Muchos hombres huyeron aterrorizados por el espigón, ansiosos por escapar al peligro. En su camino se interpusieron, sin embargo, el capitán de corbeta James Clouston, un oficial naval que había llegado a Dunkerque con el cometido de mantener el orden en el espigón, y el teniente Robin Bill, responsable de la flotilla de pesqueros. Clouston y Bill, erguidos e impertérritos con su uniforme de la Marina con trencilla dorada, consiguieron restablecer el orden, aunque para ello tuvieran que echar mano de sus pistolas.

«Hemos venido para llevaros de vuelta a Inglaterra», dijo Clouston con aplomo, dirigiéndose a la muchedumbre de soldados ansiosos por embarcar. «Tengo aquí seis balas y no soy mal tirador. El teniente que está detrás de mí dispara aún mejor. Así que eso hacen doce». Luego añadió levantando la voz: «¡Ahora, suban a los barcos de una puñetera vez!».[24]

Sus palabras parecieron calmar al gentío. Muchos de los hombres dieron media vuelta y subieron a bordo

---

[24] Clouston murió pocos días más tarde: se ahogó después de que el buque de la RAF en el que viajaba fuera atacado por los Stukas.

del Crested Eagle, que, en medio de aquel tumulto, había quedado intacto.

Entre tanto, el HMS Pangbourne, un dragaminas, se estaba aproximando a las playas cuando fue atacado por un enjambre de Stukas. Un subteniente que iba a bordo recuerda que oyó a alguien gritar «¡A cubierto!» y que luego se dio cuenta de que era él mismo quien gritaba. Siguiendo su propio consejo, se arrojó al suelo de la cubierta. No distinguió el silbido de las bombas del chillido que emitía el avión al lanzarse en picado. Y un instante después todo se sumió en el caos:

Me levanto tambaleándome y veo una escena espantosa. Hay sangre y carne por todas partes; cuerpos mutilados que diez segundos antes eran hombres a los que conocía personalmente, amontonados en grotescos guiñapos a mi alrededor [...] Consigo subir con dificultad hasta donde está tumbado el artillero, con el cuello y el vientre desgarrados y una mano volada. Todavía respira y gime débilmente.

Cuando el subteniente consiguió llegar al puente, descubrió que habían caído cinco bombas en las cercanías del buque, pero que ninguna había impactado directamente en el casco. El Pangbourne no había sufrido daños graves.

En ese momento se limpió la cara y advirtió que tenía la mano cubierta de sangre. Miró hacia abajo y vio que la pernera izquierda de su pantalón estaba aún más ensangrentada. Alguien le avisó de que le faltaba la parte de atrás de la guerrera. Al quitársela, se arrancó también un pedazo de carne. Y al bajarse los pantalones vio que tenía toda la pierna llena de metralla. Entonces oyó el ruido de los Stukas, que atacaban de nuevo. Pensó fugazmente, divertido, que iban a pillarle con los pantalones literalmente bajados. Después todo se volvió confuso. Estaba en un camarote, alguien le curaba las heridas, no veía bien, había mucha gente hablando a la vez...

Junto al espigón, mientras tanto, el Crested Eagle acababa de zarpar. En su cubierta superior, cientos de soldados (muchos de ellos trasladados desde el Grenade, el Fenella y los pesqueros siniestrados) comenzaron a lanzar vítores de alegría. Por fin se iban a casa. En las cubiertas inferiores yacían los heridos de diversa consideración. Un marinero que iba a bordo recuerda: «El ruido de los motores y el golpeteo de las aspas de la rueda nos dio esperanzas, y la brisa fresca nos sentó de maravilla cuando por fin zarpamos hacia Dover».

Debido a la bajamar, el barco no podía poner rumbo directamente hacia Dover. Primero tenía que dirigirse al este, en paralelo a la costa. Navegó durante un tiempo pasando frente a una franja de arena ininterrumpida atestada de soldados, pero al llegar a la altura de Malo-les-Bains fue divisado por otra escuadrilla de Stukas. La reaparición de los bombarderos desmoralizó a las tropas, aunque no fuera ninguna sorpresa. Las condiciones meteorológicas favorecían a la Luftwaffe, y las enormes ruedas de madera del vapor dejaban una estela el doble de ancha que la de cualquier otro barco. Al lanzarse en picado los aviones alemanes, los cañones del Crested Eagle abrieron fuego y empezaron a caer bombas. Incluso las pausas entre un bombardeo y otro estaban ocupadas por las detonaciones de las ametralladoras traseras de los Stukas, que disparaban mientras los aviones ascendían y se alejaban.

Cerca de allí se hallaba el HMS Pangbourne. El subteniente herido había perdido el conocimiento, pero otro marinero vio horrorizado cómo caían las bombas, una tras otra, sobre el Crested Eagle hasta dejar el barco destrozado y envuelto en llamas. Vio cómo se vertía el combustible al mar y vio a hombres en uniforme de combate, con los petates llenos, arrojarse a aquel engrudo de varios centímetros de espesor. Algunos se ahogaron en él. Otros murieron abrasados cuando se incendió.

Un marinero que iba a bordo del Crested Eagle comprendió que habían recibido otro impacto cuando sintió «que el barco temblaba como si nos hubiera cogido una mano gigantesca». Mientras se extendía el incendio, vio a hombres corriendo con la piel arrancada. Pasó un teniente al que no reconoció por su cara, que había quedado irreconocible, sino por el emblema que llevaba en el casco.

El capitán de corbeta Bernard Booth, que se hallaba al mando del Crested Eagle, consiguió encallar el barco a la altura de Bray-Dunes. Justo antes de que lo lograra, otro marinero se quitó con cuidado los zapatos, se arrojó al mar y recorrió a nado el corto trecho que lo separaba de la playa. Solo al llegar se percató de que tenía la piel de las manos derretida y hecha jirones. Los soldados que aguardaban en tierra vieron estupefactos cómo el barco, cuyo casco ardió durante horas, se reunía con ellos en la playa.

Su esqueleto sigue allí, como una presencia sobrecogedora, emergiendo del mar cuando baja la marea. En el momento en que escribo estas líneas, uno de sus cañones queda a la vista, aguardando a que lo rescate algún «coleccionista», o bien el gobierno francés. Actualmente visitan el cascarón del barco los mariscadores y quienes se acercan a rendir homenaje a los cerca de trescientos hombres que perecieron en él. Entre ellos Albert, el hermano de Vic Viner.

Se perdieron numerosos barcos el miércoles 29 de junio: tres destructores y otros doce buques de gran tamaño. Y pese a todo se rescató a más de cuarenta y siete mil soldados. Al amanecer del jueves 30 de mayo, habían sido evacuados 72.783 hombres en total, muchos más de los que preveía el Almirantazgo. Esa noche, sin embargo, se produjo un malentendido que podría haber tenido consecuencias desastrosas para la Operación Dinamo.

En torno a las siete de la tarde, se recibió en la Sala Dinamo del castillo de Dover una llamada telefónica de un oficial naval desde el cuartel general de lord Gort en La Panne. Era, al igual que Charles Goodeve, uno de los «Wheezers y Dodgers» del Almirantazgo, y llamaba sin autoridad alguna. Informó de que los barcos siniestrados habían bloqueado por completo el puerto de Dunkerque y afirmó que la evacuación solo podría proseguir desde las playas.

No era cierto, y no está claro por qué efectuó esa llamada. Puede que estuviera ofuscado por el pánico tras el ataque sobre el espigón. Un poco antes, en pleno ataque, la Sala Dinamo había recibido un confuso mensaje desde un destructor informando de que era «imposible embarcar más tropas» desde el espigón, lo cual —en el momento de recibirse el aviso— *era* cierto.

Tras recibir estos mensajes, Ramsay decidió que habría que buscar otro punto de embarque, pero, antes de actuar, necesitaba confirmar cuál era la situación. Justo antes de las nueve de la noche, telegrafió a Tennant preguntándole si era cierto que el puerto estaba bloqueado. Tennant contestó que no, pero el mensaje no llegó a su destinatario. Al no recibir respuesta, Ramsay envió un mensaje al almirante Abrial, en el Bastión 32: «No consigo contactar con el capitán Tennant. ¿Puede informarme de si los transportes aún pueden entrar en puerto y atracar?».

Tampoco entonces recibió respuesta. Pero, en lugar de arriesgarse, Ramsay decidió ordenar que todos los barcos se dirigieran a las playas. A lo largo de esa noche (hizo un tiempo excelente y la Luftwaffe apenas se dejó ver), solo se acercaron al espigón cuatro barcas de remos y un yate. Se desperdició, pues, la oportunidad de evacuar a quince mil hombres dispuestos para partir.

A la mañana siguiente, la evacuación prosiguió como anteriormente y los barcos regresaron al espigón. Esos mensajes erróneos y otros parecidos dejaron claro, no obstante, que uno de los principales problemas de la Operación Dinamo eran las comunicaciones, lo cual no es de extrañar teniendo en cuenta la precipitación con que se hicieron los preparativos de la evacuación. Tennant había instalado su puesto de mando en un búnker cercano al extremo del espigón. Estaba acompañado por un equipo de Transmisiones formado por un oficial, un suboficial y veinticuatro técnicos. Lamentablemente disponían de muy poco material: algunas banderas de señales y un reflector, útiles únicamente para comunicarse con los barcos que se hallaban fondeados cerca de la costa.

Al principio, los mensajes de radio de Tennant tenían que transmitirse desde el puesto de mando francés en el Bastión 32 o desde los destructores atracados en el espigón. Solo en el Bastión 32 podían recibirse mensajes. El 30 de mayo, Tennant consiguió hacerse con un equipo de radio Marconi TV5 que, teóricamente, podía transmitir tanto mensajes en morse como mensajes de voz. Pero durante sus primeras horas de vida, la radio no consiguió transmitir ningún mensaje, y unas horas después se averió definitivamente debido a que entró arena en el generador.

Para intentar solventar el problema, Tennant estableció una estación de radio del Cuerpo Real de Transmisiones en un camión, junto al Bastión 32. Fue una medida mucho más eficaz: ya no tenía que depender de los barcos que estuvieran a mano, ni de la buena voluntad de los franceses. Y de ese modo era mucho menos probable que se dieran malentendidos como el del 29 de mayo.

Merece la pena señalar que, aunque Tennant tuviera problemas con las comunicaciones, el cuartel general de lord Gort, situado en una villa de La Panne, disponía de una conexión telefónica excelente con la Sala Dinamo del castillo de Dover.[25] Por desgracia, Tennant solo

---

[25] La conexión por cable se había creado meses antes gracias a los esfuerzos del edecán de Ramsay. El Almirantazgo había tratado de vetarla alegando problemas presupuestarios.

podía comunicarse con La Panne (o con cualquier otra playa) enviando a un mensajero motorizado, de modo que la conexión telefónica de Gort le servía de poco. Pero no era únicamente Tennant quien tenía problemas para comunicarse con las playas: a los oficiales apostados en ellas también les resultaba difícil contactar con los barcos fondeados mar adentro. Solo podían comunicarse con ellos mediante banderas de señales o utilizando los faros de coches a modo de reflectores.

El 30 de mayo, Tennant recibió dos teléfonos de campaña con los que establecer comunicación con el capitán de corbeta Clouston en el espigón. Los separaba una corta distancia, pero para Tennant el espigón era el elemento clave de la Operación Dinamo. Clouston recibió asimismo un megáfono para dar instrucciones que resultó muy útil durante un momento de calma en la evacuación, cuando el capitán de corbeta Guy Maund, el ayudante de Tennant, lo utilizó para exhortar a las tropas: «¡Acuérdense de sus compañeros, chicos! ¡Cuanto antes suban a bordo, más se salvarán!».

El resultado fue instantáneo: los soldados echaron a correr y en apenas dos horas embarcaron ocho mil quinientos veintiocho hombres en ocho destructores y cinco mil seiscientos cuarenta y nueve en cuatro barcos de pasajeros.

Estos problemas con las comunicaciones ponen de manifiesto hasta qué punto la Operación Dinamo se improvisó sobre la marcha, a menudo chapuceramente. Ello no puede ser motivo de crítica, sin embargo: la evacuación fue una eventualidad que nadie había previsto. Mientras la ciudadanía británica aprendía a improvisar y a arreglárselas como podía, los responsables de su futuro hacían lo mismo, solo que a mayor escala.

Y dado que la Operación Dinamo fue una improvisación, era lógico que surgieran conflictos de intereses. El Almirantazgo, preocupado por haber perdido tantos destructores en un solo día (el 29 de mayo), ordenó que sus ocho buques más modernos abandonaran la evacuación. Del mismo modo que el Comando de Cazas de la Real Fuerza Aérea temía perder sus Spitfires y sus Hurricanes, el Almirantazgo temía quedarse sin sus buques más efectivos.

Para Ramsay esto suponía una catástrofe. Ahora solo disponía de quince destructores, los buques que constituían la espina dorsal de la Operación Dinamo. Cuando concluyó la evacuación, habían embarcado casi a un 30 % de todos los efectivos rescatados, más que cualquier otro tipo de barco. Por suerte, la decisión del Almirantazgo fue revocada al día siguiente y los destructores volvieron a incorporarse a las labores de evacuación.

Los destructores, desarrollados a fines del siglo XIX, eran buques rápidos y fuertemente armados, ideales para la Operación Dinamo a pesar de que su velocidad y su tamaño creaban problemas a las embarcaciones de menor eslora que transitaban por el canal de la Mancha. El Lady Brassey, un remolcador del puerto de Dover, estuvo a punto de ser arrollado por un destructor que navegaba hacia Inglaterra a una velocidad de treinta nudos. Uno de sus tripulantes vio soldados en la cubierta de proa del destructor, empapados, desvalidos y azotados una y otra vez por las olas mientras el buque avanzaba a toda velocidad, ajeno a cuanto lo rodeaba.

Lo normal era que un destructor transportara a seiscientos o setecientos evacuados, pero existen numerosos testimonios de travesías que se hicieron con más de un millar de soldados a bordo. Algunos capitanes se deshacían premeditadamente de sus torpedos y cargas de profundidad para poder acoger a más hombres. El cabo de marinería Ernest Eldred recuerda que los soldados se hacinaban en cada palmo de espacio disponible del HMS Harvester. Ocupaban la cubierta superior y los comedores, la sala de máquinas y la de calderas... «El único sitio donde tenían prohibido estar», cuenta Eldred, «era alrededor de los cañones». A fin de cuentas, el destructor tenía que defenderse, y tal vez tuviera que disparar a las baterías enemigas de la costa.

Tan cargados iban los buques que la marea baja representaba un problema, sobre todo cuando a un barco se le averiaba el sistema de sondeo, como le sucedió al HMS Sabre.[26] El capitán ordenó entonces situarse a un marinero a cada lado de la cubierta para que echara la plomada, es decir, para que dejara caer un cabo lastrado con un plomo a fin de medir la profundidad del agua. Después, los marineros «cantaban» la profundidad de sondeo («¡Marca 5!») como hacían los marineros del Misisipi en el siglo XIX.[27]

Pero si muchos soldados volvieron a Inglaterra en buques de la Armada británica (dragaminas, así como destructores), hubo también muchos otros —más de un cuarto del total de los evacuados— que llegaron en navíos de uso civil. Entre ellos, transbordadores de pasajeros y de vehículos a motor, grandes barcos de placer (como el Crested Eagle), *schuits* holandeses (barcazas de fondo plano diseñadas para los canales neerlandeses) y un sinfín más de embarcaciones de pasajeros y carga. Una veintena eran vapores y cargueros propiedad de la empresa Southern Railway que hacían la travesía del canal de la Mancha, cinco de los cuales se perdieron. Podían transportar gran número de soldados: el Tynwald, un ferri de la isla de Man que zarpó del espigón muy al final de la evacuación, embarcó a tres mil soldados de una vez.

Anthony Irwin viajó a Inglaterra a bordo de otro transbordador de la isla de Man. Cuando el barco fue

---

[26] Philip Brown iba a bordo del Sabre cuando el barco recibió el impacto de un obús disparado desde la costa, que sin embargo no estalló. «Escapé por los pelos de una muerte segura», anota Brown.

[27] Mark Twain, el autor de *Tom Sawyer* y *Huckleberry Finn*, escogió ese seudónimo como homenaje a los gritos de los marineros. *Twain* es una forma arcaica de *two*, «dos».

bombardeado con obuses desde la costa, un oficial histérico comenzó a gritar que todo el mundo se trasladara a
un extremo de la nave. Felizmente, algunos miembros
más sensatos del Regimiento Real de Tanques contuvie-
ron a los hombres para que no obedecieran la orden y un
capellán del ejército golpeó al oficial en la cabeza con una
barra de plomo. Pero en cuanto se restauró el orden, seis
Messerschmitt 110 sobrevolaron el barco ametrallando a
sus ocupantes. Las escenas que se vivieron tras el ataque
eran dantescas. Junto a la pasarela había un montón de
cadáveres de dos metros y medio de alto. Irwin y otros
hombres retiraron a los muertos y trataron de ayudar a
los heridos. Un cabo de tanque que tenía dieciséis balazos
en el pecho y el estómago rechazó la morfina, alegando
que todavía tenía muchas cosas de las que hablar. Murió
tres horas después.

En los grandes buques reinaba un caos mucho más
prosaico. El cocinero del Medway Queen recuerda que
se formó un tapón en la puerta de la cocina y que de repente irrumpieron un montón de soldados blandiendo
tarteras y escudillas. Todos esperaban que les dieran de
comer. «No es que tuvieran apetito», cuenta. «Eran como
fieras hambrientas. Muchos de ellos tenían tanta hambre que no podían mantener las formas».

Pese a todo, también había ejemplos de urbanidad
y buenos modales. El capitán Humphrey Bredin fue
evacuado en un trasbordador de la isla de Man atracado
en el espigón. Para subir a bordo, tuvo que pasar por encima de un cadáver que había en la pasarela, mientras
caían bombas a su alrededor. Una vez dentro, buscó un
rincón donde sentarse. Un rato después, le sorprendió
ver ante él a un hombre pulcramente vestido con cha-
quetilla blanca.

—¿Es usted camarero? —le preguntó Bredin.

—Sí, señor —contestó el hombre—. ¿Puedo servirle en algo?

—Pues ¿sería posible tomar una cerveza?

—Cómo no. Pero ¿conoce usted las normas, señor? No puedo servirle alcohol hasta que estemos a cinco kilómetros de la costa.

En cuanto el barco estuvo fuera del alcance de las leyes que regulaban el consumo y venta de alcohol (aunque fuera del alcance de los Stukas), el camarero le llevó su cerveza. «¿Cómo podíamos perder la guerra —se pregunta Bredin riendo— teniendo gente así?».

Vale la pena señalar que no todos los camareros eran hombres. A bordo del Dinard, un buque de Southern Railway reconvertido en hospital, trabajaba también Amy Goodrich, una mujer de cincuenta y nueve años. Y en el vapor Paris, de la misma empresa, se hallaba la señora Lee, una limpiadora de Brighton. Cuando, el 2 de junio, el Paris se hundió tras ser bombardeado, la señora Lee fue ametrallada en el agua y recogida por un bote salvavidas, pero volvió a caer al agua cuando otra bomba estalló cerca del bote. Tras hora y media en el mar, la subieron a bordo de un remolcador y pudo llegar por fin a Dover. Junto a ella fue evacuada la hermana Gladys Seeley, una enfermera que resultó gravemente herida por la metralla en un bote salvavidas cercano.

En todos los barcos hospital trabajaban cinco o seis religiosas del QUAIMNS.[28] «Trabajaban como mulas», escribió el capitán John White, oficial médico del Isle of Guernsey, y añadía que estas mujeres facilitaban enormemente su trabajo porque nunca había que decirles lo que tenían que hacer. Los ataques continuos de la Luftwaffe, en cambio, complicaban mucho su labor. Los barcos hospital estaban pintados de blanco con grandes cruces rojas, pero ello no solo no disuadía a los aviones alemanes de atacar, sino que parecía atraerlos como un imán. En su diario, White se quejaba de que las cruces rojas

---

[28] Queen Alexandra's Imperial Military Nursing Service [Servicio de Enfermería Militar Imperial de la Reina Alexandra].

convertían a los barcos hospital en presas fáciles para los bombarderos. «¿Por qué no nos pintan de gris y nos instalan unos cañones a bordo?», anotaba.

El Isle of Guernsey fue atacado cuando estaba atracado en el espigón. Mientras caían bombas alrededor, embarcó a un millar de hombres, cuatrocientos noventa de los cuales iban en camilla. En medio del caos, White notó que subían a bordo hombres que estaban en perfecto estado, pero decidió no intervenir. Cuando el barco zarpó, todas las camas estaban ocupadas, y el suelo, los pasillos, el comedor y los camarotes se hallaban atestados de camillas. Junto a los hombres que sufrían lesiones físicas había muchos otros que se hallaban en estado de *shock*, «cuyos cerebros se habían colapsado tras días y noches de tensión, privaciones y terror». A estos últimos se les destinó un camarote vigilado y se les administraron sedantes.

Algunos barcos hospital no pudieron acercarse al espigón debido a los bombardeos. Josephine Kenny, una religiosa que trabajaba a bordo del St. Julien, viajó a Dunkerque seis veces, pero en cuatro de ellas no consiguió llegar al espigón. «Nos sentíamos todos impotentes y deprimidos cuando volvíamos de vacío», escribe. «Era muy distinto al júbilo que sentíamos cuando cada palmo de la cubierta estaba lleno de soldados malheridos». Sus palabras —esa extraña mezcla de angustia y exaltación— reflejan los profundos contrastes que se dieron en la Operación Dinamo.

El Isle of Guernsey fue el encargado de sacar del mar al oficial de vuelo Ken Newton, un piloto de la RAF que tuvo que lanzarse en paracaídas tras un combate aéreo con aviones enemigos. Como el personaje de Collins en la película, lo ayudaron a salir del agua unos marineros que murieron ametrallados por un avión alemán mientras se inclinaban sobre la borda para ayudar a Newton a subir a bordo. El hecho de que un barco hospital fuera ametrallado mientras rescataba a un piloto debería despejar cualquier sospecha de que Hitler dejara escapar deliberadamente a los británicos. Estos testimonios no permiten suponer que se estuviera tendiendo ningún «puente de plata» en mayo y junio de 1940.

Hubo algunos soldados que lograron hacer lo que Tommy y Gibson intentan en la película: llevar una camilla a bordo de un barco y quedarse allí para ser evacuados. El cabo Charles Nash, del Cuerpo de Intendencia Militar Real, estaba llevando camillas al espigón cuando de pronto un policía militar gritó: «¡Atención! ¡Tenemos sitio para unos cuantos más! ¿Quién quiere subir a bordo?». Nash subió a un pesquero y unas horas después estaba en Inglaterra. Transportar camillas era un trabajo difícil, sin embargo, sobre todo teniendo en cuenta el peligro que corría el espigón. Un grupo de soldados del Regimiento de Infantería Ligera Duque de Cornualles recibió orden de trasladar a un centenar de heridos a la corbeta HMS Kingfisher. Al igual que Tommy y Gibson en la película, tenían que llevar las camillas por una estrecha pasarela de tablones que salvaba un gran boquete abierto en el espigón mientras a su alrededor seguían cayendo las bombas.

Al atardecer del jueves 30 de mayo, William Tennant y Frederic Wake-Walker cenaron en el cuartel general de lord Gort en La Panne, en una villa que Wake-Walker describió como una pretenciosa casona con vistas al mar.[29] Compartieron la última botella de champán que le quedaba a Gort y tomaron de postre macedonia en almíbar. A Wake-Walker le indignó que Gort comentara que, mientras que el Ejército de tierra había logrado replegarse intacto, la Marina no estuviera haciendo un esfuerzo decidido por ayudarlo a escapar. Wake-Walker trató de hacerle ver los escollos que afrontaban, pero fue interrumpido por el general de brigada Oliver

---

[29] La casa fue demolida recientemente.

Leese, quien habló de la «ineptitud de la Marina». Wake-Walker no podía hacer gran cosa, más allá de enojarse. Cuando la evacuación llevaba varios días en marcha, seguía sin haber atisbos de un milagro.

Nueve

Un milagro

A última hora del 30 de mayo, la cifra total de evacuados ascendía a 126.606: casi el tripe de lo que preveía el Almirantazgo. Las últimas noticias que llegaban del perímetro, defendido aún por varios millares de hombres, permitían suponer que las defensas aguantarían cuarenta y ocho horas más. La falta de visibilidad mantenía alejada a la Luftwaffe. Y ese día, por primera vez, habían embarcado más soldados en las playas (29.512) que en el espigón (24.311).

En ciertos aspectos era preferible estar en las playas. La arena surtía un curioso efecto sobre las bombas. Si una bomba cae sobre una superficie dura y rígida, la metralla se expande y causa heridas severas en un radio amplio. «Pero si caían en la arena», cuenta John Wells, un artillero del Princessa, «oías un golpe sordo y te caía encima un montón de arena, pero nada más». Arthur Lobb, del Cuerpo de Intendencia Militar Real, recuerda los estallidos de las bombas en la arena como una sensación extraña, un lento agitarse de la tierra bajo los pies.

No puede deducirse de ello que las playas fueran un lugar más seguro. Murieron muchos hombres bombardeados en las dunas y, como recuerda Robert Halliday, de los Ingenieros Reales, allí costaba encontrar un sitio donde cobijarse de los ataques aéreos. Y salir de las playas podía ser igualmente difícil. A veces no se presentaba ningún barco. El 30 de mayo, el sargento Leonard Howard, de los

255

Ingenieros Reales, se metió en el agua con la esperanza de subirse a algún barco, pero tuvo que desistir: no llegaba ninguno. Y a menudo, cuando sí llegaban, los soldados tenían que luchar a brazo partido y competir entre sí para subir a bordo. Ese mismo día, cuando Arthur Joscelyne acercó su gabarra del Támesis a la costa, los soldados corrieron a montar en ella. «Podíamos haber volcado en cualquier momento», cuenta. Un oficial naval se irguió en la proa, sacó su pistola y amenazó con disparar al que embarcara sin permiso. Como niños esperando a que un adulto se hiciera cargo de la situación, los soldados se calmaron y fueron subiendo en orden. «Estaban en un estado tan lamentable que se tumbaban en cualquier parte y se quedaban dormidos», recuerda Joscelyne.

Leonard Howard fue testigo de cómo se resolvió, de forma mucho más brutal, una situación parecida. Una barca se acercó a la playa y se subieron a ella tantos soldados que parecía a punto de naufragar. El marinero que dirigía la embarcación ordenó a un soldado que se agarraba tenazmente a la popa que se soltara. Como no obedeció, el marinero le pegó un tiro en la cabeza. En opinión de Howard hizo lo correcto, aunque fuera una atrocidad. «Había tal caos en la playa», cuenta, «que esas cosas no parecían fuera de lugar».

No fue un hecho aislado: hubo casos parecidos, casi siempre protagonizados por hombres que, empujados por las circunstancias, actuaban de manera extrema e impropia de su carácter. Las tropas se hallaban inmersas en una situación atroz, en la que hasta los detalles más nimios les recordaban la suerte que podían correr en cualquier momento. El jueves, el mismo día en que Leonard Howard vio cómo mataban a aquel soldado, Colin Ashford, del Regimiento de Infantería Ligera de Highland, recuerda que vio cómo el mar arrojaba a la playa los cadáveres de decenas de jóvenes. «Estaban allí, tumbados en distintas posturas. Algunos todavía agarraban sus fusiles. Había cientos. Hasta donde alcanzaba la vista». Ashford cree que los cadáveres procedían de un vapor de ruedas que se había hundido cerca de allí.[30] Otro veterano recuerda que lo que causaba más espanto era ver los cadáveres mecidos por el oleaje, una vivencia que aparece reflejada en la película, cuando un personaje empuja delicadamente un cadáver para apartarlo de sí.

Igual de perturbadores resultaban los actos de maldad premeditada. Un oficial había conseguido hacerse con una barca de remos y estaba metido en el mar, con el agua hasta la cintura, vigilando la barca a la espera de que llegaran sus hombres, cuando le rodeó un grupo de soldados que le quitaron la barca a punta de pistola y, sonriéndose, lo apartaron a empujones. Es importante recordar historias como esta. El mundo entero, para bien y para mal, estaba representado en aquellas playas, y los mitos en torno a la evacuación no deben hacérnoslo olvidar.

Con todo, hubo al menos un oficial que tuvo una experiencia muy distinta. El capitán George Ledger, del Regimiento de Infantería Ligera de Durham, estaba guardando cola en la playa el 1 de junio. «Parecía que no había ninguna guerra», recuerda. No vio ningún desorden, aunque sí se fijó en que, cuando aparecía un avión, los soldados abandonaban la cola y corrían a refugiarse en las dunas.

No cabe duda de que la mejora de la organización se tradujo en un mejor comportamiento y una mayor tranquilidad. Vic Viner, un oficial de veintitrés años, fue enviado a Bray-Dunes para «organizar el caos». Su cometido —que también realizaban otros oficiales a lo largo de los kilómetros y kilómetros que medían las playas— consistía en mantener el orden en una cola. Le recomendaron echar mano de su pistola si alguno empezaba a desmandarse. «¡Tira a matar, hijo!».

Viner se vio en apuros cuando un oficial se salió de la cola que tenía a su cargo y empezó a gritar:

---

[30] Posiblemente, del Crested Eagle.

—¡Soy capitán! ¡Debería ir delante!

—¡Quédese donde está! —le ordenó Viner.

—¿Con quién diablos te crees que estás hablando? —le espetó el oficial.

Viner sacó su pistola mientras un sargento trataba de calmar al oficial:

—Hágale caso, señor, o le matará.

El oficial miró a Viner y Viner le sostuvo la mirada. La cola entera los observaba. Finalmente, el oficial se dio por vencido y regresó a su puesto.

Viner tuvo que sacar su arma en otras dos ocasiones, pero aquellos hombres «estaban traumatizados», explica, «y querían volver a Inglaterra». Durante el tiempo que estuvo en la playa, ninguno de los soldados de su fila tuvo que esperar más de tres días para embarcar, aunque a veces tenían que pasar hasta diez horas metidos en el mar, con agua a la altura del pecho. Recuerda que había ocasiones en que el mar estaba tan revuelto que los soldados no podían subir a las barcas. Los Stukas solían atacar dos o tres veces al día, aunque también podían presentarse con más frecuencia. Vine reconoce que él tuvo más suerte que los soldados que prestaban servicio en otros puntos del perímetro, porque los obuses de la artillería alemana no llegaban a Bray-Dunes.

Hay una imagen que le atormenta especialmente:

Hubo muchos que se suicidaron. Se metían en el agua. «¡Venga, vuelve aquí!». «¡No, me marcho!». «¿Adónde vas?». «Me vuelvo a casa. Inglaterra está allí». Yo les decía: «Ya lo sé, pero si te metes en el agua te vas a ahogar...». Y aun así se metían. Estaban rendidos y desmoralizados. Eso es algo que no consigo quitarme de la cabeza.

Este testimonio constituye una imagen tan potente que inspiró una escena de la película. Y hay muchos otros testimonios que lo confirman. Leonard Howard cuenta que había hombres que se metían corriendo en el agua, abrumados por lo que se estaba viviendo en las playas. «Estaban sometidos a una tensión espantosa, y uno no podía hacer nada por ellos».

A veces se veía a hombres nadando mar adentro. Unos soldados que iban a bordo de un bote salvavidas avistaron a un hombre que nadaba hacia Inglaterra cargado todavía con casi todos sus pertrechos. Al ver el bote, les pidió socorro a gritos y ellos suplicaron al patrón de la barca que fuera a recogerlo. Pero se negó. Dándose la vuelta, les dijo, habría arriesgado la vida de todos los que iban a bordo y abandonó a aquel soldado a su suerte.

A pesar de que los hombres que esperaban en las playas tenían más probabilidades de ser evacuados, no todo el mundo estaba dispuesto a sumarse a las colas. Mientras Robert Halliday construía su balsa con los tablones que arrancaba a camiones inutilizados, en las playas tenían lugar toda clase de actividades. George Wagner, aquel joven ingeniero apasionado del baile, recuerda que la mayoría de los hombres pasaban el rato tumbados en las dunas sin hacer nada. Él encontró una moto y estuvo paseándose con ella por la playa, de un lado para otro. Colin Ashford, gran aficionado a la pintura, dibujó un destructor fondeado frente a la costa.[31] Y, en lugar de guardar cola («No le veía el sentido»), Norman Prior pasaba el rato ayudando a otros, empujando barquitas cargadas de soldados para que superaran los bajíos, donde corrían peligro de encallar.

Una de las tareas más productivas a las que podían dedicarse los soldados era la construcción de muelles a base de camiones, otro excelente ejemplo de improvisación forzosa. No está claro de quién fue la idea, pero no cabe duda de que el primero de estos muelles se construyó el 30 de mayo en Bray-Dunes. Los camiones abandonados

---

[31] Lamentablemente, no conserva el dibujo.

se llevaban hasta la playa, donde se procedía a lastrarlos con sacos de arena y a reventarles los neumáticos a balazos. Luego se ataban unos con otros, en fila, y se colocaban tablones sobre los techos para formar una pasarela. Cuando subía la marea, la cadena de vehículos llegaba hasta muy lejos, mar adentro. Se construyeron diez muelles de este tipo, algunos incluso provistos con barandillas. Gracias a ellos la tasa de rescate aumentó drásticamente.[32]

En las playas también podían verse escenas conmovedoras cuando los hombres de más edad trataban de tranquilizar a sus camaradas más jóvenes. «Sabíamos el calvario por el que estaban pasando los chicos que tenían un carácter más débil», escribe un suboficial, «así que los ayudábamos todo lo que podíamos». Incluso se vio a un sargento veterano, de pelo canoso, consolando a un joven que había apoyado la cabeza sobre su regazo.

Inevitablemente, abundaban las muestras de miedo y angustia, así como las conductas desquiciadas. Un oficial, aterrorizado por los ataques aéreos, se ponía un corcho de champán entre los dientes cada vez que se acercaba un avión. Aseguraba que de ese modo notaba menos presión en la boca si estallaba una bomba. El miedo a menudo empujaba a los soldados a rezar. Algunos oraban para sus adentros. George Purton, del Cuerpo de Intendencia Militar Real, solía rezar a pesar de no ser una persona religiosa: «¡Por favor, Dios mío, ayúdame!». Otros asistían a misas improvisadas en la playa. Norman Prior se hallaba cantando un himno cuando un avión comenzó a ametrallar a la congregación. «No sé qué fue del sacerdote», cuenta, «pero nos dispersamos, y los más lentos acabaron muertos o heridos».

Algunos se daban por vencidos y renunciaban a escapar. Conocidos como los «habitantes de las dunas»,

---

[32] Tanto George Wagner como Norman Prior ayudaron a construir estos muelles improvisados en distintos sectores de la playa.

se construían casitas en la arena cavando hoyos y tapándolos con planchas de chapa y desechos encontrados aquí y allá. La gente trataba de evadirse de la realidad de muy diversas maneras. Una de ellas era construirse una morada en las dunas; la locura era otra; el suicidio, una tercera. Al llegar a las playas, Patrick Barrass, del Regimiento de Essex, dio con una cuarta forma de evasión: encontró una ambulancia abandonada en la arena, montó en ella y se echó a dormir. «Dejé fuera el trasiego de la guerra», cuenta. Las playas eran la madriguera del conejo por la que el ejército británico trataba de escapar, si no hacia Inglaterra, sí hacia un lugar menos tangible.

Una consecuencia notable de la retirada y la evacuación subsiguiente fue la formación de una meritocracia en la que el carisma y el liderazgo naturales se imponían al rango y la jerarquía. Todos los presentes se hallaban en condiciones físicas parecidas, vestían uniformes casi idénticos, comían la misma comida y tenían las mismas posibilidades de sobrevivir. Buen ejemplo de ello fue la conversación que mantuvieron un soldado raso y el general Harold Alexander, comandante de la 1ª División de Infantería.

—Usted tiene pinta de mandamás. A lo mejor puede decirme dónde encontrar un barco que nos lleve a Inglaterra —le dijo el soldado.

Alexander se quedó pensando un momento; luego señaló con el dedo y contestó:

—Siga a esa gente, hijo.

—Gracias, jefe —repuso el soldado—. Llevo recorridos cien kilómetros y es usted el mejor tío con el que me he encontrado.

En medio del desgobierno que reinaba en Dunkerque, el soldado se sentía con derecho a dirigirse a Alexander como a un igual. Y el general, dueño de sí mismo y poseedor de un aire de autoridad natural, fue capaz de contestarle sin sentirse menoscabado.

Pero muchos otros oficiales no tenían el temple de Alexander, y el desorden de Dunkerque puso en evidencia las fallas de su carácter. George Purton se negó a obedecer las instrucciones de un oficial en Dunkerque. «Normalmente me habrían juzgado en una corte marcial», cuenta, «pero no fue así». Durante una temporada, aunque fuera brevemente, las normas habituales dejaron de aplicarse dentro del perímetro de Dunkerque.

Cabe preguntarse, en cualquier caso, hasta qué punto estaban asustados los soldados inmersos en aquella extrañeza cotidiana y sometidos a un peligro constante.

George Wagner asegura que no tuvo miedo. «Siempre tuve la sensación de que iba a volver a casa», cuenta. Ted Oates, por su parte, adoptó una postura sumamente filosófica: «Me acuerdo de que cuando estaba en las playas pensaba: "Bueno, si me hacen prisionero, podré aprender alemán"».

Arthur Lobb, en cambio, experimentaba una angustia constante, acosado por el temor a no sobrevivir. George Purton se preguntaba cómo iba a salir de allí. Vic Viner, que estuvo en las playas más tiempo que nadie, reconoce que le dominaba el pánico cada vez que aparecían los Stukas, y cuenta que veinte años después esa tensión afloró en forma de crisis nerviosa. Y el grumete Stanley Allen, que servía en el HMS Windsor y tuvo oportunidad de observar de cerca el comportamiento de los soldados, comenzó a temer que Dunkerque representara el fin del modo de vida británico.

Teniendo en cuenta estos sentimientos y las condiciones de vida de los soldados, el hecho de que se mantuviera la disciplina en las playas pone de relieve el optimismo, el espíritu combativo y la determinación que poseían aquellos hombres. Todo lo cual no serviría de nada si no había barcos para trasladarlos a Inglaterra.

Hasta el viernes 31 de mayo, sexto día de la Operación Dinamo, no se difundió en Gran Bretaña la noticia de la evacuación. Los titulares de los periódicos derrochaban optimismo: «Decenas de miles de soldados vuelven a casa sanos y salvos. Siguen llegando en gran cantidad, de noche y de día», proclamaba en su primera plana el *Daily Express*. El editorial del *Daily Mail* afirmaba:

Hoy se han aligerado nuestros corazones. Hoy, nuestro orgullo por el coraje de los británicos se mezcla con el regocijo. Nos sentimos orgullosos de cómo han resistido los hombres de nuestra raza en la hercúlea batalla del canal. Y nos llena de júbilo que una parte considerable del Ejército británico haya escapado de lo que parecía una aniquilación segura.

Pero ¿de verdad se aligeraron los corazones de los británicos? Un examen atento de los archivos de Mass Observation revela un panorama más complejo e interesante. El informe del 1 de junio acerca del estado anímico general de la ciudadanía afirma que la noticia de la evacuación había animado a la gente, pero no de forma arrolladora:

La gente no tiene muy claro qué pensar de la situación militar, pero opina en general que debemos tomárnoslo como una derrota. Subyace sin embargo la sensación de que esto servirá para levantarnos la moral y de que pronto demostraremos a los alemanes de qué está hecha la nación británica.

De estas palabras cabe deducir que, en esta fase inicial de su creación, el «espíritu de Dunkerque» adoptó la forma de una sensación de alivio espontáneo y generalizado. No hizo falta imponerlo desde arriba, lo que se constata en una nota que Mass Observation envió a varios ministros del gobierno al día siguiente, afirmando que la inmensa mayoría del pueblo británico apoyaba sinceramente la guerra y deseaba seguir luchando. «Pero este estado anímico solo podrá mantenerse mediante un liderazgo audaz y un uso imaginativo y decidido de la propaganda».

Dicho de otra manera, el pueblo británico estaba fabricando su propio espíritu de Dunkerque, y la tarea del gobierno consistía en promover, alentar y dar forma a ese espíritu. Fue en este contexto en el que Churchill daría su discurso y J. B. Priestley su charla radiofónica unos días después.

No debe pensarse, sin embargo, que todo el país compartía los mismos sentimientos y actuaba de la misma forma. Los informes del 1 de junio ponen de relieve que, aunque la noticia de la evacuación animó a la ciudadanía, también fue motivo de inquietud. Una corresponsal de Mass Observation, una mujer de treinta y dos años que vivía en Birmingham, se sintió incapaz de pensar y hablar sobre la evacuación. Una amiga suya había recibido una postal de su hermano, recién retornado de Francia, diciéndole que ya le contaría «cómo ese desgraciado de Hitler ha machacado a la BEF». La mujer anota en su diario que, aunque no era de lágrima fácil, no paraba de llorar desde que conocía la suerte que había corrido el ejército. Aun así, añade: «Están todos contentos, en absoluto deprimidos. Tienen espasmos momentáneos de incertidumbre, pero no por eso se entristecen».

Le daba muchísimo miedo una invasión alemana y tenía la impresión de que la mayoría de la gente ignoraba lo que eso supondría: las matanzas, el tumulto y el terror que causaría. Ese día se armó de valor y siguió adelante como pudo, pero estaba convencida de que iba a pasar algo malo. Era —cuenta— como saber que tienes cita en el dentista para una extracción.

Sus palabras y sentimientos contradictorios, que oscilaban entre el miedo, el coraje impostado y la banalidad, constituyen un vívido reflejo de aquel periodo. Así nos habríamos comportado todos, ustedes y yo, de haber estado en el «frente doméstico». Unos días después, al igual que los soldados de las playas, aquella mujer de Birmingham se refugió en su propia trinchera: «Si me preocupo y me angustio, solo conseguiré debilitar aún más mi estado nervioso. Por eso he creado una especie de laguna mental en torno a la batalla».

Pero, como gran parte de la población británica, también trató de encauzar sus miedos de una manera más productiva. «Me gustaría colaborar en tareas de defensa local o algo así», escribe. Y corrobora el informe de Mass Observation del 1 de junio cuando añade que la gente parecía «dispuesta a hacer montones de cosas para ayudar en la guerra». Había surgido la marea de la solidaridad, esa unidad espontánea que en breve se adueñaría del país, cambiándolo para siempre.

Mientras las tropas sufrían en Francia y Bélgica, en Inglaterra el espíritu de Dunkerque surgió como una respuesta al miedo y una alternativa a la evasión. Pero, para sobrevivir, había que equilibrar (y fomentar) el miedo mediante la esperanza.

En Francia, mientras tanto, el viernes 31 de mayo lord Gort entregó el mando al carismático general Alexander y regresó a Inglaterra.[33] Gort deseaba quedarse hasta el final, pero Churchill no se lo permitió: sabía cómo explotaría la maquinaria propagandística de Goebbels la eventual captura del comandante de la Fuerza Expedicionaria Británica. Le harían desfilar delante de las cámaras nazis y le fotografiarían, sumiso y cabizbajo, al lado de Hitler. La sola idea resultaba intolerable.

Entre tanto, en Dunkerque, las cosas se complicaban. El 31 de mayo se levantó un viento fresco que provocó un fuerte oleaje, pero el problema más acuciante era la falta de embarcaciones. El día anterior habían llegado en gran número, por lo que pudo evacuarse a casi treinta mil soldados de las playas. Pero hacían falta muchas más.

---

[33] Según Montgomery, la idea de nombrar a Alexander para suceder a Gort fue suya. Gort tenía pensado en principio nombrar al teniente general Barker, comandante del I Cuerpo de Ejército y hombre mucho menos capacitado para ejercer el mando.

A primera hora de la mañana, las tropas no podían hacer otra cosa que mirar con anhelo los navíos civiles y militares fondeados mar adentro. Para colmo de males, los alemanes volvieron a bombardear el espigón y fue necesario desviar a más barcos de pasajeros hacia las playas. Pero las cosas estaban a punto de cambiar.

El viernes 31 de mayo nació la leyenda de Dunkerque. Aquel día llegó de verdad la Armada. Una procesión de barcos de cabotaje, lanchas, gabarras, botes salvavidas, barcazas, pataches, pesqueros, barcas a motor, esquifes, pinazas, lanchas de salvamento, remolcadores, yates y Dios sabe qué más salió de Ramsgate y puso rumbo a Dunkerque. El convoy medía casi ocho kilómetros de longitud. Para Frederick Eldred, que servía a bordo del HMS Harvester, era una imagen maravillosa. «Casi como una escena de vacaciones», cuenta, «con tantos barcos de todo tipo». El teniente de aviación Frank Howell, del Escuadrón 609, sobrevoló el convoy.[34] En una carta dirigida a su hermano escribió: «La flotilla que hacía la travesía entre Inglaterra y Dunkerque era digna de verse. Nunca volveré a ver tal cantidad de barcos de todas clases y tamaños en un trecho de mar como aquel».

Pero los barcos no aparecieron por arte de magia. Hacía ya dos semanas que se sopesaba la posibilidad de que fueran necesarios. La iniciativa partió, en un principio, del almirante sir Lionel Preston, jefe de un oscuro departamento del Almirantazgo conocido como Parque de Pequeñas Embarcaciones. El 14 de mayo, el almirante Preston hizo que se publicara un anuncio en los

---

[34] Howell avistó también un bote de remos que navegaba en solitario, con un marinero y ocho o diez soldados a bordo. Confiaban en llegar a la costa de Inglaterra, situada a 112 kilómetros de distancia, pero habían equivocado el rumbo. Howell pasó por encima del bote varias veces tratando de indicar a sus tripulantes la derrota que debían seguir. Al aterrizar, informó de su posición con la esperanza de que alguien fuera a rescatarlos.

noticiarios radiofónicos de la BBC (y en una revista de marinería) ordenando a los propietarios de embarcaciones de recreo autopropulsadas de cierto tamaño que las hicieran llegar al Almirantazgo en un plazo de catorce días. Así comenzó la requisa de yates y barcos a motor, que en principio no estuvo relacionada con la evacuación de Dunkerque. En aquel momento, Preston buscaba embarcaciones para que cumplieran diversas funciones defensivas en territorio inglés, entre ellas el barrido de minas magnéticas.

Con el paso de los días, sin embargo, la evacuación, que en principio se consideró prácticamente inviable, pasó a ser no solo posible, sino inevitable. Y al apuntarse esa posibilidad, el almirante Ramsay hizo saber que se necesitarían gran cantidad de embarcaciones para evacuar a las tropas desde las playas de Dunkerque. El 27 de mayo, al día siguiente de comenzar la Operación Dinamo, esa necesidad se hizo urgente. Pero organizar las embarcaciones privadas enviadas en respuesta al llamamiento de la BBC requería tiempo. Se decidió, por tanto, requisar directamente las embarcaciones en todos los astilleros del curso del Támesis y los estuarios costeros. El almirante Preston autorizó a Douglas Tough, del astillero Tough Brothers en Teddington, para que confiscara cualquier embarcación que considerara apta. Algunas estaban ya en su astillero; otras las encontró en sus viajes por el río. Algunos propietarios cedían sus embarcaciones gustosamente, mientras que otros trataban de resistirse en vano. Un hombre que creyó que le estaban robando su barco lo persiguió por el Támesis y llamó a la policía.

Tough consiguió reunir más de un centenar de barcos en su astillero, y lo mismo hicieron otros propietarios de astilleros y fabricantes de barcos. Entre tanto, el personal del almirante Ramsay buscaba navíos en otros lugares, desde lanchas de desembarco a botes salvavidas de transatlánticos. Las embarcaciones, despojadas de todo aquello que no fuera imprescindible, eran remolcadas hasta Sheerness, donde se las dotaba de una tripulación temporal, normalmente compuesta por miembros de la Marina Real.[35] Esto tuvo una consecuencia desafortunada, y es que se impidió a numerosos propietarios que conocían sus navíos a la perfección llevarlos a Francia y se entregó su mando a personal naval retirado o a reservistas que desconocían el manejo de las embarcaciones. El resultado fue el predecible: muchos barcos sufrieron averías y otros se hundieron en los bajíos. La noche del 28 de mayo la BBC difundió otro llamamiento, esta vez solicitando la comparecencia de civiles con conocimientos náuticos. El Almirantazgo reconocía así, tácitamente, su error. No solo necesitaba embarcaciones: también necesitaba personal que supiera manejarlas con eficacia. De todos los elementos improvisados que intervinieron en la Operación Dinamo, ninguno fue tuvo un carácter tan casero como la formación de esta flotilla de Pequeñas Embarcaciones.

El cuaderno de bitácora de uno de estos barcos, el Sun IV, un remolcador del Támesis, muestra cómo funcionaba el procedimiento. El 31 de mayo salió de los muelles de Tilbury rumbo a Ramsgate, adonde llegó antes del mediodía. A primera hora de la tarde, mientras se le dotaba de armamento, subieron a bordo dos oficiales navales y varios marineros que se encargarían de tripularlo. Después zarpó hacia Dunkerque remolcando a nueve embarcaciones de menor tamaño.

Unas horas después, cuando iba camino de Francia, se vio afectado por la estela de un destructor. Se hundió por babor y tres de los marineros cayeron al mar. A uno de ellos lo recogió rápidamente un barco cercano, pero otro quedó a la deriva, gritando que no sabía nadar. El Sun IV

---

[35] También hubo algunas tripulaciones formadas por civiles que tenían que firmar el impreso T124, el cual les reconocía un estipendio de tres libras y los convertía en voluntarios de la Marina Real por el plazo de un mes.

viró rápidamente, desenganchó las embarcaciones que remolcaba y aminoró la marcha para buscar a los marineros desaparecidos. Uno de ellos fue avistado y rescatado; el otro desapareció. Tras diez minutos de búsqueda infructuosa, el remolcador volvió a recoger sus embarcaciones y se sumó a la flotilla. Había sufrido su primer percance mortal antes incluso de avistar la costa francesa. Esa noche, a las 22:30, el Sun IV fondeó frente a las playas de Dunkerque y comenzó a enviar a sus barcas a la orilla. En total, recogieron a ochenta y dos soldados que fueron trasladados a bordo del remolcador. Luego regresó a Ramsgate, donde desembarcó a los soldados, y el procedimiento volvió a repetirse.

Ese mismo día partió de Leigh-on-Sea una flotilla de seis pequeños barcos pesqueros tripulados por civiles. Uno de ellos, el Leona, se salvó por poco de recibir el impacto de cuatro bombas mientras navegaba hacia Dunkerque. «Pasaron tan cerca», cuenta Alf Leggett, uno de sus tripulantes, «que cuando cayeron vi las letras amarillas que llevaban impresas». Leggett y sus compañeros de tripulación, todos ellos pescadores, no habían visto nunca una bomba, y se pusieron tan nerviosos que se acercaron todos a un lado del barco y orinaron por encima de la borda.

Otro de los pesqueros, el Renown, tuvo problemas con el motor a primera hora de la mañana siguiente y fue remolcado por otro barco de pesca, el Letitia, al que a su vez remolcaba un barco de cabotaje. Mientras el convoy se acercaba a Ramsgate en la oscuridad, el Letitia rozó una mina de contacto provista de un detonador de acción retardada. Pasó de largo sin que nadie se percatara de ello, pero la mina estalló junto al Renown, que iba varias brazas más atrás. Llovieron astillas de madera sobre la cubierta del Letitia y la cuerda de remolque se aflojó. Del Renown y sus cuatro tripulantes no quedó nada.

Un tercer pesquero, el Endeavour, también tuvo que ser remolcado esa noche debido a una avería del timón, tras trasladar con éxito a numerosos soldados desde las playas y el espigón. Llegó a salvo a Ramsgate con toda una dotación de soldados a bordo. El barco existe todavía hoy y aparece en la película de Chris Nolan.

De hecho, aparecen numerosos barcos que tomaron parte en la evacuación, lo que atestigua la fidelidad histórica del film. El hecho de que estos navíos se conserven en tan buen estado demuestra la excelente labor de sus dueños, de sus muchos admiradores y de la Asociación de Pequeñas Embarcaciones de Dunkerque. El Endeavour es un buen ejemplo de ello: tras hundirse en 1987, fue rescatado por miembros del Club de Submarinismo Nautilus. Con un poco de suerte y viento propicio, tiene un largo futuro por delante.

Además del Endeavour, aparecen en la película los yates Elvin, Hilfranor, Mary Jane, Mimosa, Nyula, White Heather y Papillon, el queche Caronia, el vapor de ruedas Princess Elizabeth, la lancha motora New Britannic y la torpedera MTB 102. Vale la pena contar su historia.

Cuando el capitán de corbeta retirado Archie Buchanan sintonizó las noticias de la BBC la noche del martes 28 de mayo, escuchó el llamamiento del Almirantazgo pidiendo que se presentaran todas aquellas personas que tuvieran experiencia en navegación de cabotaje y mecánica naval. Buchanan se personó en un astillero de Suffolk donde lo pusieron al mando del yate a motor Elvin, con una tripulación compuesta por un pescador jubilado y un escritor de cuentos náuticos.

Navegaron siguiendo la línea costera sin necesidad de cartas náuticas, pues el pescador pilotaba el Elvin de memoria. Arribaron a Ramsgate el viernes por la tarde y casi de inmediato les ordenaron regresar a Suffolk. Pero, nada más llegar allí, Buchanan recibió una llamada telefónica que les ordenaba volver a Ramsgate, donde sin embargo les prohibieron zarpar hacia Dunkerque. Según las autoridades, el Elvin era demasiado lento para hacer la travesía, y sus tripulantes demasiado inexpertos para confiarles esa misión. Buchanan y sus compañeros estaban tan hartos del trato recibido que zarparon sin autorización.

«No teníamos ni idea de en qué consistía la operación, ni de lo que teníamos que hacer», recuerda. «Con el barco a oscuras, seguimos la derrota que llevaban los demás barcos y luego enfilamos hacia los incendios de Dunkerque».

Pese a una breve avería durante el viaje, el Elvin llegó al espigón el lunes a primera hora de la mañana. En aquel momento, la mayoría de los soldados que quedaban en Dunkerque eran franceses, y un *poilu*[36] les gritó «*Combien de soldats?*». Buchanan entendió lo que decía: ¿cuántos hombres podían subir a bordo? Y aunque no sabía cómo se decía «veinticinco» en francés, sí sabía cómo se decía «treinta». «*Trente!*», gritó. Y de este modo el Elvin embarcó más hombres de los que teóricamente podía transportar.

Buchanan confiaba en poder trasladarlos a otro navío durante la travesía, pero el Elvin avanzaba tan despacio que se quedó rezagado. «No teníamos ni idea de dónde estaba el corredor que habían limpiado de minas», recuerda Buchanan, «pero como el barco tenía un calado de un metro cinco y había bastante profundidad, no creíamos que hubiera mucho peligro de encontrarnos con minas». Llegaron sanos y salvos a Ramsgate con veinticinco soldados franceses y ocho británicos a bordo, de modo que puede afirmarse sin lugar a dudas que el Elvin cumplió con su deber. De hecho, si hay alguna historia que represente de forma ejemplar el espíritu de Dunkerque, es la de este barco y su variopinta tripulación.

El Hilfranor (que debía su extraño nombre a las tres hijas de su primer propietario: Hilda, Frances y Nora)

---

[36] Durante la I Guerra Mundial, el adjetivo *poilu*, «peludo», se convirtió en sinónimo de «soldado francés».

era uno de los barcos confiscados en Teddington por Douglas Tough, quien se encargó de desmantelar sus camarotes para dejar más sitio a las tropas. Al llegar a Dunkerque, una bomba lanzada por un Stuka resquebrajó el casco y el navío quedó abandonado. Un grupo de soldados franceses desesperados volvió a meterlo en el agua y zarpó en él. Fueron achicando el agua como pudieron hasta que el barco comenzó a zozobrar en los bancos de arena de Goodwin y tuvo que ser remolcado hasta Ramsgate por un dragaminas que pasaba por allí.

El New Britannic, construido en 1930, era una lancha motora de dieciséis metros de eslora con la cubierta al aire y provista de un potente motor. Con licencia para transportar ciento diecisiete pasajeros, zarpó de Ramsgate la tarde del martes 28 de mayo y llegó a Dunkerque el miércoles por la mañana. Al llegar comenzó a embarcar tropas en la playa de La Panne y a trasladarlas a destructores y buques de pasajeros fondeados frente a la costa. Era, por su diseño, una embarcación especialmente idónea para esa labor, y se calcula que trasladó a más de tres mil soldados en el transcurso de la evacuación. Fue una de las auténticas mulas de carga de la Operación Dinamo, embarcaciones cuya importancia difícilmente puede exagerarse. Regresó a Ramsgate llevando a ochenta y tres evacuados a bordo.

El White Heather transportó menos soldados que el New Britannic, pero su peripecia fue muy parecida. El 1 de junio zarpó hacia Dunkerque, donde trasladó a numerosos soldados desde las playas a los buques más grandes antes de hacer tres viajes de ida y vuelta a Inglaterra transportando tropas. Rebautizado con el nombre de RIIS 1, posteriormente fue adquirido por el comodoro de la Asociación de Pequeñas Embarcaciones de Dunkerque.

El Princess Elizabeth, un ferri de la isla de Wight, sirvió en principio como dragaminas durante la Operación Dinamo. Limpió de minas el corredor marítimo que pasaba delante de las playas en cuatro ocasiones. Se trataba de un trabajo extremadamente peligroso que provocó el hundimiento de tres barcos. El 29 de mayo recogió a soldados de la playa de La Panne junto con otros seis dragaminas. Regresó dos veces más a Dunkerque y por último, el 4 de junio, al concluir la evacuación, trasladó a trescientos veintinueve soldados franceses a Inglaterra. En sus cuatro travesías, rescató a un total de mil seiscientos setenta y tres hombres.

Es probable que muchos de los pequeños navíos que tomaron parte en la Operación Dinamo nunca obtengan el reconocimiento que merecen, pues no ha quedado constancia documental de su labor, si es que alguna vez la hubo. Acerca del papel que desempeñó el Papillon solo quedan algunas notas pertenecientes a un comandante naval de Dover que se han conservado por casualidad. Este yate a motor fue requisado y enviado a Dunkerque el 2 de junio con una tripulación de cuatro voluntarios civiles, a pesar de que se sabía que tenía una avería mecánica. Regresó a Dover al día siguiente.

El Caronia era un pesquero de 1927, cuyos costes de construcción pudieron pagarse con los beneficios de las capturas de sardinas de su primer verano faenando. Confiscado por la Marina, es uno de esos pequeños navíos cuya peripecia en Dunkerque probablemente nunca conoceremos. El papel que desempeñó durante los años sesenta, cuando se empleó para transportar suministros a la emisora pirata Radio Caroline, está mucho mejor documentado.

El Mimosa, el Mary Jane y el Nyula son otros tres navíos cuyas hazañas se conocen solo hasta cierto punto. Se sabe que el Mimosa hizo tres viajes de ida y vuelta a Dunkerque al mando del capitán de corbeta Dixon. El Mary Jane, por su parte, era un barco singularmente cómodo y bien equipado para su época. Uffa Fox, un conocido diseñador de yates británico, lo describió como «uno de los yates más confortables en los que he dormido».

Queda por saber si encendieron su modernísima calefacción central para los soldados de la Fuerza Expedicionaria Británica. El Nyula hizo su primera aparición pública en 1933, durante la Exposición de Embarcaciones a Motor del Olympia, en Londres, donde fue descrito como «un elegante crucero de doce metros de eslora, sin duda uno de los barcos más interesantes y marineros de la feria». Tras prestar servicio en Dunkerque, fue equipado con un cañón alemán de la I Guerra Mundial.

La torpedera MTB 102 constituye un caso de supervivencia notable. Como uno de esos personajes de novela que aparecen siempre en el momento clave, su nombre surge una y otra vez a lo largo de la Operación Dinamo. Equipado con un radar primitivo, recibió orden de presentarse en Dover el primer día de la evacuación. Al día siguiente, el almirante Ramsay ordenó a la tripulación «zarpar a toda prisa hacia Dunkerque y presentarse ante el capitán William Tennant para ver en qué podían ayudar».

El 31 de mayo, estaba previsto que el MTB 102 llevara a lord Gort y a su estado mayor de regreso a Inglaterra, pero (como era habitual) hubo un problema de comunicaciones y la torpedera acabó embarcando a soldados en La Panne antes de regresar a Dover. Al día siguiente fue a recoger al almirante Wake-Walker al HMS Keith y lo trasladó sano y salvo a Dunkerque. Cuando el almirante volvió a subir a bordo para regresar a Dover, la tripulación izó a modo de bandera un trapo de cocina en el que había pintado precipitadamente la cruz de San Jorge. Posteriormente trasladó por última vez a Dover tanto al capitán Tennant como al general Alexander después de que completaran su labor, pero regresó a Dunkerque el 5 de junio con el almirante Wake-Walker, encargado de dejar el puerto inutilizable para los alemanes.

Todos estos navíos tomaron parte en un gran acontecimiento histórico y han participado también en su recreación cinematográfica, en la que hacen de sí mismos.

Pero en la película aparecen muchas otras embarcaciones inspiradas en los auténticos navíos que tomaron parte en la evacuación. Así, por ejemplo, se escucha al capitán Bolton preguntarle a un patrón si es de Deal, porque su embarcación es un sencillo pero elegante esquife de casco trincado de esa localidad costera. Durante la evacuación, un esquife de Deal llamado Dumpling hizo siete viajes entre las playas y los buques más grandes, hasta que se hundió arrastrado por la estela de un destructor. Fue un final ignominioso para una embarcación construida en tiempos de Napoleón y cuyo verdadero patrón tenía más de setenta años. Otro esquife de Deal que estuvo presente en Dunkerque, el Lady Haig, todavía se conserva, felizmente.

Pero no son solo los barcos los que están inspirados en la realidad. El espectador puede ver atisbos de Tennant, Wake-Walker, Clouston y Ramsay en los oficiales navales de la película. Y George, el chico que cruza el canal de la Mancha en el Moonstone, es una amalgama especialmente interesante de personajes históricos.

Uno de ellos es Harold Porter, que a sus dieciocho años formaba parte de la tripulación del Renown, el barco que resultó destruido por una mina de contacto, con todos sus tripulantes a bordo. El 7 de junio de 1940, el *Daily Mirror* decía lo siguiente acerca de Harold:

El muchacho de dieciocho años que ha pasado a engrosar las filas de los héroes de Dunkerque era un mal estudiante. Debido a su mala salud, nunca se distinguió en el aula ni en el campo de deportes. Pero un día le dijo a su padre: «Siento no ganar ningún premio, pero algún día mi nombre estará escrito en el cuadro de honor del colegio».

El personaje de George comparte también algunos rasgos con Joe Reed, un grumete de quince años que viajaba a bordo del New Britannic, la lancha motora que aparece en la película. Se cuenta que Joe se lanzó una docena de veces al agua para socorrer a hombres heridos y ayudarlos a subir a la lancha durante un ataque de la aviación alemana. El 5 de junio de 1940, su padre declaró al *Daily Express*: «Era un chico valiente. Pero mi abuelo, mi padre y yo mismo hemos cruzado el Canal, y me parecía que el chico podía valerse solo».

El cadete de marina Reg Vine tenía también quince años. Su madre había muerto hacía poco y su padre los había abandonado. Un día, a finales de mayo de 1940, un subteniente le mandó ir «a la costa» en una lancha llamada Rummy II. Al día siguiente viajó por el Támesis hasta Ramsgate, donde le entregaron un fusil. La lancha salió entonces al mar remolcada por otro barco. Solo entonces supo Reg que el Rummy II tenía por misión rescatar a soldados británicos y que su cometido consistiría en hacer de remero en un bote salvavidas.

Cuando la lancha se acercó a la costa, Reg oyó un estruendo como no había oído otro igual en su vida. Entonces vio pasar flotando varios trozos de cuerpos y se mareó. Para que se le asentara el estómago, trató de imaginar que estaba en el matadero de su tío y que aquellos despojos pertenecían a animales.

A su llegada a Dunkerque, el Rummy II fue enviado a La Panne. Los cadetes de marina que iban a bordo, entre ellos Reg, se pasaban el día remando para llevar a los soldados de la playa a la lancha, que a su vez los trasladaba a navíos anclados mar adentro: una cadena en la que el bote salvavidas de Reg ocupaba un extremo, y los destructores de la Marina Real el otro. Como dato interesante, Reg recuerda haber visto cómo los soldados franceses desnudaban los cadáveres de soldados ingleses para ponerse sus uniformes.

El grumete Gerald Ashcroft, por su parte, formaba parte de la tripulación del Sundowner, una pinaza de diecinueve metros de eslora cuyo patrón, Charles Lightoller, era el oficial de mayor rango que sobrevivió al hundimiento del Titanic en 1912. La Marina quiso requisar el Sundowner, pero Lightoller persuadió a las autoridades de que, teniendo en cuenta su experiencia como marino (había comandado un destructor en la I Guerra Mundial), era el más indicado para llevar el barco a Dunkerque. «Te advierto que no va a ser un viaje de placer», le dijo Lightoller a Gerald, «pero, si quieres venir con nosotros, te llevamos encantados». El Sundowner rescató a ciento treinta soldados de un destructor siniestrado. Ashcroft recuerda que los hombres estaban muy deprimidos cuando subieron a bordo: decían constantemente que habían defraudado a su país. «Pero intentamos hacerles comprender que no era así», cuenta Ashcroft.

Otro personaje real que tiene rasgos en común con George es Albert Barnes, que a sus catorce años era posiblemente el civil más joven que tomó parte en la Operación Dinamo. En aquel momento trabajaba como mozo de cocina en el Sun XII, un remolcador del Támesis. No le avisaron de que el remolcador zarpaba hacia Dunkerque, y no tuvo tiempo de decirles a sus padres que se marchaba. Cuando por fin volvió a casa, se dio un baño y pasó veinticuatro horas durmiendo. «Después volví al trabajo, como siempre», cuenta. «A fregar, a limpiar y a preparar té».

El personaje de George, como todos los de la película, no parece estar basado en un único individuo. Es una amalgama, la personificación de un tipo de adolescente que existía en 1940.

Uno de estos jóvenes era Jim Thorpe, que por entonces contaba diecisiete años de edad. Mientras escribo estas líneas, Jim es casi con toda seguridad el último superviviente de quienes acudieron a Dunkerque a bordo de aquellos barquitos. Nacido en noviembre de 1922, actualmente vive en Maryland, Estados Unidos. Cuando hablé con él a finales de marzo de 2017, me explicó que su hermano Arthur, gran amante de la navegación, había vivido a orillas del Támesis. A últimos de mayo de 1940, Arthur se puso en contacto con él para pedirle ayuda.

«¿Qué necesitas?», le preguntó Jim. «Necesito a alguien como tú para el fin de semana», contestó su hermano.

Cuando llegó el momento de zarpar, Jim todavía ignoraba adónde se dirigían. «Vamos a ayudar a unas personas», fue lo único que le dijo Arthur. Pero hacía buen tiempo y Jim llegó sano y salvo a la costa francesa, rodeado por muchas otras embarcaciones. Le impresionó la cantidad de soldados que había en las playas y el hecho de que guardaran cola metidos en el agua hasta el pecho.

Acercaron el barco a la orilla todo lo que se atrevieron y apagaron el motor. Los hombres empezaron de inmediato a subir a bordo. «Era un poco caótico», cuenta Jim. «Había muchísima gente intentado subir al mismo tiempo, así que yo les decía "¡Esperen un momento! ¡Esperen un momento!"». Una vez subían a bordo, Jim los dirigía hacia la parte delantera del barco para que dejaran despejada la popa a fin de que pudieran arrancar los motores.

Recuerda que hizo muchas veces la travesía del Canal; que un avión alemán ametralló su barco y que los soldados que iban a bordo abrieron fuego con sus fusiles. Pero ¿era consciente de la importancia de su labor?

«No. Uno no piensa en esas cosas. Piensa en... en recoger a esos hombres, que intentaban hacer algo por los demás. Pensabas "¡Vamos a sacarlos de ahí!"».

Hasta ahora, en el transcurso de nuestro relato, nos hemos encontrado con diversos tipos de pequeños navíos y con su tripulación, pero en el entorno caótico de Dunkerque, donde reinaba la improvisación, había algunas embarcaciones muy poco convencionales, tripuladas por personajes de todo tipo. Cuando Robert Newborough se alejaba de Dunkerque en un buque de la Flota de la Fuerza Aérea de la Marina Real, avistó una canoa que iba en dirección contraria.

—¿A dónde narices va? —le gritó Newborough a su único ocupante.

—¡Puedo llevarlos uno a uno! —contestó el remero.

Pero quizás el medio de transporte menos fiable que había en esos momentos en el Canal lo divisó el patrón del yate a vapor Killarney, que pasó junto a un oficial francés y dos soldados belgas que trataban de llegar a Inglaterra montados sobre una puerta. Y en equilibrio sobre la puerta, entre los tres pasajeros, había seis grandes botellas de vino.

Otra pequeña embarcación poco corriente, aunque por otros motivos, era el Advance, una lancha motora tripulada por tres civiles barbudos con aspecto de piratas. Como comentó alguien en su momento, «solo les faltaba la bandera». Pero aún más curioso que su apariencia física fue el hecho de que, a las cuarenta y ocho horas de volver a Inglaterra, dos miembros de su tripulación fueran detenidos por la policía por formar parte de la Unión de Fascistas Británicos, conforme a lo establecido en la Regulación de Defensa 18B.

Pero, pese a lo variopintos que eran los tripulantes de estas embarcaciones, parece ser que no había entre ellos mujeres. La Asociación de Pequeñas Embarcaciones de Dunkerque no tiene constancia de que participaran mujeres en el convoy, a pesar de que un titular aparecido en el *Times* el 6 de junio de 1940 afirmaba «Mujeres entre las tripulaciones voluntarias». El artículo informaba de que al menos una mujer había recibido permiso para pilotar una embarcación rumbo a Dunkerque. Al parecer, lo consiguió telefoneando al Almirantazgo con una voz tan grave que la confundieron con un hombre. Por desgracia esta anécdota no ha podido confirmarse. En los días posteriores a la Operación Dinamo circuló una cantidad prodigiosa de rumores sin fundamento, algunos de los cuales llegaron incluso a las páginas del *Times*.

Las leyendas populares, al igual que la rumorología, tienden a arraigar tras un gran acontecimiento histórico. Hasta no hace mucho tiempo, se creía que el milagro de Dunkerque era obra únicamente de los legendarios barquitos, tripulados por aguerridos ingleses al estilo de Clem

Miniver,[37] que salían del *pub* una cálida noche de verano, montaban en sus barcos y regresaban dos días después, agotados y sin afeitar, y jamás hablaban de las cosas horribles que habían visto. Era, desde luego, un tópico, una exageración con escaso fundamento en la realidad. Pero la opinión revisionista según la cual las pequeñas embarcaciones apenas rescataron a soldados y no fueron más que un colofón insignificante a una evacuación llevada a cabo por la Marina Real es igual de engañosa.

Lo cierto es que los pequeños navíos (una cantidad sorprendente de los cuales llevaba tripulación civil) desempeñaron un papel de vital importancia en la Operación Dinamo. La evacuación se vio reforzada, a un nivel muy elemental, por la llegada de estas flotillas. Pero, aparte de esto, las pequeñas embarcaciones trasladaron a más soldados a Inglaterra de lo que se ha querido reconocer nunca. Ello se debe a que muchas de ellas, abarrotadas de soldados, fueron remolcadas por buques más grandes en la travesía por el canal de la Mancha. Cuando el convoy llegaba a Inglaterra, el barco pequeño atracaba junto al grande, los soldados pasaban de uno a otro y de allí al muelle, de ahí que no se reconociera el mérito de estas embarcaciones, que a menudo ni siquiera figuraban como participantes en la operación de rescate.

Pero aunque las pequeñas embarcaciones no hicieran otra cosa que trasladar hombres de las playas a los buques más grandes, sirvieron para rescatar a todos y cada uno de los hombres a los que embarcaron. Sin su contribución, esas tropas se habrían quedado en las playas y habrían sido apresadas por el enemigo. Teniendo

---

[37] Clem Miniver es el marido de la señora Miniver, protagonista de la película homónima de 1942 que narra las peripecias de un ama de casa británica de clase media. En el film, Clem pilota su propia lancha hasta Dunkerque.

esto en cuenta, la contribución de los pequeños navíos resulta crucial, incluso sin necesidad de preguntarnos cómo influyó su aventura en la creación del espíritu de Dunkerque.

El viernes 31 de mayo, cuando comenzaron a llegar las flotillas y la evacuación cobró impulso, el perímetro defensivo en torno a Dunkerque había empezado a estrecharse. La consecuencia inmediata fue que los seis mil hombres que había en La Panne tuvieron que marchar por la playa para llegar a Bray-Dunes. El coronel Stephen Hollway, de los Ingenieros Reales, recuerda que estaba esperando en la playa de La Panne cuando le dijeron que no llegarían más barcos. Luego perdió el conocimiento, no sabe si por el estallido de un obús o debido al agotamiento, y cuando volvió en sí el sábado a primera hora de la mañana no quedaba ni un alma en la playa. Las playas del este de Dunkerque habían sido abandonadas.

Dentro de la película, este es un momento muy revelador. En medio de aquella tierra de nadie, Tommy, Gibson, Alex y los Highlanders se refugian en un pesquero holandés varado. Las tropas aliadas han desaparecido y los alemanes están a punto de llegar. Y aunque apenas se tiene constancia de que participaran barcos holandeses en la operación (aparte de los omnipresentes *schuits*), se sabe que un bote holandés, el Johanna, llegó a Dunkerque a finales de mayo.

El viernes 31, entre tanto, Winston Churchill voló a París en un avión Flamingo, como tenía por costumbre, para reunirse con varios miembros del Consejo Supremo Aliado. Británicos y franceses se sentaron en torno a la mesa, unos frente a otros, y Churchill pudo darles por fin buenas noticias. A mediodía del viernes —dijo— ya habían sido evacuados ciento sesenta y cinco mil hombres, muchos más de los que esperaba nadie.

—¿Cuántos franceses? —preguntó Weygand.

—De momento, solo quince mil —contestó Churchill, lo cual no era tan buena noticia.

Weygand se preguntó en voz alta cómo iba a enfrentarse a la opinión pública francesa siendo tan dispares las cifras de evacuados. Habría que evacuar a más franceses. Churchill estuvo de acuerdo. Deseoso de que Francia siguiera luchando, había resuelto que las relaciones anglo-francesas debían mejorar. A partir de ese momento —explicó—, embarcarían tropas británicas y francesas en igual número.

Las autoridades francesas redactaron a continuación el borrador de un telegrama dirigido al almirante Abrial, en el Bastión 32. En él se le comunicaba que, una vez hubiera caído el perímetro, las fuerzas británicas tendrían prioridad sobre las francesas.

Al oír estas palabras, Churchill estalló, presa de una emoción sincera. «*Non!*», gritó. «*Partage... Bra dessus, bras dessous!*». Y, para que no quedara duda alguna de lo que quería decir, acompañó las palabras con el gesto de ir cogido del brazo de otra persona. Pero eso no fue todo. En el calor del momento, prometió que los británicos defenderían el perímetro hasta el final para facilitar la huida de los franceses.

En realidad, había pocas posibilidades de que se diera esa situación. Era casi inevitable que los franceses acabaran defendiendo su país cuando los británicos regresaran al suyo. Los franceses recordarían más adelante la promesa de Churchill como un clásico ejemplo de perfidia británica, tan grave como el hecho de que les ocultara su intención de evacuar a las tropas.[38]

Las relaciones entre los soldados británicos y los franceses dependían siempre de las circunstancias y de los individuos concretos. No cabe duda de que hubo resentimientos por ambas partes: en el caso de los franceses, por la supuesta traición británica, y en el de los británicos por la presunta ineficacia del ejército galo. Esas rencillas afloraron

---

[38] Véase el capítulo 7 (N. de la T.).

durante la evacuación. Como puede verse en la película, a los soldados franceses se les impedía hacer cola y subir a los barcos. Robert Newborough recuerda que procuraba recoger a las tropas británicas antes que a las extranjeras. Consideraba que era su deber. «A veces», cuenta, «uno se ponía un poco grosero y decía, "¡Británicos solamente!"». Parece, no obstante, que después de que Churchill diera la orden de que se evacuara por igual a británicos y franceses, se hicieron esfuerzos decididos por cumplir su mandato. Y pese a que el perímetro defensivo iba estrechándose, el viernes 31 de mayo fue el día más fructífero de la operación en cuanto a número de evacuados. Embarcaron un total de 68.014 hombres: 22.942 desde las playas y 45.072 desde el espigón. En total, 194.620 evacuados hasta ese momento.

El primer barco que zarpó de Dunkerque a la mañana siguiente fue el Whippingham, un transbordador de ruedas de la isla de Wight, con dos mil setecientos soldados a bordo. De una cifra tan elevada cabe deducir que las autoridades sabían que el tiempo se agotaba. El Whippingham estuvo a punto de naufragar cuando las tropas, asustadas por los bombardeos, se agolparon en un lado de la cubierta del buque.

Un poco después, en torno a las ocho de la mañana, el almirante Wake-Walker se hallaba en el puente del destructor HMS Keith, frente a Bray-Dunes, cuando apareció a lo lejos una escuadrilla de Stukas. Tres de ellos se fueron derechos hacia el Keith. Así comenzó el primero de cinco ataques consecutivos. El primero falló por poco: la bomba más cercana cayó a unos diez metros del buque. Durante el segundo bombardeo, una bomba cayó por la chimenea central abriendo un boquete en la parte inferior del casco. Fondeada allí cerca se encontraba la torpedera MTB 102, que se acercó a socorrer al Keith. El almirante Wake-Walker aguardó el momento más propicio para cambiar de barco. El tercer ataque y el cuarto debilitaron aún más al destructor, que se hundió a las 9:15, tras una última acometida de la aviación alemana. Lo único que quedó del HMS Keith fue una gran mancha de combustible en la que los soldados forcejeaban, vomitaban y perecían ahogados.

Ese mismo día se decidió detener el embarque de tropas a plena luz del día desde el espigón y las playas. Las baterías alemanas dominaban algunos tramos del canal de la Mancha, y todos los embarques necesarios podrían llevarse a cabo en la seguridad relativa que ofrecía la noche.

El sábado fue un día agridulce para los aliados. Se perdieron más barcos que nunca, pero el número de evacuados fue casi tan elevado como la víspera: 64.429 en total, de los cuales 47.081 embarcaron en el espigón. El total acumulado ascendía ya a 259.049.

Empezaba a vislumbrarse el final de la evacuación, pero llegados a este punto merece la pena hacer un alto para tratar de imaginar cómo era la vida dentro del perímetro defensivo. Quizá, para un recién llegado, lo más impresionante fuera el ruido. Había mucho ruido en Dunkerque: disparaban cañones de todo tipo; volaban y estallaban obuses; chillaban los Stukas (cuando iban provistos de sirenas)... No todo sucedía al mismo tiempo, claro, pero el ruido ambiente era tan fuerte que casi todo el mundo se quejaba de tener «garganta de Dunkerque»: una ronquera dolorosa que no remitía.

Un sonido muy frecuente en las playas durante los momentos de relativa calma era una especie de suspiro suave, semejante al que producía el viento al pasar por los cables telegráficos. Era en realidad el ruido que hacían los heridos al quejarse. A menudo se oían canciones. Entre las más populares en Dunkerque se hallaban algunas de corte irónico como *Oh I Do Like to Be Beside the Seaside* [Oh, cómo me gusta estar en la playa], *We're Going to Hang out the Washing on the Siegfried Line* y *Three Hundred Men Went to Walk, Walk along the Sand Dunes* [Trescientos hombres fueron a caminar, a caminar por las dunas] (con la melodía de *One Man*

Went to Mow [Un hombre fue a segar]). Entre las canciones patrióticas, la más cantada era *There'll Always be an England* [Siempre habrá una Inglaterra]. Y el tema *Home on the Range* [Hogar en la pradera] estaba de moda en aquella época.

A los franceses, por su parte, se les oía cantar con frecuencia *La Marsellesa*. Algunas expresiones muy usadas por los soldados eran «It's a Blighty move»,[39] en el sentido de «Me vuelvo a Inglaterra» y «Make for the black smoke» [Tirar para el humo negro], en el sentido de «encaminarse a Dunkerque». Al margen de lo que se estuviera hablando, los exabruptos ayudaban a los hombres a dar fuerza a sus argumentos. Pero sin duda uno de los sonidos más sobrecogedores que podía oírse en Dunkerque era el silencio que sobrevenía tras un ataque. «La quietud, cuando cesaba el fuego», escribía una enfermera anónima del QUAIMS, «era más perceptible que el ruido constante».

El sábado 2 de junio, cuando los esfuerzos británicos alcanzaron su punto culminante, el general Alexander recibió orden de resistir a toda costa, a fin de evacuar al mayor número de tropas que fuera posible. El capitán Tennant calculaba que quedaban unos cinco mil soldados por embarcar, además de los cuatro mil que defendían el perímetro y que en esos momentos estaban replegándose. Ramsay sospechaba que había cerca de dos mil hombres más escondidos en la ciudad (donde muchos se habían quedado después de que Anthony Rhodes saliera de su sótano, una semana antes). A pesar de las dificultades, se esperaba poder evacuarlos a todos en un plazo máximo de doce horas.[40] Con ese fin, Tennant

---

[39] Con el nombre de *Blighty* se designa popularmente a Inglaterra (N. de la T.).

[40] Es evidente que la promesa de Churchill de defender el perímetro mientras los franceses eran evacuados no entraba en los planes de Alexander y Tennant.

dirigió una exhortación de tintes nelsonianos a las tripulaciones de los destructores y dragaminas: «La evacuación final está prevista para esta noche y la nación confía en que la Marina cumpla con su deber. Quiero que todos los barcos informen lo antes posible de si están preparados para responder a las demandas que se le hacen a nuestro valor y a nuestra capacidad de resistencia».

A las cinco de la tarde, una enorme flota zarpó de Dover para recoger a los últimos restos de la Fuerza Expedicionaria Británica y evacuar a tantas tropas francesas como fuera posible. Los primeros navíos llegaron a Dunkerque a las 6:45 de la tarde y de inmediato empezaron a cargar tropas en gran número. El King George V, un vapor del río Clyde, trasladó a mil cuatrocientos sesenta hombres desde el espigón, mientras que el destructor Venomous evacuó a mil quinientos. Las últimas tropas de la retaguardia británica, unos dos mil hombres, fueron evacuadas en el St. Helier, un vapor de las islas del Canal. El capitán William Tennant envió un escueto mensaje («B.E.F evacuada») y embarcó en el MTB 102 rumbo a Dover.

La evacuación, sin embargo, continuó, en un intento por rescatar al mayor número posible de tropas francesas. El último barco en zarpar del espigón, a las 3:05 de la madrugada del 4 de junio, fue el Tynwald, un vapor de la isla de Man, con tres mil hombres a bordo. Esa noche embarcaron veinte mil soldados franceses. El último barco salió de Dunkerque a las 3:40 de la madrugada, cuando los alemanes estaban a solo cinco kilómetros de distancia. En tierra quedaban unos doce mil soldados franceses que caerían presa del enemigo.

La Operación Dinamo se dio por terminada a las 2:23 de la tarde del martes 4 de junio.

Diez

¿Dónde está la RAF?

Como ya hemos visto, tuvieron que conjugarse diversos factores para que se produjera el milagro del rescate. Algunos de esos factores pesaron más que otros, pero todos influyeron: la contraofensiva de Arrás; la orden del alto mando alemán de detener el avance de los acorazados; la decisión de Gort de evacuar a las tropas; la defensa de las plazas fuertes del corredor y del perímetro de Dunkerque; el mar en calma, el cielo nublado y el humo que cubría el puerto; el *desgaussado* de los barcos; el descubrimiento de Tennant de que podía usarse el espigón para embarcar a las tropas; la negativa de Churchill a negociar un acuerdo de paz; los esfuerzos de la Marina Real y la marina mercante; la labor imprescindible de las pequeñas embarcaciones... Todos esos factores se combinaron para dar forma a nuestro relato. Queda, sin embargo, un factor crucial en el que todavía no nos hemos detenido: la actuación de la Real Fuerza Aérea.

Acribillados y bombardeados por la Luftwaffe, a los soldados que aguardaban en las playas y el espigón se les oía a menudo preguntar «¿Dónde se ha metido la RAF?». Tras su regreso a Inglaterra, siguieron preguntándoselo. Pero, mucho antes de que surgiera este interrogante, los aviones de la RAF ya se hallaban en Francia, estacionados en diversos aeródromos. Los escuadrones de bombarderos ligeros y cazas fueron enviados al continente como parte de la Fuerza de Ataque Aéreo Avanzado, un contingente franco-británico creado en previsión de que estallara la guerra. «Nos marchamos en septiembre, en cuanto pudimos», cuenta Billy Drake, del Escuadrón 1. «Hicimos el viaje en los propios aviones. Los transportes terrestres se enviaron por mar». El primer cometido de Drake como piloto fue escoltar a los buques que pasaban a Francia cargados con tropas.

Al principio reinó la calma. El aeródromo donde estaba destinado el escuadrón de Drake compartía terrenos con un convento, pero la cantina estaba en Le Havre, donde había más jaleo. «Ocupamos un burdel», añade, «y dos de las chicas se quedaron para hacernos de camareras». Mientras la BEF cavaba trincheras y se acomodaba para pasar sus extrañas vacaciones, la RAF también tenía poco que hacer: se dedicaba principalmente a tareas de reconocimiento. «No teníamos sistemas de alerta temprana», cuenta Drake. La mayoría de las salidas se efectuaban en respuesta al ruido de los aviones enemigos. «Nos dedicábamos a hacer infinitas patrullas», cuenta Roland Beamont, del Escuadrón 87, «y no teníamos radares. Había que hacerlo todo a ojo».

En Londres, entre tanto, las intenciones de los alemanes eran motivo de confusión. ¿Atacaría la Luftwaffe la capital? Y, si lo hacía, ¿sobreviviría alguien? No era una pregunta descabellada. En 1932, el político Stanley Baldwin declaró ante la Cámara de los Comunes: «Creo que es conveniente que el ciudadano de a pie cobre conciencia de que no hay poder sobre la Tierra capaz de protegerlo de un bombardeo. Diga lo que diga la gente, los bombarderos siempre consiguen pasar». Baldwin tenía, de hecho, el convencimiento de que los bombardeos acabarían por destruir la civilización europea. Otro político, Harold Macmillan, explicaba en 1956 que para la generación de entreguerras la guerra aérea era «lo que para la gente de hoy en día es la guerra nuclear».

De modo que, mientras Gran Bretaña se preparaba para una campaña aérea catastrófica, muchos se preguntaban por qué la Real Fuerza Aérea no se anticipaba a Hitler y bombardeaba Alemania. «Gran Bretaña había organizado un Comando de Bombarderos», escribía el experto en aviación J. M. Spaight. «La *raison d'être* de dicho Comando no era otra que bombardear Alemania [...] Pero no la estábamos bombardeando. Así que, ¿de qué servía el Comando de Bombarderos? Su posición era casi ridícula».

Otras voces recomendaban cautela, alegando que no convenía iniciar las hostilidades. Pero —se preguntaba Winston Churchill en enero—, ¿por qué no atacaban los alemanes? Quizá les daba miedo iniciar una guerra que no estaban seguros de poder ganar, o quizá se estuvieran «reservando para una orgía de atrocidades que empezará dentro de poco».

Dicha orgía dio comienzo el 10 de mayo, cuando la Luftwaffe invadió el espacio aéreo francés. La noche anterior, Joe Pengelly, un suboficial destinado en el Arsenal Aéreo de la RAF en Reims, pasó una velada tranquila en un concierto de la ENSA.[41] Regresó tarde al dormitorio y se acostó con la ropa puesta. Le despertó al amanecer el ruido de las explosiones; se acercó a la puerta y miró fuera. «Era un avión alemán», cuenta. «Me fui a las ametralladoras Lewis y empecé a disparar». El aeródromo donde estaba destinado Roland Beamont también sufrió un ataque de baja intensidad esa misma mañana. Para Billy Drake, en cambio, el 10 de mayo supuso un vuelco drástico en la situación, pese a que apenas sabían qué estaba ocurriendo. «Lo único que nos decía nuestro cuartel general era que despegáramos y que patrulláramos por tal o cual zona. Yo estaba asustadísimo», cuenta, y enseguida puntualiza: «Bueno, no, estaba nervioso». Para Beamont comenzaron entonces

---

[41] La Entertainments National Service Association ofrecía espectáculos en vivo para entretenimiento de las fuerzas armadas británicas.

diez días de batalla ininterrumpida. «El Escuadrón 87 estuvo metido de lleno en el fregado», cuenta, «hasta que el día 20 nos ordenaron retirarnos porque no teníamos aviones ni pilotos suficientes para continuar».

Algunos aparatos de la RAF estaban casi obsoletos, como el Hawker Hector, un biplano militar que se estaba retirando paulatinamente del servicio activo. (Los pocos que quedaron después de Dunkerque, aunque en mal estado, fueron vendidos a Irlanda, un país neutral). El Fairey Battle, un bombardero ligero de nombre evocador, introducido en 1937, estaba ya desfasado tres años después. Tenía un motor Merlin Rolls-Royce, como el Spitfire y el Hurricane, pero a diferencia de estos portaba bombas y una tripulación de tres hombres. Era un aparato lento y vulnerable en combate. Vivien Snell, del Escuadrón 103, bombardeó los puentes del Mosa pilotando un Fairey Battle en un infructuoso intento por impedir el avance alemán, y no era muy partidario de este aparato: «Era muy poco manejable y llevaba una ametralladora del calibre .303 en la cola. Era un auténtico *kamizake*. Tuvimos muchísimas bajas». El Fairey Battle se retiró definitivamente a finales de 1940.

Combinando el factor sorpresa con la superioridad técnica, la Luftwaffe se impuso abrumadoramente a la RAF al inicio de la guerra, tanto en el aire como en tierra, donde atacaba los aviones estacionados en los aeródromos. Los pilotos soportaban una enorme presión. Beamont cuenta que su escuadrón de Hurricanes patrullaba constantemente, tanto que «no podíamos ni redactar informes de vuelo: no nos daba tiempo». Su unidad sufrió numerosas bajas y sus registros documentales se perdieron en el traslado de una base a otra. «Costaba saber qué estaba pasando», añade.

Entre tanto, los pilotos británicos empezaban a tener la sensación de que los alemanes estaban jugando sucio. Beamont presenció ataques alemanes deliberados sobre objetivos civiles. «Si atascaban las carreteras con refugiados, vehículos volcados y caballos muertos», explica, «las reservas aliadas tardaban más en llegar al frente». Los refugiados belgas que huían de la invasión alemana recuerdan bien estos ataques aéreos. Louis van Leemput, un chico de trece años que huía con su familia, recuerda que más de una vez los atacaron, una de ellas cuando *ya* se había rendido Bélgica. «¡Se había acabado la guerra!», exclama, incrédulo todavía, casi ochenta años después. «Había una zanja bastante honda por allí cerca y nos metimos en ella de un salto, y las balas pasaban "¡Ta, ta, ta, ta!" por encima de los adoquines. Podrían habernos matado, incluso entonces».

Los pilotos aliados oían, además, otras noticias preocupantes. A su llegada a Lille, Harold Bird-Wilson, del Escuadrón 17, se enteró de que los alemanes estaban disparando a los pilotos que se lanzaban en paracaídas. «Estaba claro que el *esprit de corps* y las normas de la guerra iban a ser muy distintas a las de la I Guerra Mundial», cuenta. Recuerda que estas noticias causaban angustia e indignación entre los pilotos, y que él se lo tomó como un aviso de que debía proteger a cualquier piloto al que viera lanzarse en paracaídas.

El 15 de mayo, la RAF había perdido ya doscientos cincuenta aparatos. Sir Hugh Dowding, comandante en jefe del Comando de Cazas, perdió la paciencia y notificó a Winston Churchill que no enviaría ni un solo Hurricane más a los aeródromos franceses. Si seguían perdiendo aviones a ese ritmo, temía que el Comando de Cazas no pudiera defender el territorio británico. Churchill se resistió a aceptar su decisión. Deseoso de que Francia no abandonara la lucha, se impuso a Dowding e insistió en que se enviaran cuatro escuadrones más a Francia. Ello dio lugar a una reorganización caótica, puesto que estos nuevos escuadrones se crearon a partir de ocho ya existentes, lo que hizo que pilotos con muy diverso bagaje y que apenas se conocían entre sí se vieran obligados a formar equipo. Posteriormente, Sir

Cyril Newall, jefe del Estado Mayor del Aire, ordenó que no se enviaran más escuadrones a Francia, sino que se trasladaran a aeródromos del sur de Inglaterra, desde donde podrían volar al continente.

Esta decisión gustó tan poco a Churchill como a los mandatarios franceses. Roland Melville, secretario personal de Newall, recibió en Whitehall la visita de un oficial de enlace francés con un mensaje del general Gamelin: si no se enviaban inmediatamente cuatro escuadrones más, la batalla estaría perdida. Melville contestó que no se enviarían nuevos escuadrones. El oficial parecía tan desesperado que Melville telefoneó al asistente de Newall para pedir a este que reconsiderara su postura. La respuesta fue una rotunda negativa. «Cuando se lo dije a aquel hombre, rompió a llorar», cuenta Melville, «y se pasó el resto de la noche paseándose por los pasillos, fuera de mi despacho, sin dejar de lamentarse».

Sir Hugh Dowding demostró ser un hombre valiente y decidido al negarse a que se enviaran más cazas a Francia, pese a las presiones del primer ministro. Apodado *Stuffy*, «Soso», por sus hombres, Dowding era muy distinto a su extravagante homólogo alemán, Hermann Goering. Viudo y poco hábil en las relaciones sociales[42], *Stuffy* se preocupaba profundamente por sus hombres y ellos le respetaban. A menudo se refería a sus aviadores —incluido su hijo Derek— como a sus «polluelos». Goering podía ser enérgico, carismático incluso, pero era mucho menos paternal. Al persuadir a Hitler de que permitiera a la Luftwaffe acabar con la BEF,[43] en contra de lo que aconsejaba el alto mando alemán, antepuso

---

[42] Su asistente personal, Hugh Ironside, recuerda las «horribles» fiestas que daba Dowding junto a su hermana. «*Stuffy* se tomaba un jerez», cuenta Ironside, «y ponía discos viejos en su gramófono anticuado. Pasado un tiempo, empezó a costarme que la gente fuera a sus fiestas».

[43] Véase capítulo 6 (N. de la T.).

sus ambiciones personales a la seguridad de sus hombres. Tanto Wolfram Freiherr von Richthofen, comandante del Fliegerkorps VIII, como Albert Kesselring, comandante de la Luftflotte 2, se oponían a ello. Kesselring se quejaba de que muchos de sus *gruppe* se hallaban debilitados y de que sus bombarderos seguían operando desde territorio alemán, lo que solo permitía una salida al día. Pero Goering no admitía discrepancias, por sensatas que fueran estas. Lo que él deseaba era prestigio.

Fueron estas dos figuras tan dispares, Dowding y Goering, quienes dirigieron la batalla aérea que se libró sobre Dunkerque. Pero ¿qué hay de los aviones que tenían a su disposición? El Gloster Gladiator era otro de los biplanos monoplaza de la fuerza aérea británica. A pesar de que un aviador lo describió como un aparato en el que «no se podía ir a la guerra», eso fue precisamente lo que tuvieron que hacer muchos pilotos. James Sanders, del Escuadrón 615, había pilotado Hurricanes, pero tras reñir con un jefe de escuadrilla fue transferido a la flota de Gladiators. El comandante honorario de su escuadrón era Winston Churchill, que visitó el aeródromo junto a su esposa, Clementine. Cuando la señora Churchill le preguntó si podía sentarse en su Gladiator, Sanders accedió encantado. Ella se acomodó en el asiento y empezó a toquetear con aprensión los mandos, como solían hacer los legos en la materia. Churchill, entre tanto, permaneció de pie delante del aparato observando los cañones de las ametralladoras. Sanders se dio cuenta más tarde de que las armas estaban cargadas y listas para disparar. De haber mostrado un poco más de entusiasmo la señora Churchill podría haberle volado la cabeza a su esposo.

El 23 de mayo, Sanders, piloto veterano en el manejo de los Gladiators y comandante de vuelo, se puso al frente de un destacamento en el aeródromo de Manston, en Kent. Durante los primeros días de la evacuación, la Escuadrilla G realizó ocho patrullas sobrevolando el canal de la Mancha con la misión de proteger a las embarcaciones, grandes y pequeñas, de los ataques de la aviación alemana. Sanders sobrevivió a esta peligrosa misión y, tras el desmantelamiento de la escuadrilla el 30 de mayo, pudo regresar a la flota de Hurricanes. Los Gladiators siguieron prestando servicio, no obstante, y durante la Batalla de Inglaterra se hicieron cargo de la defensa del astillero de la Marina Real en los alrededores de Plymouth.

Durante los años previos a la guerra, Dowding supervisó la introducción de las dos grandes estrellas de la aviación británica: el Supermarine Spitfire y el Hawker Hurricane. El Spitfire empezó a utilizarse en 1938. Este avión de combate monoplaza, con motor Merlin Rolls-Royce, era el preferido de los pilotos por su velocidad y versatilidad, y también el del público británico por el ruido característico de su motor, sus curvas elípticas y la confianza que inspiraba. Al Deere, oficial del Escuadrón 54, que empezó pilotando Gladiators, recuerda que su entrenamiento para pilotar el Spitfire fue muy elemental: «Hacías las comprobaciones rutinarias, te leías el manual del piloto y tenías la sensación de que todo marchaba. El avión parecía frágil pero era increíblemente duro».

Puede que lo fuera, pero también era muy manejable. Para George Unwin, sargento del Escuadrón 19, los mandos del Spitfire eran tan sensibles que nunca tenía que forzarlos. «Solo había que tocarlos un poquito», explica. «Si querías cambiar de dirección, no tenías más que mover las manos despacio y viraba». Para James Goodson, un piloto estadounidense que voló con el Escuadrón 43 unos meses después, pilotar un Spitfire era «como llevar unos vaqueros bien ajustados». Contraviniendo el reglamento, Goodson fumaba puros en la cabina y, cuando se le caía el encendedor, movía ligeramente la palanca, daba la vuelta al Spitfire y cogía el encendedor cuando caía del suelo.

Para Chris Nolan, el Spitfire es el gran protagonista del tramo de la película que versa sobre la guerra aérea:

Era un avión magnífico, uno de los mejores que se han diseñado nunca. Yo mismo volé en uno y la sensación de poder y velocidad es única. Te sientes muy cerca de los elementos, como si volaras montado en una cometa con un motor increíblemente potente. Notas cómo pasa el aire por las alas y cuando tocas el mando, cuando lo giras, cuando le das la vuelta, su capacidad de reacción, su relación con la atmósfera, es verdaderamente increíble. Pero la estrechez de la cabina, el estar atado al asiento... Está por un lado esa sensación de poder y control, y por otra esa sensación de aislamiento.

Uno de los problemas que planteaba el Spitfire era cómo lanzarse en paracaídas en caso de emergencia. El 25 de mayo, James Leathart, del Escuadrón 54 (apodado *Prof* por su formación académica) estaba sobrevolando Gravelines y Calais cuando el avión de su compañero Johnny Allen recibió el impacto de una batería antiaérea. «¡Mierda, se me ha parado el motor!», le oyó exclamar Leathart por radio. Un momento después, cuando el avión ya estaba en llamas, le oyó decir: «¡Yuju! Hay un destructor ahí abajo. Voy a saltar. Pero ¿cómo salto?». Allen consiguió dar la vuelta al aparato y saltó cabeza abajo. Tres días después, según Leathart, se presentó en el comedor del Escuadrón 54 vestido a medias con un uniforme naval.

El Spitfire es sin duda el caza británico por antonomasia, pero el Hawker Hurricane desempeñó un papel igual de importante al de aquel durante la primera fase de la contienda. Menos anguloso y de diseño más anticuado que el Spitfire (su fuselaje estaba recubierto de madera y tela, mientras que el del Spitfire era completamente metálico), era sin embargo un aparato extremadamente ágil y potente.

Geoffrey Page, del Escuadrón 56 afirma: «El Hurricane era un bulldog y el Spitfire un galgo. El uno era duro y trabajador; el otro, rápido y estilizado». El Hurricane era, según él, de manejo más fácil, pero le faltaban la velocidad y la subida del Spitfire. «Los dos eran fantásticos a su manera», concluye Page. En resumidas cuentas, podemos decir sin temor a equivocarnos que quienes pilotaban un Spitfire solían preferir los Spitfires, y quienes pilotaban un Hurricane eran más partidarios de estos últimos.

Otro aparato que dejó huella durante la evacuación de Dunkerque fue el Boulton Paul Defiant. Su torreta parcialmente giratoria, situada a espaldas del piloto, recordaba a la del Bristol Fighter, uno de los aviones más eficaces de la I Guerra Mundial, si bien el Bristol estaba dotado de una ametralladora delantera. El Defiant carecía de armamento frontal: no estaba diseñado para entablar combate con los Messerschmitts alemanes. Pronto descubriremos qué tal se desenvolvió en Dunkerque.

El caza alemán más efectivo durante la Batalla de Francia y la Operación Dinamo fue sin duda el Messerschmitt Bf 109. Este monoplaza tenía un ángulo de giro más amplio que el Spitfire y el Hurricane, pero poseía en cambio una clara ventaja: su sistema de inyección de combustible, que le permitía lanzarse en picado a mayor velocidad que los cazas británicos.

La labor de los Me 109 consistía en escoltar a los lentos y poco manejables bombarderos como el Heinkel He 111, con su característico morro de cristal, y el Dornier Do 17, apodado «el lápiz volador» por la pureza de sus líneas. Ambos sirvieron originalmente como aviones comerciales. Pero el Heinkel, a diferencia del Dornier, había sido diseñado para reconvertirse con facilidad en un avión militar en una época en la que Alemania, conforme a las cláusulas del Tratado de Versalles, tenía prohibido disponer de una fuerza aérea. El bombardero alemán más temido durante esta época (y también el más vulnerable) era, como ya hemos visto, el Junkers Ju 87 o Stuka.[44] Equipado con las famosas trompetas de Jericó

---

[44] Véase el capítulo 4 (N. de la T.).

y capaz de dirigir las bombas apuntando el propio aparato hacia su objetivo, el Stuka sembraba el terror entre la población civil y los soldados de infantería. Entusiasmaba, en cambio, a los pilotos de caza enemigos, que lo consideraban una presa fácil.

Al dar comienzo la evacuación el 26 de mayo, el Grupo 11 del Comando de Cazas británico recibió orden de frenar los ataques alemanes sobre el puerto, las zonas de embarque y el perímetro de Dunkerque. El vicealmirante del Aire Keith Park disponía de apenas dieciséis escuadrones al día para enviarlos a Dunkerque. El primer encuentro entre un Spitfire y un Me 109 se produjo el 23 de mayo. Esa mañana, durante una patrulla, Francis White, jefe el Escuadrón 74, derribó a un avión de reconocimiento alemán, un Henschel Hs 126, pero una bala impactó en el radiador del aparato de White, obligándole a aterrizar en el aeródromo de Calais-Marck, que seguía bajo control aliado.

Dado que los alemanes asediaban en esos momentos Calais, la RAF llevó a cabo una misión de rescate: se envió un Miles Master (un biplaza pilotado por *Prof* Leathart y escoltado por dos Spitfires) a recoger a White. Los tres aparatos cruzaron el Canal y el Master aterrizó en el aeródromo de Marck para recoger a White mientras los Spitfires montaban guardia en el aire. Uno de ellos, pilotado por el neozelandés Al Deere, patrullaba el aeródromo mientras el otro, con Johnny Allen a los mandos, se elevaba en busca de aviones enemigos. Casi inmediatamente, Allen avisó por radio a Deere de que había avistado a varios Messerschmitts. Derribó rápidamente a uno y causó daños a otros dos, que huyeron dejando una estela de humo. Deere trató de avisar a los pilotos que se hallaban en tierra de que había Messerschmitts en los alrededores pero, como el Master no tenía radio, trató de indicárselo mediante los movimientos del avión.

Mientras hacía esto, apareció un Me 109 justo delante de él. El avión alemán se fue derecho hacia el

Master, y Leathart y White corrieron a refugiarse. Más arriba, Allen, rodeado de aviones enemigos, pidió ayuda a Deere por radio. Este abatió al 109 que tenía delante antes de subir a ayudar a su compañero. Disparó a uno de los Messerschmitts y ahuyentó al otro. En cuanto el Master pudo despegar, emprendieron los tres el viaje de regreso.

Deere asegura que, al echar la vista atrás, no recuerda haber tenido miedo. «La verdad es que era emocionante. En aquel momento no tuve la sensación de correr peligro». Tan emocionado estaba que siguió persiguiendo al último 109 a pesar de que se había quedado sin munición. «Lo que demuestra que era un novato», cuenta. Aquel combate, sin embargo, le dio confianza en sí mismo y le convenció de que no había motivos para temer a los 109. Aprendió, además, que debía controlar el nivel de combustible, un tema crucial en la película de Chris Nolan.

Se produjeron diversas escaramuzas a lo largo del 26 de mayo, pero numerosas patrullas británicas fueron canceladas debido al mal tiempo. Y hubo, además, bajas debidas al «fuego aliado».[45] John Nicholas recuerda: «Mi gran amigo el oficial de vuelo Johnny Welford fue abatido por un destructor británico el 26 de mayo, cerca de los bancos de arena de Goodwin. Saltó del avión y el paracaídas se accionó, pero no llegó a abrirse y Johnny se mató. Cuando los del destructor se dieron cuenta de lo que habían hecho y lo sacaron del agua, era ya demasiado tarde».

Aquel mismo día, en Dunkerque, Peter Parrott, del Escuadrón 145, divisó un Heinkel 111 y se apartó de su formación para ir tras él. Empezó a disparar y el avión alemán «respondió con saña». Parrott comprendió que había recibido un impacto en el radiador cuando la

---

[45] Expresión en uso desde 1918.

cabina empezó a llenarse de vapor. Puso rumbo a Inglaterra y estaba cruzando el Canal cuando lo alcanzó su escuadrilla. «Charlamos mucho por radio de lo que le pasaba a mi avión. Iba sobrevolando la costa a la altura de Deal cuando se paró el motor». El avión descendió hasta los tres mil o cuatro mil pies y Parrott trató de encontrar un sitio donde aterrizar. Vio zonas de terreno irregular y a numerosos vecinos que habían salido a dar un paseo dominical. Por fin se decidió por un prado y se dirigió hacia él. Arrolló a varias ovejas, convirtiéndolas en carne. La gente empezó a congregarse en torno al Hurricane y entonces se presentó un policía. Parrott le pidió que impidiera que la gente se acercara a las ametralladoras, que estaban cargadas, y le preguntó dónde podía encontrar un teléfono. Llegó un granjero en un carro tirado por un caballo. «¿Quién va a pagarme las ovejas?», le dijo a Parrott. «Pruebe en el Ministerio del Aire», contestó el piloto. El hombre se marchó y Parrott, que seguía necesitando un teléfono, se dio cuenta de que el más cercano era el de la granja. Cuando llegó a la casa, el granjero y su esposa estaban cenando y encima de la mesa había un jamón grande y jugoso. Parrott llamó al aeródromo de Manston para pedir que fueran a recogerle. Después, el dueño de la casa le dijo señalando el pasillo: «Puede sentarse ahí». Parrott se sentó a esperar a solas. No le invitaron a jamón.

Los pilotos, que llevaban una vida tan impredecible, hacían todo lo posible por elevar la moral de las tropas. Un comandante de vuelo del Escuadrón 610 recuerda que un oficial que antes de la guerra trabajaba en Harrods llamó a sus contactos en los grandes almacenes. Todas las mañanas llegaba una furgoneta de Harrods con comida y bebida, y los pilotos almorzaban filetes, cenaban langosta y, entre comida y comida, corrían un inmenso peligro. Y pese a su falta de experiencia y preparación, parecían ansiosos por entrar en acción. Cuando los pilotos del Escuadrón 19 echaron a suertes el privilegio de formar parte de la primera patrulla que sobrevolaría Dunkerque, Brian Lane recuerda cómo reaccionó George Unwin al darse cuenta de que no estaba entre los agraciados: «Se me quedó mirando enfurruñado, como un perro al que le hubieran negado salir de paseo». Desde aquel día hasta su muerte en 2006, Unwin llevó el apodo de *Grumpy*, «gruñón».

Al día siguiente, 27 de mayo, cuando la evacuación ya estaba plenamente en marcha, solo salieron de Dunkerque 7.669 hombres. Entre tanto (y pese al pesimismo de sus comandantes), la campaña empezó prometedoramente para la Luftwaffe, que consiguió destruir casi por completo la parte interior del puerto.[46] Y aunque los pilotos del Comando de Cazas eran hombres entusiastas, pocos habían visto un avión enemigo.

George *Grumpy* Unwin tuvo una reacción muy común entre los pilotos cuando se topó por primera vez con la aviación enemiga: se quedó paralizado. «Me quedé parado mientras hacía un giro», cuenta, «no petrificado, pero sí helado unos diez o quince segundos». Cuando su fuselaje se vio afectado por el fuego enemigo, Unwin se espabiló por fin, y después aquello no volvió a ocurrirle. «La primera vez que te atacaban era siempre, en mi opinión, la más peligrosa, porque uno no está acostumbrado a ir por ahí y que le disparen». Un sargento del Escuadrón 222 sintió admiración por los Me 109 durante su primer combate aéreo. «¡Eran tan bonitos!», cuenta. Y sin embargo, cuando salió de su momentáneo ensimismamiento, aquellas máquinas tan bellas le habían dado en la cola y su motor echaba humo.

Los pilotos de la RAF aprendían pronto a hacer caso omiso de las normas y directrices oficiales. Dejaron, por

---

[46] Razón por la cual, la noche del 27 al 28 de mayo, el capitán William Tennant mandó habilitar el espigón para que pudieran atracar los barcos de rescate.

ejemplo, de volar en formación Vic, como en la I Guerra Mundial (es decir, con un avión en punta y dos aleros) y empezaron a imitar las formaciones enemigas, fruto de la experiencia alemana en la Guerra Civil española y la campaña polaca. En cuanto a táctica y experiencia en combate, los alemanes iban muy por delante de los británicos.

Había otra directriz relativa a la altitud de vuelo que los pilotos preferían ignorar. En un principio se les dijo que permanecieran a veinte mil pies y que nunca volaran por debajo de los quince mil, pues se creía que las baterías antiaéreas enemigas podían derribarlos a altitudes inferiores. Pero esto tenía sus desventajas. En primer lugar, significaba que los Stukas quedaban fuera de su alcance, puesto que se lanzaban en picado por debajo de los quince mil pies; y, en segundo lugar, los aviones de la RAF volaban tan alto que los soldados de la infantería británica no los veían desde tierra. Estos factores fueron decisivos para que los aparatos británicos comenzaran a volar a menor altitud, aunque debido a ello se convirtieran de vez en cuando en blanco de las baterías antiaéreas de la Armada británica.

El 27 de mayo las grandes formaciones de aviones alemanes amenazaban con superar en número a las de la RAF. «Lo normal es que hubiera hasta doce Hurricanes atacando a cuarenta o cincuenta aviones alemanes», explica Roland Beamont, «pero a veces eran muchos más». Los aparatos alemanes podían lanzar cientos de toneladas de bombas sobre la ciudad y las playas, aunque muchas de ellas impactaban en la arena, donde su energía se disipaba y perdían buena parte de su poder destructivo.

La RAF, no obstante, obtuvo un éxito considerable ese día. Destruyó treinta aviones alemanes, y los Boulton Paul Defiants se lucieron ante el enemigo. A primera hora de la mañana derribaron a dos Me 109, y en su siguiente patrulla abatieron al menos a otros tres, posiblemente a cinco, sin sufrir ninguna baja. Los pilotos alemanes no eran aún conscientes del peligro que representaba la torreta móvil de estos aparatos.

Al día siguiente, martes 28 de mayo, los bombarderos de los Fliegerkorps I, II y VII fueron enviados a Dunkerque escoltados por los cazas del Jagdfliegerführer 3. Ese mismo día llegó un mensaje del jefe del Estado Mayor del Aire británico ordenando a la RAF «redoblar sus esfuerzos». Se ordenó al Comando de Cazas proteger las playas de Dunkerque «desde el alba hasta el anochecer mediante patrullas continuas de cazas» que debían estar formadas «por dos escuadrones como mínimo». La Luftwaffe estaba a punto de librar su primera batalla aérea de envergadura.

Ante los *gruppe* de aviones alemanes, los británicos no tuvieron más remedio que formar escuadrillas más grandes, lo que se tradujo en una reducción del número de patrullas y su frecuencia. Los alemanes se aprovecharon de ello, y el Comando de Cazas de la RAF tuvo que afrontar su primer escollo serio.

El Escuadrón 54 salió de patrulla al alba del 28 de mayo. Al Deere avistó un Dornier y se fue tras él. «Le estaba disparando», cuenta, «cuando de repente vi que el artillero de cola me tenía enfilado». Notó una sacudida en su Spitfire y dedujo que una bala había atravesado el depósito de glicol. Con el sistema de refrigeración averiado no podía seguir volando y tuvo que descender. Hizo un aterrizaje de emergencia en la playa, como el personaje de Farrier en la película, y resultó herido en la ceja al chocar contra el suelo. Aterrizó sin bajar el tren de aterrizaje, al borde del agua, cuando estaba subiendo la marea. Caminó por la playa en dirección a un café y, al mirar atrás, vio cómo se agitaban las olas alrededor de su Spitfire. En el café, una mujer le curó la ceja cerrándole la herida con tiritas.

Al regresar a la playa, Deere pudo observar de cerca el caos que hasta entonces solo había visto desde el aire: «Había mucho jaleo. Las bombas, los disparos de

las ametralladoras... La gente se refugiaba donde podía».
Entonces vio algo que le inquietó enormemente: los artilleros británicos estaban disparando a sus propios aviones. Trató de intervenir, pero no sirvió de nada.

Pasado un rato, se acercó al espigón e intentó subir a un barco, pero un comandante de infantería le cortó el paso y le dijo que se pusiera a la cola. Deere le explicó que tenía que llegar a Inglaterra lo antes posible para reincorporarse a su escuadrón. «Para lo que estáis haciendo aquí», le espetó el comandante, «lo mismo da que te quedes en tierra». Le impidió subir al barco, pero el neozelandés logró embarcar en el siguiente, donde el ambiente era igual de tenso. Los soldados estaban indignados.

—¿Dónde demonios se han metido? —le preguntaban.

Deere llevaba diez días volando casi sin descanso. No tenía nada por qué disculparse.

—Estamos ahí, aunque no nos vean.

Los soldados se pusieron desagradables, pero Deere consiguió conservar la calma. Le pidieron que ayudara a los artilleros a identificar a los distintos aparatos y, cuando subió a cubierta, vio que los cañones del buque estaban disparando a la aviación británica.

La lluvia matinal cesó, pero el cielo siguió muy nublado. Debido a ello, la Luftwaffe no pudo salir al Canal y tuvo que conformarse con atacar la ciudad y el puerto. John Ellis, del Escuadrón 610, recuerda que ese día hizo dos patrullas, pero había muy poca visibilidad y no avistó a ningún avión enemigo. Estando ausente la Luftwaffe, su escuadrón pudo «sobrevolar las playas a baja altura para dar ánimos a la infantería y demostrarles que estábamos allí». El sudafricano Hilton Haarhoff servía como artillero de cola en un Lockheed Hudson, un avión de reconocimiento de cuatro plazas. Su piloto, el también sudafricano Ronald Selley, trató a su vez de animar a las tropas sobrevolando los barcos cargados de evacuados. «Cada vez que lo hacíamos, las tropas que

iban a bordo nos saludaban y sonreían», cuenta Haarhoff, y añade que Selley era un exhibicionista al que le
gustaba acercarse más al agua que a cualquier otro piloto. A su navegante no le hacía ninguna gracia, pero volar tan cerca del mar les permitió avistar una mesa que
flotaba patas arriba sobre el agua con tres hombres encima, y consiguieron guiar a un pesquero hasta ella.

La Luftwaffe, cuyas salidas se habían visto frustra-
das el día 28 debido al mal tiempo, volvió a encontrarse con nubes bajas al día siguiente. Esto enfureció a
Goering que, pese a su poder temporal, no podía disipar los nublados. A mediodía, sin embargo, mejoró el
tiempo, lo que permitió a los alemanes efectuar varios
bombardeos consecutivos, dos de los cuales no encontraron oposición. Fue el día en que se hundieron el
Crested Eagle y otros muchos navíos, y en que se abandonó el espigón durante unas horas debido a un error. Tan
fructífera fue la tarde del 29 de mayo para la Luftwaffe,
que su jefe de estado mayor, Hans Jeschonnek, cambió
de opinión y se convenció de que la Luftwaffe podía
destruir a la BEF en su reducto de Dunkerque.

Para Eric Barwell, que pilotaba un Defiant del Escuadrón 264, la guerra comenzó de verdad ese día. «Pasaron cuatro bombarderos en picado Stuka», cuenta, «más
o menos en línea, uno al lado del otro, y tres Defiants
nos colocamos debajo de los huecos que dejaban entre
sí. Y saltaron por los aires. Tenían el depósito de combustible entre el piloto y el navegante: fue pan comido».
Aquel fue un día sensacional para su escuadrón, que
destruyó nada menos que treinta y siete aparatos enemigos. Un piloto de Hurricane que se encontró más tarde
con sus compañeros de los Defiants recuerda que estaban «contentísimos». Les comentó que seguramente los
alemanes los habían confundido con Hurricanes, y que
era probable que no volvieran a cometer ese error.
Tenía razón: aquella salida marcó el punto culminante
de las acciones de los Defiants. En cuanto los alemanes

comprendieron que la única amenaza de dichos aparatos era su torreta giratoria, se convirtieron en una presa fácil para los cazas enemigos. Al poco tiempo, los Defiants dejaron de volar a la luz del día y pasaron a ser cazas nocturnos.

El número exacto de aviones derribados el 29 de mayo es motivo de controversia. Era inevitable que se inflaran las cifras: ambos bandos lo hacían. Hubo, sin embargo, una victoria que no se reconoció y que todavía hoy, pasados tantos años, levanta ciertas ampollas. John Nicholas, del Escuadrón 65, se topó con varios Messerschmitt 110. Iban alineados en su característica formación defensiva circular. Disparó a uno de ellos y, al virar hacia la derecha, vio por el retrovisor que otros tres se habían apartado de la formación y le perseguían. «Decidí que lo único que podía hacer era dar media vuelta y atacar al del centro. Y eso hice». Le disparó y se elevó en el último momento, pero cuando miró hacia atrás no vio ningún avión. Regresó a Hornchurch y le describió el incidente a su oficial de inteligencia. «Pero no me dio el parte de combate». En 1992, Nicholas descubrió que otro piloto se había llevado el mérito de aquel ataque frontal. «En su momento me enfadé», cuenta Nicholas. «Pero pasado un tiempo pensé "Bah, qué más da". ¡Fue hace cincuenta años!».

Para Denys Gillam, del Escuadrón 616, volar sobre Dunkerque planteaba dos problemas principales: el escaso tiempo que podían permanecer en la zona (poco más de media hora) y la dificultad de alcanzar la altitud adecuada para interceptar al enemigo. Lo ocurrido durante los días en que las condiciones meteorológicas favorecían a los alemanes permite vislumbrar lo que podría haber sucedido si hubiera hecho buen tiempo una semana seguida.

El jueves 30 de mayo, la bruma marítima, la niebla del interior y el humo de los incendios de Dunkerque impidieron de nuevo salir a los Stukas. Al acabar el día habían salido de las playas o del espigón casi cincuenta y cuatro mil soldados británicos: la cifra más alta hasta el momento. Para los pilotos y escuadrones británicos, sin embargo, la operación siguió siendo una tarea ardua. «Para mantener patrullas continuas», explica Gillam, «tenías que salir dos o tres veces al día, unas cinco horas de vuelo diarias, empezando a primera hora de la mañana y acabando al anochecer». A fin de reconocer el esfuerzo de hombres como Gillam, lord Gort envió un mensaje de agradecimiento a la RAF en el que afirmaba que su presencia era «de vital importancia» para que el embarque de tropas pudiera continuar sin interrupciones.

Algunos pilotos, no obstante, eran incapaces de soportar tanta presión. «Hubo algunos casos de pilotos que no eran aptos para ese trabajo», recuerda Gillam. «Tuvimos a uno que se puso histérico estando todavía en tierra, justo antes de subir al avión. Así que el médico se acercó y le dio un buen puñetazo en la barbilla. Lo dejó *KO*. No volvió a volar».

Como ya hemos visto, el viernes 31 de mayo fue el día más fructífero de la evacuación. Eric Barwell volvió a sobrevolar Dunkerque en su Defiant. En su primera patrulla vio que otro Defiant se partía en cuatro trozos cuando otro aparato británico le arrancó accidentalmente la cola. No vio saltar al piloto. En una salida posterior se encontró rodeado por aparatos enemigos. Derribó a uno, pero cuando estaba atacando a otros tres bombarderos Heinkel su sistema de refrigeración recibió un impacto y la cabina se llenó de humo. Barwell se deshizo de la cubierta de la cabina y puso rumbo a Inglaterra, pero enseguida comprendió que tendría que lanzarse en paracaídas o intentar amerizar.

Había barcos debajo que podían recogerlos a él y a su artillero, pero Barwell temía alejarse de los barcos si saltaban y caer quizá en un campo de minas. Así pues, decidió amerizar.

Al mirar abajo, vio varios pesqueros. Podía amerizar cerca, pero, a pesar de que estaba en juego su vida, pensó que aquellos barcos debían desprender un olor repulsivo. Divisó entonces dos destructores separados por más o menos un kilómetro de distancia y calculó que, si el avión caía al agua entre ellos, alguno se molestaría en ir a recogerlos.

Mientras descendía, le sorprendió comprobar lo difícil que le resultaba calibrar la altitud sobre el mar en calma. Un momento después estaba en el agua, tratando de salir a la superficie. Una vez arriba, divisó a su artillero, nadó hacia él y descubrió que estaba inconsciente. Empezó a nadar hacia uno de los destructores tirando del paracaídas del artillero. Vio entonces con inmensa alegría que uno de los buques se dirigía hacia él.

Cuando el buque estuvo cerca, un marinero se lanzó al agua, se hizo cargo del artillero y lo subió a bordo. Barwell consiguió agarrarse a una escala cerca de la popa, pero estaba demasiado débil para subir. Alguien le ayudó y por fin se encontró a salvo.

Enseguida descubrió que se había producido otro milagro: el piloto cuyo Defiant se había partido en cuatro trozos estaba en cubierta, vivito y coleando. Debía de haberse lanzado en paracaídas a tan poca altitud que Barwell no le había visto saltar. Justo en ese momento, el artillero de Barwell volvió en sí. Al principio no sabía dónde estaba. Al levantar la vista, lo primero que vio fue al piloto —al que creía muerto— parado delante de él y envuelto en un resplandor rojizo. Pensó que estaba en el infierno, y se alegró muchísimo al descubrir que estaba vivo, al igual que el otro piloto, que en realidad se hallaba parado delante de una puerta en la que se reflejaba la luz del atardecer.

Un incidente parecido aparece en la película cuando el personaje de Collins realiza un amerizaje de emergencia con su Spitfire, trata de romper la cubierta de la cabina sirviéndose de su pistola de bengalas y acaba saliendo cuando la cubierta se rompe por fuera. Por lo visto, a diferencia de Collins, Barwell salió despedido limpiamente de su Defiant. Pero ¿de veras podía un Spitfire quedar a flote el tiempo necesario para que un piloto saliera de la cabina por sus propios medios o fuera liberado?

El sargento Jack Potter salió de patrulla con el Escuadrón 19 el 1 de junio. Se encontraron con doce Me 110 y él trató de disparar a uno, pero descubrió que se había quedado sin munición. Como allí ya no servía de nada, puso rumbo a Inglaterra. Entonces se dio cuenta de que su Spitfire había resultado dañado. A unas veinticuatro kilómetros de la costa inglesa se le paró el motor. Calculó que tenía pocas posibilidades de que le rescataran si se lanzaba en paracaídas, pero intentar un amerizaje con un avión con el fuselaje metálico también era muy arriesgado. Pensó, sin embargo, que era su única oportunidad de sobrevivir y descendió hacia un barquito.

Al nivelarse para amerizar, se desabrochó el arnés de seguridad e infló su chaleco salvavidas. «Al tocar el agua», cuenta, «el aparato volvió a elevarse y, después de amerizar otra vez, el morro se hundió». Potter se puso de pie en la cabina y descubrió que el avión seguía a flote.

Permaneció así unos diez segundos. Potter trató de agarrarse a su paracaídas porque le habían dicho que funcionaba como una boya salvavidas, pero se le enganchó en la cubierta corredera de la cabina y, al hundirse el Spitfire, lo arrastró hacia el fondo. Consiguió desasirse y, mientras nadaba hacia la superficie, le golpeó la cola del avión.

El barquito que había visto desde el aire, el Jolie Mascotte, era francés y su tripulación no hablaba inglés. Trataban de llegar a Dunkerque pero se habían desorientado. Potter les ayudó a encontrar el rumbo.[47] A cambio, le dieron comida, bebida y ropa seca.

---

[47] Potter no menciona cómo reaccionó al enterarse, pero tuvo que ser muy desmoralizador, tras semejante calvario, descubrir que el barco iba camino de Dunkerque y no rumbo a Inglaterra.

Así pues, un Spitfire podía, en efecto, mantenerse a flote el tiempo suficiente para que un piloto se liberara, quedara atrapado, se liberara de nuevo y sobreviviera.

Graham Davies, del Escuadrón 222, salió de patrulla al amanecer del día 31, pero empezó a perder altura tras recibir un impacto de una batería antiaérea. Se acordó de que un piloto de Hurricane le había dicho que en la playa de Dunkerque se podía aterrizar porque la arena era dura. Pensando que quizá pudiera reparar su Spitfire y despegar de nuevo, Davies aterrizó al oeste de Dunkerque para esquivar a los miles de soldados que ocupaban las playas orientales. Pero mientras descendía le dispararon los cañones franceses de Fort Mardyck. Aun así, consiguió aterrizar sano y salvo y, tras reunirse con los artilleros que le habían disparado, destruyó su aparato prendiéndole fuego y fue trasladado a Dunkerque.

Al final del espigón, Davies vio un dragaminas y un vapor de ruedas. Los aviones alemanes pasaban de vez en cuando ametrallando el espigón, y un bombardero dejaba caer su carga sobre el puerto. Había cadáveres por todas partes. En medio de todo esto, un soldado británico salió del muelle hecho una furia porque la Marina no le permitía embarcar con un prisionero alemán al que llevaba consigo.

El 1 de junio amaneció despejado. El regreso en masa de los Stukas coincidió con la vuelta de los destructores británicos más modernos. Por la mañana, varios ataques de la Luftwaffe que no encontraron oposición se saldaron, como hemos visto, con el hundimiento del HMS Keith y de numerosos destructores y barcos de la Marina. Su aparente indefensión indignaba a los soldados británicos. Harold Bird-Wilson cuenta la historia de Ken Manger, compañero suyo en el Escuadrón 17, que saltó en paracaídas sobre la playa. Cuanto trató de subir a un destructor, un oficial de infantería le informó de que los barcos no eran para la Real Fuerza Aérea. Pero resultó que Manger era un excelente boxeador. Lanzó al oficial al mar de un puñetazo y subió tranquilamente a bordo. Al día siguiente volvió a sobrevolar Dunkerque.

Arthur Taylor, del Escuadrón 13, recibió tantas amenazas de los soldados de infantería que decidió ocultar su uniforme. «Me puse unas botas de goma para tapar las perneras del pantalón de la Fuerza Aérea», cuenta, «y un chubasquero negro para que no se me viera la guerrera». Así camuflado, Taylor fue evacuado a Inglaterra. Al oficial de vuelo Peter Cazenove, que se había visto obligado a efectuar un aterrizaje de emergencia en la playa, le negaron la entrada en tres destructores distintos. «Los de la Marina decían que todas las plazas estaban reservadas para el Ejército de Tierra, y que por ellos la Fuerza Aérea podía irse a la mierda», explicaba Tony Bartley, un amigo de Cazenove, en una carta dirigida a su padre. Cazenove fue capturado y acabó en un campo de prisioneros.

Hay muchos motivos que explican por qué los soldados de infantería no veían a la Real Fuerza Aérea. En primer lugar, la RAF acabó empleando formaciones muy numerosas, lo que hacía imposible mantener patrullas constantes. Por otro lado, los alemanes tenían ojeadores apostados detrás de Dunkerque que avisaban de los ataques. Ello permitía a la Luftwaffe presentarse casi inmediatamente después de que desapareciera la RAF. En tercer lugar, los aviones británicos patrullaban también tierra adentro para tratar de frenar a la Luftwaffe *antes* de que llegara a las playas, lo cual es lógico: una vez allí, era imposible impedir el ataque. En cuarto lugar, los británicos solían volar a veinte mil pies o incluso a más altitud, lo que impedía verlos desde el suelo. Y, por último, dado que la artillería británica disparaba a casi todos los aviones aliados que sobrevolaban la zona, era lógico que los soldados que se hallaban en las inmediaciones los tomaran por aviones enemigos.

El escuadrón de Hilton Haarhoff patrulló por Dunkerque la tarde del 1 de junio. Haarhoff se fijó en que las playas estaban «ya casi desiertas y la arena llena de agujeros de obuses y de trincheras que habían excavado a toda prisa nuestras tropas». También vio una fila de camiones que se adentraba en el mar a modo de muelle. En el viaje de regreso, la tripulación del Hudson de Haarhoff fue testigo de un combate entre Spitfires y Stukas. Estos últimos estaban atacando a los barcos que regresaban a Dover. Haarhoff vio cómo un Stuka se lanzaba en picado, soltaba sus bombas y ascendía de nuevo. «Busqué su objetivo», cuenta. «Era un remolcador inofensivo que tiraba de una barcaza cargada de tropas». Una enorme cortina de agua se alzó delante del remolcador, tapándolo a la vista. «Creía que no iba a volver a verlo», añade Haarhoff, «pero en menos que canta un gallo siguió su camino y el chaparrón que le caía encima fue disminuyendo. Aquel barquito tan airoso salió prácticamente ileso, y yo le dediqué un hurra».

La mañana del 2 de junio empezó sin sobresaltos para el Comando de Cazas, cuyas patrullas apenas encontraron resistencia. Tony Bartley recuerda que, contraviniendo las órdenes, su escuadrón descendió hasta los nueve mil pies y que a esa altitud se encontró con treinta Heinkel 111, de los cuales derribó a unos dieciocho. Más abajo aún, Bartley pudo ver a los Stukas lanzándose en picado.

Pero los bombarderos alemanes no consiguieron impedir que la BEF escapara. Y dejaron en evidencia a su comandante en jefe: al final, la Luftwaffe de Hermann Goering no pudo destruir a la Fuerza Expedicionaria Británica, pese a lo que Goering le había asegurado a Adolf Hitler.

Ese día fue el primero en Dunkerque para el Escuadrón 611. Su jefe, John McComb, recuerda que ese día tenían previsto dar una fiesta para sus esposas en la cantina. Cuando llegó la orden de ir a Dunkerque, decidieron no cancelar la fiesta porque no podían «permitir que Hitler se inmiscuyera en nuestros hábitos alcohólicos». El

DUNKERQUE

escuadrón estaba a punto de salir a patrullar cuando uno
de los pilotos, Donald Little, se encaramó un momento
al ala del avión de McComb y le pidió que diera de comer a su perro esa noche. McComb y su mujer compartían una casa de campo con Little y su esposa, y con otro
piloto, Ralph Crompton, y la suya. «Esa mañana», recuerda McComb, «nos topamos con una nube de Messerschmitts, tuvimos toda clase de problemas y perdimos
a esos dos jóvenes pilotos». Los aviones del escuadrón
fueron regresando de uno en uno y de dos en dos. «Entre
tanto había empezado la fiesta, y cada vez que llegaba un
piloto la gente gritaba de alegría. Pero llegó el momento
en que Lil Crompton y June Little supieron que ya no
llegarían más pilotos». Las dos jóvenes no pidieron ayuda
ni consuelo. «Sin derramar una lágrima ni decir una sola
palabra, salieron discretamente de la antesala y regresaron
a casa».

A lo largo de la Batalla de Francia y la evacuación,
novecientos treinta y un aviones británicos (de los cuales cuatrocientos setenta y siete eran cazas) no regresaron
de sus misiones, fueron destruidos en tierra o sufrieron daños irreparables. Durante ese mismo periodo, mil quinientos veintiséis aviadores resultaron muertos, heridos
o fueron hechos prisioneros.

Las cifras de bajas durante los días que duró la evacuación son menos precisas. Según el Grupo 11, fueron
destruidos doscientos cincuenta y ocho aviones alemanes. La *Official British History* de 1953 da una cifra de
ciento setenta y siete aparatos británicos destruidos o
dañados, de los cuales ciento seis eran cazas. Pero, sea
cual sea la cifra concreta, parece claro que la Luftwaffe
perdió más aparatos durante la evacuación que el Comando de Cazas británico. Ambos bandos cometieron
errores y se vieron desbordados por las circunstancias:
los británicos, por no poder disponer de muchos de sus
aviones, y la Luftwaffe porque la tarea que le había en-
comendado su comandante supremo era poco realista.

Por otra parte, tanto unos como otros se vieron afectados por la lejanía de sus bases. Disponían de un tiempo de vuelo muy limitado.

El hecho es que, fuera o no realista la tarea a la que se enfrentaba, la Luftwaffe no consiguió destruir a la Fuerza Expedicionaria Británica. Por primera vez, falló en su objetivo. Y no solo eso, sino que tampoco consiguió infligir graves daños a la Real Fuerza Aérea.

La RAF, por su parte, demostró que podía frenarse a la tan temida aviación alemana y adquirió una experiencia que le sería muy útil en la gran batalla aérea que tenía por delante. Derribó gran cantidad de aviones enemigos y, ayudada por la climatología, consiguió proteger a la Fuerza Expedicionaria Británica. Pero, sobre todo, no fue derrotada.

Podemos afirmar, pues, sin temor a equivocarnos que la actuación de la Real Fuerza Aérea fue el último gran elemento que hizo posible el milagro del Dunkerque.

Once

Un nuevo Dunkerque

La Operación Dinamo no es muy conocida en Estados Unidos, ni en ninguna otra parte del mundo, fuera del Reino Unido. Y es una lástima, porque su relevancia internacional fue enorme. Si la BEF hubiera sido apresada o diezmada en Dunkerque, es casi seguro que Inglaterra se hubiera visto obligada a capitular. Y en ese caso se habría convertido, como advirtió Churchill a sus ministros, en un estado esclavo, lo que habría permitido a Hitler concentrar todos sus esfuerzos en la Unión Soviética. Y sin Inglaterra como aliado, cuesta imaginar cómo habría podido Estados Unidos abrir un segundo frente de batalla.

Pero dejemos a un lado las conjeturas: no son necesarias. De haberse rendido Gran Bretaña, hoy viviríamos en un mundo muy distinto. Mi familia probablemente no existiría, porque todos los judíos habrían desaparecido de Gran Bretaña hace muchos años. Y sin Inglaterra para preservar la libertad y el imperio de la ley, el totalitarismo de la Alemania nazi se habría extendido por toda Europa. La barbarie, la intolerancia y la coacción camparían a sus anchas.

En la ceremonia de clausura de los Juegos Olímpicos de Londres 2012 aparecía Winston Churchill, interpretado por Timothy Spall, saliendo de una maqueta del Big Ben. Aquí estamos —parecían querer decir los organizadores—, disfrutando de unas Olimpiadas libres, en un Reino Unido libre, en un mundo libre, y todo gracias a este hombre. O, mejor dicho, gracias a este periodo, a esas pocas semanas en las que Churchill se mantuvo en sus trece y el ejército británico logró escapar del cerco alemán.

Ese es el mensaje fundamental de este libro. La crónica de la retirada y la evacuación —ese fragmento de historia anterior a la intervención de Estados Unidos y Rusia— no pertenece al anecdotario de la Inglaterra rural. Es la crónica de la defensa global de la libertad, que impidió el advenimiento de una nueva edad oscura. Merece, por tanto, ser recordada.

Así podemos afirmarlo antes incluso de hablar del regreso de la BEF a Inglaterra. Porque, tan pronto los barcos zarparon de Dunkerque, se abrió una nueva oportunidad para el mundo.

Durante la travesía de vuelta a Inglaterra, muchos hombres se quedaban dormidos a bordo. Algunos buscaban un rincón tranquilo donde nadie los molestara. «Volvíamos a Inglaterra, descargábamos y regresábamos otra vez a las playas», cuenta el capitán de corbeta John McBeath, del HMS Venomous. «Y entonces, de repente, aparecía un soldado. Había vuelto a Dunkerque sin saberlo».

Leon Wilson, un artillero francés, cruzó a Inglaterra en un destructor cuyo capitán dio la bienvenida a bordo a un gran contingente de tropas francesas diciendo: «¡Venga, franchutes! ¡Siéntense y coman algo!».

«Fue una broma», cuenta magnánimamente Wilson, que, en efecto, se sentó y tomó una buena comida por primera vez desde hacía días. «Yo creo que ni en el Savoy nos habrían dado tan bien de comer».

La inmensa mayoría de los soldados que retornaban a Inglaterra eran conscientes de que habían sufrido una terrible derrota. Muchos sentían que habían avergonzado a su país. El personaje de Alex ejemplifica esta actitud hacia el final de la película. Pero a quienes sentían así les esperaba una sorpresa. «La acogida que nos dieron en Inglaterra fue increíble», cuenta Ian English, oficial del Regimiento de Infantería Ligera de Durham, que vio cómo la euforia colectiva hacía que los soldados retornados se sintieran como héroes. Humphrey Bredin se subió a un tren en Dover, se quedó dormido y se despertó en un sitio llamado Headcorn, donde, según cuenta, «las mujeres casi nos dieron una fiesta. Invadieron el tren llevando té, café y bollos». Anthony Rhodes iba a lo suyo cuando un perfecto desconocido le puso dinero en la mano. «¡Muy bien hecho, chicos! ¡Pero que muy bien hecho!», gritaron las mujeres del Women's Voluntary Service al ver pasar el tren en el que viajaba el capitán Gilbert White. Al soldado raso William Ridley le dieron naranjas y cigarrillos por la ventanilla del vagón. En cierto momento levantó los ojos y vio pintado en la pared de un edificio «Bienvenidos, héroes de Dunkerque». El sargento Ted Oates escribió a su familia en cuanto tuvo ocasión: «Aquí nos han dado una bienvenida maravillosa, como si fuéramos héroes o algo así, no entiendo muy bien qué es lo que pasa».[48]

A Bredin, la reacción de sus conciudadanos le resultaba embarazosa. «¡Qué diablos, nosotros teníamos la sensación de haber huido por piernas!». Ridley también cuenta que se sintió abochornado. Y muchos soldados estaban enfadados por lo que consideraban una traición de los políticos, de sus mandos y del propio ejército.

El 2 de junio, Anthony Eden, secretario de estado para la guerra, fue abucheado durante un discurso ante las tropas en Aldershot. Más o menos en ese mismo momento, Basil Dean, jefe de la ENSA, se hallaba en un

---

[48] En la misma carta, el sargento Oates se disculpa por «no traer nada para el cumpleaños de Martin, pero es que allí eran todos refugiados, las tiendas estaban cerradas y las oficinas de correos no funcionaban».

pub de Bridport escuchando cómo varios soldados «indignados» se contaban sus experiencias. Uno se quejó acaloradamente de que los oficiales de menor rango de su unidad se apoderaron de los vehículos para escapar a la costa, dejando abandonados a los suboficiales y a la tropa. Otros soldados presentes en el *pub* le dieron la razón, enojados. A mediados de junio, a Colin Perry, que por entonces tenía dieciocho años, un soldado le contó que sus oficiales los abandonaron a su suerte cuando los Stukas hundieron el barco en el que viajaba su unidad. Y setenta y tres años después, a Maurice Machin, del Cuerpo de Intendencia Militar Real, todavía le indigna lo sucedido: «Dicen que Dunkerque fue una victoria. Pero no lo fue: fue una chapuza. Si no hubiera sido porque el pueblo británico acudió en nuestro auxilio, yo habría muerto, igual que muchos otros».[49] George Purton es más moderado en sus críticas, pero sostiene una opinión parecida. «Nos mandaron a algo para lo que no estábamos preparados», afirma.

Con todo, la reacción de la opinión pública (al margen de que la evacuación se considerara un milagro o una chapuza) no fue impuesta desde arriba, ni forzada. Fue una demostración espontánea de alivio y alegría. Amigos y familiares estaban a salvo, y la guerra iba a continuar. La enfermera Eileen Livett comenzó a buscar a soldados retornados en el hospital del norte de Londres en el que trabajaba. Los consideraba héroes «porque aquí, en Inglaterra, todos nos dábamos cuenta de lo apurada que era la situación, de que nos habíamos

---

[49] Después de la evacuación, Machin fue enviado directamente a un campo de entrenamiento militar cuyos oficiales —ninguno de los cuales había estado en Francia— acusaron a los hombres, muchos de los cuales estaban medio muertos de hambre y habían perdido su uniforme, de estar sucios y desaseados. Aquello enfureció —y sigue enfureciendo— a Machin.

librado por los pelos». Fue ese el estado anímico al que de manera tan eficaz apeló Winston Churchill cuando, hablando ante la Cámara de los Comunes, afirmó que, aunque tal vez las guerras no se ganaran con evacuaciones, se había logrado «un rescate milagroso».

Para algunas personas, Dunkerque se convirtió en un acicate personal. A Nella Last la hizo sentirse parte de algo «imperecedero e intemporal; me alegraba de pertenecer a la misma nación que los rescatados y los rescatadores». Para un pacifista convencido como Dennis Argent, fue el detonante que le hizo variar su opinión respecto a la guerra. De pronto cobró conciencia de que, en determinadas circunstancias, matar a un enemigo podía ser «de manera directa y evidente un medio para salvar la vida de compañeros civiles, y quizás incluso de amigos y familiares».

En un discurso pronunciado varios meses después de la Operación Dinamo, el historiador lord Elton describió Dunkerque como un cambio de marea. La gente empezaba a darse cuenta de que «las cosas que de verdad importaban no eran cosas complicadas y exclusivas. Lo que importaba no eran los valores y las acciones de bolsa, ni los clubes nocturnos selectos, sino tener comida y techo y poder escuchar la risa de tus hijos».

Puede que esta lectura, que presenta Dunkerque como un despertar de la conciencia nacional, sea ligeramente simplista (y extremadamente sentimental), pero no cabe duda de que el clima social y político comenzó a cambiar en Inglaterra a raíz de la evacuación. Antes de Dunkerque, el gobierno no podía permitirse ofrecer leche gratis a madres y niños. El 7 de junio, en cambio, adoptó una medida que ofrecía justamente eso. De repente, el dinero no era problema.

Unos días después, Harold Nicholson, secretario parlamentario del Ministerio de Información, presentó ante el gobierno un documento en el que describía cómo estaba cambiando el antiguo orden. «Han de hacerse todos los esfuerzos posibles», escribía, «para procurar una verdadera igualdad de oportunidades a la generación más joven». En respuesta, lord Halifax —una reliquia de otra era— tuvo que reconocer que los valores humanos parecían ahora más importantes que el desahogo económico.

A fin de cuentas, si Gran Bretaña quería sobrevivir, necesitaba más que nunca la concurrencia de sus ciudadanos de a pie; necesitaba que lucharan, que trabajaran largas jornadas en las fábricas, que ofrecieron voluntariamente sus servicios para ayudar en el esfuerzo de guerra y que toleraran toda clase de restricciones y medidas reguladoras.

A cambio, tendría que haber compensaciones. Habría que ofrecer mejores salarios y mayor cobertura social al pueblo británico, cuya nueva importancia le granjearía un mayor peso en la sociedad. Así lo reconoció el *Times* en su editorial del 1 de julio:

> Cuando hablamos de democracia, no nos referimos a una democracia que garantice el derecho al voto y descuide el derecho al trabajo y a la vida. Cuando hablamos de libertad, no nos referimos a un individualismo despiadado que excluya la organización social y la planificación económica. Cuando hablamos de igualdad, no nos referimos a una igualdad política invalidada de hecho por la desigualdad social y económica. Cuando hablamos de reconstrucción económica, pensamos menos en la optimización de la producción (aunque también sea necesaria) que en una redistribución equitativa de la riqueza [...] El nuevo orden no puede basarse en la defensa de los privilegios, ya sean estos privilegios nacionales, de clase o individuales.

Por lo visto, la lucha contra la maldad del nazismo tenía poco sentido si Gran Bretaña fracasaba a la hora de reconocer y subsanar sus propias desigualdades. Dunkerque convirtió nociones abstractas como «libertad» e «igualdad» en metas alcanzables, que el gabinete de guerra empezaría a incorporar de inmediato en sus políticas sociales. El vuelco repentino que supuso Dunkerque fue la chispa de la que surgió la Inglaterra moderna.

Nada de esto supuso un consuelo, sin embargo, para quienes cayeron prisioneros en Francia o regresaron heridos. En su hospital de Barnet, Eileen Livett atendía a hombres que sufrían lesiones espantosas. Un joven menor de veinte años con el que se había encariñado tenía quemaduras de tercer grado, pero antes de resultar herido estaba en tan buena forma física que sus lesiones comenzaron a curar inmediatamente. Sin embargo, cuando Livett le quitó los vendajes de la cabeza, una de sus orejas, completamente abrasada, se desprendió junto con los apósitos. Livett libró al día siguiente y, cuando regresó al trabajo, se enteró de que el chico había muerto. Cuando le quitaron los vendajes de los ojos, descubrió que se había quedado ciego. «Y aunque estaba evolucionando muy bien», cuenta Livett, «fue un golpe tan duro que bastó para acabar con él».

Lo cierto es que la Operación Dinamo no consiguió devolver a Inglaterra a toda la BEF. Más de ciento cuarenta mil soldados se quedaron en Francia. Algunos no consiguieron llegar a Dunkerque, y los miembros de la 51ª División Highland, enviados a defender la Línea Maginot, permanecieron al sur del Somme, separados del resto de la BEF por el avance alemán. La división siguió luchando tras la Operación Dinamo, pero, cercada por los alemanes, fue apresada el 12 de junio en Saint Valery-en-Caux.

El mismo día en que la 51ª División cayó prisionera, dos divisiones de refresco (la 52ª Lowland y la 1ª División Canadiense) llegaron a Francia como parte de una segunda Fuerza Expedicionaria Británica, enviada para ayudar a los franceses a resistir la invasión alemana. Era improbable, sin embargo, que esta segunda BEF obtuviera algún éxito. Su comandante, el teniente general Brooke, quiso evacuar a sus tropas al cabo de dos días, pero Churchill estaba tan empeñado en que Francia no se rindiera y tan preocupado por el efecto que tendría otra evacuación sobre la moral del país vecino, que ordenó a las divisiones permanecer donde estaban. El 14 de junio, las tropas alemanas entraron en París. Quedó claro entonces que Francia había sido derrotada y se dio por fin la orden de evacuar a la segunda BEF desde Burdeos, Cherburgo, Saint Malo, Brest y Saint Nazaire.

Así pues, transcurridas apenas unas semanas desde la primera evacuación, tuvo lugar una segunda y caótica retirada hacia la costa, que supuso el abandono de pertrechos y maquinaria y concluyó con otra requisa de buques y embarcaciones. Esta segunda evacuación condujo, además, a la mayor catástrofe marítima de la historia británica, cuando el Lancastria, un transatlántico de la naviera Cunard que trasladaba a Inglaterra a seis mil personas, fue hundido por la aviación alemana al salir de Saint Nazaire. Murieron un total de cuatro mil personas (hombres, mujeres y niños), en su mayoría ahogados. Churchill impidió que se hiciera pública la noticia del hundimiento: en su opinión, la prensa ya había publicado suficientes malas noticias ese día. La Operación Ariel (nombre en clave de la evacuación de la segunda BEF) trasladó a Inglaterra a un número muy elevado de tropas aliadas.

El 22 de junio, Francia firmó el armisticio con Alemania. La ceremonia tuvo lugar en el mismo vagón de ferrocarril y en el mismo claro cercano a Compiègne donde se había firmado el armisticio de 1918. Hitler buscaba venganza, quería humillar a Francia aunque para ello tuviera que sacar de un museo un viejo vagón de tren y transportarlo hasta el campo.

El periodista estadounidense William Shirer, que estaba destinado en Berlín el 14 de junio, advirtió que en el bar de su hotel la gente se agolpaba alrededor de un altavoz cuando se dio la noticia de la entrada de las tropas alemanas en París. Los presentes sonreían y parecían contentos, pero no hubo ningún alboroto y todos regresaron a sus mesas para seguir comiendo. A la mañana siguiente, el *Volkische Beobachter*, órgano oficial del Partido Nazi, afirmaba: «París era una ciudad de frivolidad y corrupción, de democracia y capitalismo, en la que los judíos tenían entrada en la corte y los negros en los salones. Ese París no volverá a resurgir».

Al llegar a la capital francesa tres días después, Shirer encontró las calles vacías y las tiendas cerradas. Por las noches, las calles que recordaba repletas de música y risas aparecían oscuras y desiertas. Y sin embargo *había* turistas: todos los soldados alemanes parecían llevar una cámara fotográfica y se comportaban como ingenuos visitantes. «Los veía todos los días a miles, fotografiando Notre Dame, el Arco de Triunfo, los Inválidos...»

La mayoría de los soldados franceses que llegaron a Inglaterra a raíz de las operaciones Dinamo y Ariel prefirieron regresar a Francia. Uno de los que se quedaron fue Leon Wilson. Evacuado a Dover a principios de junio, estuvo alojado provisionalmente en el White City Stadium hasta que se cambió de nombre para enrolarse en el ejército británico. Destinado en Whiltshire, casi todos los días le mandaban a una escuela infantil, donde se sentaba junto a la puerta para aprender inglés. «No tardé mucho en empezar a hablarlo», cuenta, «y al poco tiempo ya me desenvolvía bastante bien en inglés».

Durante unas vacaciones escolares, Wilson asistió a un baile en el hotel Astoria de Tottenham Court Road. Había más mujeres que hombres, y Leon se fijó en «una chica preciosa, muy bajita, metro cincuenta más o menos, pero fantástica». Le pidió bailar y, al acabar la velada, la acompañó hacia Hyde Park, donde intentó besarla. Fue así como conoció a su esposa.

Entre tanto había empezado a recibir instrucción militar en diversos lugares de Inglaterra, y en 1943 fue enviado a Egipto como artillero de primera. Meses después fue transferido al Cuerpo de Inteligencia, con el que pasó a Italia. En agosto de 1944 llegó a París, su ciudad natal, apenas dos días después de que fuera liberada. Se fue derecho a la casa de su familia en el número 8 de la *rue* des Bois, en el XIX *Arrondissement*. Pero su familia era judía y en la ciudad habían cambiado muchas cosas desde su marcha:

Llamé al timbre. Entré en la portería y, cuando me vio la portera, se desmayó. ¡Creía que estaba muerto! ¡Y además llevaba puesto el uniforme británico! Pasados unos minutos le dije que quería subir a ver a mis padres porque no sabía qué había sido de mi familia. Y, claro, mientras estábamos hablando, seguramente me oyó alguien y subió al primero a avisar a la gente que había ocupado nuestra casa. Subí y vi una esvástica de plástico en el lado derecho. Llamé a la puerta. La señora y tres o cuatro niños estaban llorando. La gente gritaba en la calle «¿Por qué no los detienen?».

Los nazis habían entregado su piso a una nueva familia, pero a Wilson no le interesaban aquellas personas. Solo quería encontrar a su familia. Pasó varios días buscándolos, pero no consiguió averiguar nada. Fue a la antigua fábrica de la familia en la *rue* Belleville y la encontró cerrada. Al final, regresó al piso y le dio a la portera su dirección en Londres.

Tras una larga espera por fin recibió noticias: su padre y uno de sus hermanos habían vuelto a París. Sobrevivieron juntos al campo de concentración. Pero su madre, su abuela y sus otros tres hermanos (el menor de los cuales solo tenía dos años) perecieron en Buchenwald.

Dos semanas después de que Wilson recibiera esta noticia, su padre llegó a Londres sin su hermano. «Me alegro de que no viniera», cuenta Wilson, «porque mi padre me enseñó una foto y era todo huesos, un puro esqueleto». Su padre le dijo que los guardias del campo separaban a hombres y mujeres, pero no le contó mucho más. «Nunca le he preguntado a mi hermano por sus experiencias durante la deportación», añade, «porque ¿para qué volver sobre eso?».

Leon Wilson reside en Inglaterra desde que acabó la guerra, pero en 1950 regresó a Dunkerque. Quería visitar un pueblecito a las afueras de la ciudad donde sus compañeros y él hicieron un alto durante el repliegue y robaron unas bicicletas en una tienda. La suya le ayudó a salvar la vida, pero Leon tenía mala conciencia por haberla robado.

Tras buscar un rato, dio con la tienda. Seguía existiendo. Estuvo un rato parado enfrente. «Pero, para ser sincero, fui un cobarde», cuenta. «No me atreví a entrar y a pedirles perdón por haberles robado aquellas bicicletas. Pero me conmovió muchísimo ver el lugar que de verdad nos salvó la vida».

La vida de Leon Wilson ha dado muchos tumbos desde que fue evacuado de Dunkerque, pero la evacuación sigue siendo el hecho definitorio de su existencia. Lo mismo puede decirse de muchos de los hombres que fueron evacuados y hechos prisioneros. Dunkerque, sin embargo, no fue solo importante para quienes estuvieron allí o para quienes guardan memoria del hecho histórico; su influencia llega mucho más allá. Es un hito cultural, un símbolo cuya significación ha cambiado en los últimos setenta y siete años, al mismo tiempo que cambiaba la sociedad. Nos acercamos al momento en que la evacuación dejará de ser un recuerdo vivo para convertirse en historia. Pronto no quedará nadie que pueda contarnos en primera persona lo que sucedió. Políticos, historiadores y periodistas podrán invocar la historia con entera libertad, ya sea para apuntalar un prejuicio, promover una carrera o exponer los hechos con veracidad. Y ha sido ahora cuando Chris Nolan ha decidido hacer una película sobre la evacuación, una película que tiene como eje central la supervivencia. Me interesaba hablar con quienes han participado activamente en su producción: preguntarles qué sentían respecto a Dunkerque como acontecimiento histórico, cómo han enfocado el tema y de qué manera lo han trasladado al cine.

Emma Thomas es la productora de Chris Nolan, además de su esposa. A menudo, en el pasado, le ha sugerido ideas para una película. «El 99 % de las veces», cuenta, «la idea puede interesarle, pero no ve forma de llegar a dirigir la película». Esta vez, en cambio, fue distinto. Emma, que llevaba un tiempo leyendo sobre Dunkerque, le comentó a Chris que hacía mucho tiempo que no se hacía una película sobre el tema. «Chris vio ese vacío», explica, «lo que me hizo muy feliz».

El director creció oyendo hablar de Dunkerque y, en cuanto Emma le recordó la historia de la evacuación, empezó a leer sobre el tema. Se encerró para escribir, como había hecho con *Batman*, otro icono de la cultura popular. «A solas, a mi aire, es como consigo centrarme en la historia que creo que hay contar», explica el director. Necesita distanciarse de presiones e influencias externas.

Pero el proceso de escritura del guion de *Dunkerque* se salió de lo habitual. «Me documenté exhaustivamente, leí muchos testimonios de primera mano, lo que no suelo hacer, al margen de que esté tratando con acontecimientos históricos». Ello se debió a que quería comprender la mecánica del acontecimiento. Posteriormente se centró en *cómo* quería contar la historia. «En cuanto me pareció que había comprendido cómo se efectuó la evacuación, me puse a montar la estructura del relato».

Pero no corrió a presentarle la idea a un estudio. Primero se sentó a escribir el guion. Y luego dio un largo paseo por Dunkerque.

Pidió al diseñador de producción Nathan Crowley que se reuniera con él allí en agosto de 2015. Parecía el lugar lógico para empezar, y nadie conocía el propósito de su viaje, ni quiénes eran. Como cuenta Nathan: «Si a Chris le pones una gorra de béisbol, nadie sabe quién demonios es». Sin embargo, aquel paseo definiría la estética y la atmósfera de la película. Nathan (que ha trabajado con Chris en la trilogía de *Batman* y en *Interstellar*) se enfrentaba a una tarea ingente. «Todo lo que se ve ante la cámara, todo lo material, es responsabilidad del equipo de diseño de producción. Desde la elección de localizaciones al aspecto que tiene un barco, o si las cubiertas de los barcos hospital tienen vistas a la playa. Los aviones, el espigón, los destructores y las maquetas de los destructores... Todo eso es responsabilidad nuestra. Con excepción del vestuario y los efectos especiales, nosotros nos encargamos de crear el mundo en el que transcurre la película».

Nathan y Chris caminaron desde el puerto hasta Bray-Dunes, aunque no llegaron a La Panne. «Estábamos un poco cansados», cuenta Nathan. Pero aquella caminata fue esencial para su comprensión de la película. Inspeccionaron el espigón para saber de qué estaba hecho. Y pronto se dieron cuenta de que *tenían* que rodar en Dunkerque. «Esto no puede simularse, es único», cuenta Nathan. «El oleaje, la playa, los edificios de la ciudad, el espigón mismo».

Pero no era únicamente la atmósfera del lugar lo que buscaban. También era una cuestión de fidelidad histórica. «Sentíamos que *teníamos* que rodar allí, era importante». Luego empezaron a preguntarse si podrían conseguir auténticos Spitfires Mark 1 y algún barco que hubiera participado en la evacuación. «Nos parecía que debía haber una especie de retorno. Conseguir algunos objetos originales, reconstruir el espigón en su ubicación original. En parte buscábamos precisión histórica, pero además nos parecía que era lo que debíamos hacer, por respeto a la propia película y al acontecimiento histórico».

Cuanto más caminaban, más aprendían. «Al ver el vaivén del oleaje, el tamaño de las cosas, te das cuenta de que es una playa muy difícil de la que zarpar», cuenta

Nathan. Y en cuanto empezaron a construir, se acumula-
ron los problemas. «Era difícil reconstruir el espigón, y
nos costó mucho atracar un barco en el espigón reconstruido. Y construir el muelle de camiones, eso también fue
complicadísimo. Es entonces cuando empiezas a darte
cuenta del esfuerzo que supone algo así, cuando te haces
una idea de la situación que tuvieron que afrontar esos
hombres».

Nathan se apresura a recalcar que su equipo y él no
estaban sometidos al fuego de obuses, que no había ningún Stuka acechándolos y que el enemigo no estaba atacando el perímetro mientras ellos trabajaban. «Nosotros
solo intentábamos atracar unos barcos junto al espigón.
Pero descubrimos que no es una tarea sencilla. El espigón no fue construido con ese fin».

En cierto sentido, es lo mismo que le ocurrió al capitán William Tennant la noche del 27 de mayo de
1940 y a la tripulación de numerosos barcos durante los
días siguientes. «Recrear esos acontecimientos históricos nos permitió entrever lo que vivieron esos hombres
en aquella época, y aumentó nuestro sentimiento de
responsabilidad».

Después de visitar Dunkerque, Chris y Nathan regresaron a casa para pasar a la siguiente fase de la producción. «Monté un departamento de arte en miniatura
en su garaje», explica Nathan. «Estábamos solos Chris y
yo. Chris prefiere decidir cómo va a hacer la película antes de que se forme el equipo».

Finalmente, Chris y Emma presentaron el proyecto
a Warner Bros. «Les llevamos el guion ya listo», cuenta
Emma. «Y pudimos decirles: "Así va a ser", y les encantó
la idea».

Pero Dunkerque no solo es un hecho histórico poco
conocido en Estados Unidos. Es la historia de un fracaso,
de una catástrofe militar: dos temas que podrían haber
disuadido a cualquier gran productora estadounidense de
implicarse en el proyecto. «Pero creo que la universalidad

de la historia, lo fácil que resulta identificarse con los dilemas que plantea, hace que todo el mundo pueda entenderla, sea del país que sea».

«Parecía el momento más indicado para hacer la película», explica Emma, «porque estamos en una situación privilegiada». Chris y Emma habían hecho ya varias películas de enorme éxito, por lo que tenían, de partida, muchos puntos a su favor. «Los estudios suelen concederle a Chris el beneficio de la duda... ¡por ahora!», cuenta Emma. «Algo parecido pasó con *Origen*, una película nada convencional que a cualquier otro director le habría costado muchísimo hacer. Pero la película anterior de Chris había tenido un enorme éxito. Con esta película estábamos en el mismo caso, y el estudio comprendió enseguida qué era lo que nos apasionaba de la historia».

Así pues, contando ya con el respaldo de un gran estudio, Chris y Emma comenzaron a reunir a su equipo. Llamaron primero a Nilo Otero, primer ayudante de dirección, con el que ya habían trabajado en *Origen* e *Interstellar*, entre otros largometrajes. Nilo describe así su función: «Soy como el contramaestre de un barco. Chris, el capitán, piensa en la estrategia y en los objetivos generales. Yo mantengo el barco en funcionamiento. Es la mejor analogía que se me ocurre. Antes tenía un segundo ayudante de dirección que citaba mucho *In Which We Serve*[50] y siempre me decía: "¿Más chocolate, contramaestre?"».

Respecto a su tarea principal en una película, Nilo la describe de la siguiente forma: «Leo el guion y lo desgloso en sus distintos elementos. En la escena uno, su descripción, lo que se necesita para rodarla y dónde tiene lugar». Luego hace una serie de «tiras» (antes eran

---

[50] Película de David Lean y Noel Coward (1942), cuyo título se tradujo en España como *Sangre, sudor y lágrimas* (N. de la T.).

auténticas tiras de cartón; ahora el procedimiento está informatizado), cada una de las cuales representa una escena o una secuencia y decide cuántas tiras se grabarán cada día de rodaje.

Una vez hecho el desglose, Nilo y Chris redactan un plan de trabajo provisional a fin de ajustar el rodaje de la película al tiempo del que disponen. «Empezamos a quitar y poner», cuenta Nilo. «Este día hay pocas cosas, este día hay demasiadas y así, revisando los distintos componentes como elementos constructivos individuales, acabamos haciendo el plan de trabajo». Uno de los factores a tener en cuenta es la geografía. «¿Dónde vamos a hacer tal o cual cosa? ¿En qué lugar concreto de la playa de Dunkerque? ¿Qué se va a rodar en el Reino Unido, qué en plató en Estados Unidos y qué en el mar?». Para Nilo, un apasionado de la historia y especialmente de la II Guerra Mundial, esta era una tarea abrumadora. «He estado en el canal de la Mancha y es un mar complicado. El primer milagro de Dunkerque, para mí, fue la meteorología. Lo que hizo posible la evacuación fue ese mar en calma constante, tan raro en aquella zona. Porque el Canal *nunca* está así. Era lógico que Hitler creyera que la evacuación no podría efectuarse, porque ¿quién iba a pensar que podría cruzarse el canal de la Mancha en un bote de remos?».

Al equipo de rodaje se sumaron, entre otros, el escenógrafo Gary Fettis, el diseñador de vestuario Jeffrey Kurland, el coordinador de efectos especiales Scott Fisher y el jefe de atrezo Drew Petrotta. Cada uno de ellos cumplía una función muy concreta, pero trabajaban codo con codo y sus tareas se solapaban. Gary Fettis explica que su equipo «se encarga de proporcionar todos los detalles: la utilería y los decorados que sirven como telón de fondo al argumento y definen en gran medida a los personajes». Las películas de Nolan se caracterizan por la minuciosidad de su ambientación. En *Interstellar*, por ejemplo, la chica vive en una habitación con una pared llena de libros, y Gary, Emma y Chris eligieron una a uno los volúmenes de las estanterías. En el caso de *Dunkerque*, fue un proceso más orgánico. «Lo esencial era el panorama general, como un lienzo, del propio Dunkerque: la playa, las zonas industriales, el espigón». Gary tiene por norma que nada distraiga la atención del espectador. Cada detalle ha de estar al servicio del argumento, de la idea del director, del desenvolvimiento de los actores. Según explica Gary, Chris no quería que la destrucción y la carnicería de la guerra llegaran al punto de abrumar al espectador. «La directriz que me dio fue sencillez y despojamiento. Para mí, el reto era que algo destacara visualmente en esos vastos espacios en los que cualquier equipamiento militar quedaba empequeñecido».

Jeffrey Kurland y Drew Petrotta, responsables de vestuario y atrezo, han de colaborar estrechamente, pues la labor de ambos define en gran medida a los personajes a través de su indumentaria y de los objetos que poseen, utilizan o manipulan. Drew describe así su trabajo: «Si hay una mesa en una habitación y los personajes están cenando, puede que no nos ocupemos de la mesa, pero sí de los platos y de la comida». En una película de corte histórico como *Dunkerque*, Drew debe documentarse para que el decorado sea lo más fiel posible a la realidad histórica. «Y en una película bélica como esta», añade, «los objetos que tenían los hombres eran muy limitados. Solo había que pensar en las cantidades y eso dependía de cuánta gente iba a haber en la película y del presupuesto».

Jeffrey tuvo que encargarse de organizar la confección de centenares de trajes. Incluso hubo que construir telares para fabricar un tejido idéntico al de los uniformes históricos. En el caso del departamento de Drew, en cambio, «no había mucho que fabricar, aparte de armas de goma y chalecos salvavidas». Drew buscó chalecos salvavidas de aquella época y le enseñó los distintos modelos a Chris para que escogiera entre ellos. «Luego los replicamos como si fueran nuevos».

En el caso de Jeffrey, emplear trajes originales estaba descartado. «Con el trote que había que darles a los uniformes, con el agua y la arena, habrían acabado destrozados. No habría sido nada práctico». Drew, en cambio, sí ha podido usar algunos objetos originales. «Teníamos unos prismáticos estupendos que usamos para un coronel del espigón, unos prismáticos auténticos de la II Guerra Mundial. También teníamos algunos instrumentos de navegación. Y algunos de los fusiles también son originales de aquella época». Su departamento creó, además, las hojas volanderas que aparecen al principio de la película. «Les enseñamos unas copias de los panfletos originales a Nathan y Chris. Luego diseñamos nuestra propia versión, muy parecida a la original, pero realzando algunas cosas, como los colores, para hacer más visible su significación dentro de la película. Y por último hicimos cinco mil copias», añade riendo.

Jeffrey y Drew también colaboraron estrechamente con Scott Fisher, el jefe de efectos especiales. Scott es el responsable de «todos los efectos visuales, menos de los que se crean durante la posproducción mediante infografía». El trabajo de Scott incorpora los avances de la tecnología informática... menos cuando trabaja con Chris.

«Chris prefiere filmar todo lo que sea posible y utilizar luego los efectos digitales para ajustar lo que no se pueda conseguir físicamente», explica Scott. «En su caso, todo se hace de manera tradicional». Lo que significa que, cuando participa en una película de Nolan, Scott debe abordar su trabajo de manera diferente. «Sus guiones los leo de manera muy distinta a como leo los de otros directores. Con otros cineastas puedes dar más o menos por sentado que las cosas se harán con efectos digitales, pero en el caso de Chris no es así». De ahí que Scott tenga que combinar los métodos tradicionales con los más modernos usos de la infografía. «Parto de una base material concreta. Y luego utilizo la tecnología que sea necesaria para lograr lo que sea necesario». El procedimiento para recrear las explosiones de las bombas, por ejemplo, es muy tradicional, y Scott lo domina a la perfección.

En su opinión, las imágenes generadas por ordenador alteran la percepción que el público tiene de una película. «Los efectos digitales pueden ser muy abrumadores cuando se emplean en secuencias enteras», asegura. «Todo el mundo ha visto películas así. Y un mundo generado por ordenador tiene un aspecto muy distinto al mundo real. Los efectos digitales son una herramienta fantástica para borrar los cables del especialista cuando sale despedido por una explosión, o si nos falta un barco que tendría que estar ahí. Pero teniendo todos estos recursos en el rodaje (barcos de tamaño real, el espigón, todos los extras), solo tenemos que limitarnos a añadir algunas cosas al fondo del plano, donde resultan mucho menos evidentes. Es cuestión de detalle, nada más».

Una de las grandes ventajas de rodar de este modo es el impacto que una escena concreta puede tener en el trabajo de un actor. «Las reacciones de los actores varían mucho», explica Scott. «En *Interstellar*, Chris quería que el robot estuviera en el set, que hablara e interactuara con el actor. Si no, el actor estaría mirando una pantalla verde, fingiendo que mira a tal o cual sitio y simulando que interactúa con el robot». Esto se aprecia especialmente, en su opinión, cuando se filma el impacto de una bala o de una explosión. Los efectos especiales pueden estar medidos al milímetro, pero la reacción de los actores es visceral. «He estado en películas en las que se hacía casi todo con efectos digitales y, si en el rodaje utilizas algo tan básico como un mortero de aire comprimido solo para provocar cierta reacción en los actores, ves cómo se le iluminaba la cara al director. "¡Esa reacción sí que ha sido real!", dicen. Así que empiezas a hacerlo cada vez más».

Scott cree también que el efecto sensorial y emocional que producen las imágenes generadas por ordenador puede hacer que el público se distancie de la película. «La gente ya tiene la vista habituada, pero los efectos digitales pueden hacer que te distancies de lo que está pasando en pantalla porque sabes que no tienen una base real. En mi opinión, estas imágenes cambian la forma en que tu cerebro percibe la película». Pero, para Chris y Nathan, el público ha de tener una experiencia auténtica al ver la película, una perspectiva en primera persona. Tiene que haber un soldado de carne y hueso en la playa, sometido al fuego enemigo, o un piloto de Spitfire enfrentándose a la Luftwaffe. Por eso no admiten ningún recurso que pueda distanciar al espectador de lo que está sucediendo en pantalla. Chris quería que la película pudiera verse como un documental. Como dice Nathan, «queremos que el público sienta que está ahí, con esos hombres».

El guion presenta tres hilos argumentales a través de cuatro elementos: tierra, mar, aire y tiempo. En muchos sentidos, el tiempo es el más importante de esos elementos. A lo largo de toda la historia hay un reloj haciendo tictac, un reloj que plantea un interrogante tras otro. ¿Podrán escapar los hombres? ¿Se hundirán los barcos? ¿Se quedarán los aviones sin combustible? Chris y Nathan buscaron conjuntamente las imágenes definitorias de estos cuatro elementos. Nathan empezó por hacer una maqueta del espigón. «Nos dimos cuenta de que es una carretera que no conduce a ninguna parte», explica. En un principio pensó que la imagen definitoria sería la de los hombres sentados en la playa, pero tras documentarse a fondo e ir puliendo sus ideas iniciales, cambió de opinión. «Era una imagen que no tenía nada de novedoso, el público ya está familiarizado con ella. No era lo bastante interesante. Así que nos alegró poder dar comienzo a la película con ella y luego dejarla atrás. Fue una decisión que tomamos muy al principio». La película comienza con Tommy cruzando el perímetro defensivo en dirección a la playa. «Definimos visualmente la ciudad de Dunkerque con esa carrera a través de calles viejas y misteriosas, con sus edificios bajos. Entonces sales a la playa y te das cuenta de la magnitud de lo que está sucediendo... y ya está».

La imagen clave para el elemento tierra era «el espigón blanco, lleno de tropas, con la anchura de tres hombres uno al lado del otro, los cascos extendiéndose hasta donde alcanza la vista, perdiéndose en el infinito, en el mar... Esa desesperación asociada al hecho histórico. Nada de barcos, solo hombres esperando en el espigón. Es como decir "Aquí se acaba el camino". Te han perseguido hasta el mar y hay un solo puente, pero no te llevará a Inglaterra».

En cuanto al mar, la imagen definitoria era la de un soldado sentado en el casco de una embarcación hundida en el canal de la Mancha. El barco está destrozado y la corriente del mar mece su hélice rota. Ha sido bombardeado demasiado lejos de la playa para que el hombre pueda regresar y demasiado lejos de Inglaterra para que intente llegar a la costa inglesa a nado. Para Nathan, esta imagen plasma «el movimiento circular de la película, el inacabable Día de la Marmota que vivieron esos soldados que salieron de las playas y cuyo barco se hundió y tuvieron que regresar a Dunkerque. El soldado está desolado, sentado en un barco medio hundido en mitad del mar. Está agotado, se ha dado por vencido, nada puede salvarlo. Aguarda sentado entre un cielo inmenso y un mar inmenso». Esta imagen dio paso a otra decisión. «Nos ayudó a elegir el formato IMAX porque es excelente para filmar el cielo».

Las Pequeñas Embarcaciones también definen el elemento mar. En la película destaca un barco en particular, el Moonstone, procedente del lago Ness. «Dentro del marco temporal de la película, pasamos un día entero acompañados por ese barquito», explica Nathan. «Es una imagen muy conocida, pero es absolutamente esencial: el Moonstone representa la parte verdaderamente humana de la historia».

Para Emma, a ello se debe que sea tan fácil identificarse con la historia. «Cualquier película que apele a un público contemporáneo tiene que ser una historia humana», explica. «Puedes ver muchas películas bélicas y sentirte distanciado de ellas porque piensas "yo no estoy en el ejército, no he hecho el servicio militar ni lo voy a hacer nunca", pero lo que distingue la historia de Dunkerque es que también es la historia de los civiles que tomaron parte en la evacuación. Es el relato de su heroísmo cotidiano. Por eso resulta tan atractiva cinematográficamente: los soldados esperando a ser rescatados y la gente de las Pequeñas Embarcaciones cruzando el Canal para rescatarlos». Para Chris, el hecho de que hubiera civiles dispuestos a meterse en una zona de guerra es lo que hace de Dunkerque «una de las más grandes historias de todos los tiempos».

El Spitfire, por su parte, une dos elementos: el aire y el tiempo. Se instalaron cámaras dentro de la cabina para filmar al piloto en acción y que el espectador viera las cosas desde su perspectiva. «Se trataba de estar con el piloto», cuenta Nathan. «En vez de ver siempre los aviones desde fuera, queríamos que el espectador sintiera de verdad lo que era estar dentro de la máquina. Lo difícil fue meter las cámaras en un avión de verdad, cosa que hicimos, y colocarlas en las alas y rodar de verdad cómo vira el avión al sobrevolar Dunkerque. Cuando vira, el espectador ve la magnitud de lo que está ocurriendo desde la perspectiva del avión, no desde la perspectiva del "ojo de Dios". Se trata siempre de estar con ellos».

Chris y Nathan volaron en un Spitfire, una experiencia que definió su visión de la película. «El combustible solo les permitía sobrevolar Dunkerque un rato, y había muchas cosas a tener en cuenta, aparte de que les pudiera atacar la Luftwaffe. Había muchísimas otras cosas que tenían que controlar para asegurarse de que podían llegar hasta allí desde sus bases y volver». Nathan cree que los retos que afrontaba un piloto de Spitfire eran similares a los que afrontaban los hombres del espigón o los tripulantes de las Pequeñas Embarcaciones. «Se te agota el tiempo, las oportunidades... La gente no es consciente de cuántos aviones se perdieron intentando proteger esa playa».

Mientras se documentaba para la película, a Nathan le sorprendió que la zona de Dunkerque tuviera un carácter tan industrial. «No es una ciudad costera pintoresca, es un gran puerto industrial. Hasta ahora nadie había retratado ese carácter industrial de la ciudad. Queríamos incluir eso en la película, su modernidad desprovista de romanticismo». Asegura que el espigón original, construido solo dos años antes de la evacuación, era una estructura sumamente moderna. «No era una playa llena de hamacas, sino una enorme zona industrial, y gran parte de ella estaba en llamas». Para el aterrizaje del Spitfire, eligieron un tramo de la playa en la que los vertidos de combustible estuvieran ardiendo. «Me encantó poder introducir esa estética brutalista en la película», añade Nathan.

Recrear el humo negro que pendía sobre Dunkerque y que servía de guía a los aviones de la RAF desde la costa inglesa fue tarea de Scott Fisher. Lo consiguió quemando gasoil, pero el ayuntamiento de Dunkerque impuso ciertas restricciones. «Teníamos permiso para simular el humo», explica, «dependiendo de en qué dirección soplara el viento, porque era muy espeso. No era tóxico, pero sí tan denso que les preocupaba que causara problemas de visibilidad a los automovilistas en las carreteras cercanas». El viento, sin embargo, es un miembro del reparto en el que no se puede confiar. «Había una fábrica por allí cerca y el edificio entero empezó a llenarse de humo. No podían trabajar. Y otro día el humo se metió en la ciudad. Así que nos dio problemas un par de veces». Scott y su equipo tenían que esforzarse continuamente por controlarlo, «colocando el gasoil en zonas distintas, hasta que dábamos con el efecto deseado». El gasoil pasaba a través de una bomba de

alta presión y se incendiaba en un tanque de conten-
ción. «Había días en que el viento soplaba en la dirección
que no debía y no se podía rodar».

Nathan se acuerda de un día en que de pronto apareció espuma en la playa. «Era como en *Doctor Zhivago* o
algo así, esos tipos caminando entre la espuma». Aprovechar esos imprevistos formaba parte del proceso de rodaje. «Así era como queríamos contar la historia de
Dunkerque. El hecho histórico fue una improvisación,
un caos organizado. Ocurrían muchísimas cosas distintas
al mismo tiempo, había un montón de incidentes personales. Hay tantas versiones de Dunkerque como hombres había en la playa. Y luego estaban los barquitos, el
espigón, los destructores, los dragaminas, los aviones, los
pesqueros holandeses, los miles y miles de hombres...
¡Era un acontecimiento grandioso! Y la película pretende
sumergir al espectador en ese caos, no dejar que perma-
nezca sentado fuera. Chris tiene todas esas nociones en la
cabeza, y luego llego yo y le ayudo a visualizarlo todo. En
eso consistió mi trabajo los primeros seis meses».

Hay un último elemento crucial de la película que
está siempre presente y ausente al mismo tiempo: el enemigo. Chris sabía que no hubo contacto personal entre los
soldados de las playas y los alemanes y así quería refle-
jarlo en la película. «Así es como se vive la guerra», explica Nilo Otero. «Cuando hablas con los veteranos... No
veían al enemigo. En primer lugar porque, si alguien te
está disparando, no te asomas a mirar. Te metes en un
agujero y te quedas ahí. Es una experiencia aterradora.
Creo que la película trata en realidad del descubrimiento de la propia mortalidad. De eso, y del simple esfuerzo de esquivar la muerte».

Para Chris, ocultar el rostro del enemigo libera al hecho histórico de sus ramificaciones geopolíticas para con-
vertirlo en una historia intemporal de supervivencia
humana. No quería hacer una clásica película de guerra
porque, en muchos sentidos, la historia de Dunkerque

no es la historia de una batalla convencional. «Era la muerte surgiendo del cielo», cuenta. «Submarinos invisibles en el canal de la Mancha. El enemigo sobrevolando las olas y elevándose para ametrallar a la gente y hundir los barcos». Los soldados no entienden la situación en la que se encuentran y el público debe experimentar ese mismo horror. Por eso la acción nunca se aparta de las playas. «Si muestras continuamente a los alemanes como alemanes y a los generales en sus salas hablando de estrategia, levantas el velo». En ese caso, el espectador estaría más informado que los soldados. «Estar esperando en una playa mientras intentas entender qué está pasando... ¿Cómo voy a salir de aquí? ¿Debería ponerme a la cola? ¿O meterme en el agua? Esa es la vivencia de la que quiero hacer partícipe al espectador. Se ve un comportamiento gregario, primitivo, una conducta animal: la gente haciendo cola en el agua porque ven que otros hacen lo mismo, no porque sepan que va a venir un barco... Eso me parece fascinante y al mismo tiempo aterrador».

Emma está de acuerdo: «El enemigo da más miedo cuando no lo ves. No *necesitas* verlo. Es una idea muy simple: lo que estaba pasando esa gente, los tanques y los soldados por un lado, los aviones arriba, los submarinos y las minas abajo... En realidad es lo único que necesitas saber. Si piensas en *Tiburón*, no hace falta ver el tiburón para entender la amenaza que representa».

Reconstruir el espigón fue una de las primeras tareas del departamento de producción. A pesar de que Nathan se había documentado y había estudiado detenidamente las fotografías históricas, no se hizo una idea cabal del espigón hasta que llegó a Dunkerque y vio lo que queda de él. «La parte de cemento todavía existe», cuenta. «Tuvimos que reconstruir unos trescientos metros, hasta la punta». Emma recuerda lo difícil que fue. «Fue una obra ingente y muy lenta. Hubo que hacer todo tipo de trabajos: dragar la zona de alrededor del espigón, reconstruirlo... Tuvimos suerte porque el ayuntamiento de Dunkerque nos ayudó mucho. Dan muchas facilidades a los equipos de rodaje, y eso marcó la diferencia».

La visión que tenía Chris de cómo quería que el espectador sintiera la película influyó incluso en el proceso de reconstrucción del espigón. «Lo que había originalmente era una mezcla de madera y hormigón armado: esas grandes traviesas que se ven en todas las fotos», explica Nathan. «Tuvimos muchos problemas para averiguar cómo estaba construido originalmente. Si vas en barco hasta el extremo del muelle, se ve que es de cemento, pero la gente hablaba también de madera. Decidimos construir en madera la parte que añadimos por dos motivos: necesitábamos construirla en un plazo razonable, pero además fue una decisión cinematográfica. Podríamos haber simulado el cemento utilizando madera, pero decidimos no hacerlo. Chris y yo pensamos que no queríamos que el público tuviera dudas, que se preguntara de qué está hecho. Así que decidimos que fuera de madera y lo pareciera».

No querían, en definitiva, distraer la atención del espectador, recordarle que está en el cine. De modo que las características cruces del espigón se hicieron con enormes maderas de treinta por treinta procedentes de un vivero local. Hubo que cortar y pulir cada viga y colocarla sobre una plancha de acero. «Fue lo más complicado de toda la película», según Nathan, «porque teníamos que vérnoslas con la marea. Tienes unas tres o cuatro horas de margen para instalar las planchas de la base y a continuación colocar la estructura con una grúa. Lo construimos por secciones, al lado del muelle, y usamos un barco provisto de una grúa para colocar cada tramo. Pero solo teníamos unas cuatro horas para montarlo y asegurarlo antes de que subiera la marea, así que fue muy complicado».

Durante el rodaje, una tormenta causó daños en el espigón reconstruido y arrancó la pasarela de madera que lo remataba. «Allí el mar es muy bravo», explica Nathan, «lo sabemos por experiencia. Era un asunto que nos daba muchos quebraderos de cabeza. El ingeniero de Warner Brothers decía : "Es una estructura fantástica, más sólida que muchos muelles permanentes en los que he estado". Pero como estaba a la intemperie, las olas rompían debajo y arrancaban los maderos». Había una reserva de traviesas por si era necesaria en caso de emergencia. «Todo se podía arreglar», cuenta Nathan, «pero había que esperar a que hiciera buen tiempo para salir a arreglarlo y volver a colocarlo todo para poder seguir rodando».

Chris y su equipo no gozaron del buen tiempo que hizo durante la evacuación (un buen tiempo casi milagroso), pero ello tuvo sus ventajas desde un punto de vista artístico, aunque se apartara de la realidad histórica. «El mal tiempo queda mucho mejor en pantalla», explica Nathan. «Que hiciera sol no quedaba tan bien, aunque fuera más fiel a la realidad histórica». El mal tiempo, sin embargo, hacía muy difícil trabajar en la playa. «Nos esforzamos muchísimo y tuvimos un montón de problemas: el espigón, el muelle de camiones... Y no es nada fácil aterrizar un Spitfire de valor incalculable en esa playa».

El aterrizaje del Spitfire es un momento clave del film. Dan Friedkin, propietario de un Spitfire que pilota él mismo, estuvo dispuesto a intentarlo. El equipo recorrió muchas veces la zona para encontrar el lugar más idóneo para el aterrizaje. En 1940, los pilotos de la RAF descubrieron que, sorprendentemente, la playa de Dunkerque podía ser una buena pista de aterrizaje. «La marea deja la playa muy lisa y la arena está muy compactada, así que sirve perfectamente», cuenta Nathan. «Acordonamos la zona elegida y el piloto hizo muchos ensayos preliminares en los que tocaba tierra y volvía a elevarse, todos los cuales están grabados».

Nathan guarda un recuerdo muy vivo del momento del aterrizaje. «Ver aterrizar un Spitfire Mark 1 en la playa de Dunkerque... Fue alucinante». Pero tras el aterrizaje el avión quedó atascado en una zona de arena blanda. Estaba subiendo la marea y hubo que empujarlo para sacarlo de la playa. De pronto tuvieron que arrimar todos el hombro para salvar el Spitfire.

Se presentaron dos grandes complicaciones a la vez: una pleamar imparable que cubría una franja de playa de seis metros y el atardecer, lo cual fue también significativo porque los pilotos de la RAF tenían que volver a sus bases antes de que anocheciera. Nathan vio todo esto desde lejos. «Vi que de pronto había mucho jaleo, que la gente corría hacia el Spitfire. Se puede dar la vuelta a un Spitfire empujándolo, incluso se le puede levantar si hay suficiente gente. Así que bajó un montón de gente a sacarlo de la arena. Despegó y llegó a su aeródromo antes de que se pusiera el sol. Pero nunca olvidaré que vi un auténtico Spitfire aterrizando en la playa de Dunkerque».

En cuanto al Messerschmitt Bf 109, el equivalente alemán del Spitfire, Nathan tomó una decisión artística. «Tenía muchas ganas de utilizar el morro amarillo del Messerschmitt», cuenta, «aunque sea una inexactitud histórica. No tuvieron ese color hasta agosto de 1940, y la evacuación fue en mayo y junio».[51] Fue una decisión basada en criterios visuales. «Teníamos que poder identificarlos de un vistazo, porque, si estamos con el piloto y las cosas se mueven a toda velocidad, tenemos que saber quién es quién. La solución más fácil era ponerle un gran morro amarillo al enemigo. Y además así quedaba mucho mejor». Decidieron no especificar el escuadrón del Spitfire. Nathan encontró números de escuadrón auténticos que no se habían empleado durante la contienda. «Los números del Spitfire son auténticos.

---

[51] El asesor histórico de la película (y autor de este libro) recuerda que telefoneó al productor asociado Andy Thompson para preguntarle por qué los Messerschmitts tenían el morro amarillo. Ahora ya lo sabe.

Cuando acabó la guerra, el Ministerio tenía números de escuadrón que no se habían utilizado todavía. Así que los números son reales».

Tras la construcción del espigón, el siguiente gran reto que tuvo que afrontar Nathan fue la recreación del muelle de camiones. «No hay testimonios que expliquen cómo construirlo», cuenta. «Atamos los camiones entre sí, auténticos chasis de camiones, bien sólidos, otra cosa que nos dio muchos problemas logísticos. Había que sacarles el aceite porque el ayuntamiento no quería que quedaran residuos químicos en el agua. Y cuando los remolcamos hasta el mar y subió la marea, vimos que... "¡Ay, mierda, pero si flotan!". Con la primera marea, se nos fueron dos flotando». Nathan y su equipo tuvieron que pensar a toda prisa. «Sacamos las navajas y pinchamos los neumáticos antes de que se fueran todos los camiones flotando. Así que fue un aprendizaje arduo». Un proceso de ensayo y error muy parecido al que vivieron los Ingenieros Reales el 30 de mayo de 1940. Ellos también tuvieron que desinflar los neumáticos, aunque en aquella época el ayuntamiento de Dunkerque no estaba en situación de preocuparse por la contaminación del agua. «Te das cuenta de que no es nada fácil construir un muelle con camiones», explica Nathan. «Hay tantos detalles imprevistos... Y tiene que ser lo bastante largo para cubrir el espacio que cubre el reflujo de la marea, que es enorme».

Nathan tenía mucho interés en conseguir el HMS Cavalier, un destructor de 1943 que actualmente se encuentra en el astillero de Chatham. Aunque no estuvo en Dunkerque, era muy parecido a los buques que participaron en la evacuación, pero no podía sacarse del dique seco. El equipo consiguió, en cambio, otras embarcaciones originales, pero tuvieron que ocultar las adiciones más modernas que se les habían hecho. También construyeron destructores a media escala. «En la película hay barcos que se hunden», explica Nathan, «y queríamos asegurarnos de que tenían los distintivos precisos, todos los números que se ven en los buques reales, recrearlos fielmente».

También quería utilizar pequeñas embarcaciones originales siempre que fuera posible, y cualquier vapor de ruedas que pudieran encontrar. «El primer día que dimos un paseo por la playa», recuerda Nathan, «vimos los restos del Crested Eagle. Si vas hasta la punta del espigón y la marea está muy, muy baja, se ven también los restos del Fenella. Era muy importante conseguir un vapor de ruedas del Támesis porque es una auténtica rareza ver uno atracado. El Princess Elizabeth no tenía motores, pero nos lo trajeron con un remolcador».

Gary Fettis recuerda cuánto hubo que retocar los barcos para que su aspecto se ajustara lo más posible a la realidad histórica. «Siempre había muchísimas cosas que hacer, incluso en las barcas más pequeñas. Y luego estaban los barcos hospital, todos los suministros de la Cruz Roja... Las escalas de cuerda nos dieron mucho trabajo, hubo que hacer un sinfín de reparaciones en el cordaje». Esta tarea ingente dio lugar a algunas colaboraciones interesantes. «Para esos grandes paragolpes que llevan los barcos, hoy en día se utilizan boyas de goma enormes, pero en aquella época eran de cuerda tejida con cáñamo muy grueso. Tuvimos que hacer unas diez réplicas». Encontraron a un vecino de Dunkerque que había reparado el cordaje de un barco para un museo local. «Sabía tejer esos paragolpes. Y para ello empleó a presos. Chavales, gente que había cometido su primer delito, delincuentes menores. Espero que los productores lo sepan», añade Gary, «porque así nos ahorramos un montón de dinero».

Gary también necesitaba un equipo de utileros en la playa. «Yo tengo que ocuparme por anticipado del siguiente decorado», explica, «así que no puedo estar presente mientras ruedan, o el trabajo del día siguiente se queda sin hacer. Así que necesitábamos utileros, pero, como no teníamos presupuesto, encontramos a un equipo de *hockey* local. Estaban de vacaciones y eran fantásticos: unos chicos muy simpáticos e inteligentes. Les dábamos instrucciones y estuvieron maravillosos». Más adelante, Gary y su ayudante, Brett Smith, vieron un póster del equipo de *hockey* mientras iban conduciendo por Dunkerque. «¡Allí eran auténticas estrellas! No teníamos ni idea. Pero se dejaron dirigir perfectamente, y dijeron que había sido una experiencia que no olvidarían nunca».

Uno de los decorados que más trabajo dio a Gary fue el interior de un destructor. El decorado se construyó en un plató de Los Ángeles, dentro de un enorme tanque de agua. Sus ayudantes consiguieron los elementos de atrezo en el mayor desguace naval de Estados Unidos. «Está en Texas», cuenta Gary. «Trajeron todos los componentes, las puertas, las válvulas, los catres... Y es solo página y media del guion, pero es una escena clave». Luego tuvo que decorar el interior de un pesquero con aparejos de pesca. «Y, al ser una película bélica, en los decorados exteriores había montones de sacos de arena y armas, cajas de munición, camiones y piezas...».

Gary también tuvo que recrear la carnicería de las playas. «Utilizamos muchos muñecos para los planos largos, pero para los cadáveres que estaban más cerca de la cámara Chris usaba a actores y extras». En cierto momento, Gary dejó desconcertado a Chris: había preparado el set para filmar la primera imagen que tenemos de la playa, cuando llega Tommy, cerca de Malo-les-Bains. «Habíamos colocado cuarenta camiones y un montón de cajas de munición desde la perspectiva de la cámara, que estaba colocada en las dunas. Utilizamos una perspectiva forzada para dar profundidad al decorado. Usábamos un transmisor para decirle a la persona que estaba en la playa "Mueve esto o aquello", hasta que nos pareció que estaba bien. Pero cuando llegó Chris en su coche, se vino derecho a mí, muy decidido. Echó un vistazo a la playa y al set y dijo: "Cuando venía para acá hace un momento, he visto todo esto desplegado y no lo entendía. No entendía lo que estaba viendo. Parecía desestructurado. Pero ahora lo entiendo: lo habéis dispuesto todo para la cámara». Gary explica que es así como se compone un plano. «Escoges una posición y empiezas a amontonar cosas y a esparcirlas. Puedes hacer trampa con cosas que están a quince metros de distancia pero que desde la perspectiva de la cámara parece que están más cerca. Da la impresión de que hay más cosas de las que hay. Lo hicimos así varias veces en distintas zonas para recortar costes».

Scott se encargó de recrear el hundimiento de los barcos, las explosiones y los tiroteos. Utilizó para ello explosivos más potentes de los que suelen utilizarse en el cine. «Esas explosiones de la II Guerra Mundial tienen una estética muy característica, y hace falta gran cantidad de explosivo para simularlas. Los utilizábamos sobre todo a lo lejos y, a medida que nos íbamos acercando a los actores, usábamos morteros de aire comprimido para que no corrieran peligro». Los morteros de aire son depósitos de aire comprimido conectados a cañones que levantan la arena o el agua. «Es un efecto que se puede repetir una y otra vez», explica Scott, lo cual es una parte crucial de su trabajo. «Y además son inofensivos, así que puede haber un especialista o un actor muy cerca, se puede probar si funciona a distintas distancias y no tienes que preocuparte de que alguien resulte herido».

Los hombres que salían despedidos por las explosiones trabajaban con Tom Struthers, el jefe de especialistas. «Tom tiene una grúa con un cable de acero que puede lanzar al especialista con increíble rapidez, como si saliera despedido por una explosión. Pero es el cable el que hace todo el trabajo, y Tom quien lo controla». En el plató, en Estados Unidos, había tanques especiales llenos de agua para filmar tanto el interior de las bodegas al hundirse como la sección exterior de un barco, que podía virar unos noventa grados y hundirse hasta casi ocho metros de profundidad. Scott tuvo que simular también el efecto de las balas al impactar en los costados de los barcos. Era una tarea difícil, porque Chris quería que las balas atravesaran los costados del pesquero y que el agua entrara por los agujeros al mismo tiempo que la luz del sol traspasaba la superficie del agua. Era un efecto complejo. Los ayudantes de Scott taladraron agujeros en el costado del barco y los llenaron con estopines de fogueo que estallaban por control remoto. Detrás de la pared del barco construyeron un tanque transparente que llenaron de agua, y detrás del tanque colocaron los focos con todo cuidado.

Los estopines se emplean también para crear el efecto de los disparos al impactar en un cuerpo humano. «Son muy, muy pequeños», explica Scott, «fabricados especialmente para el cine. Conviene que la acción sea lo más continua posible, así que conectábamos los estopines a mandos a distancia. Al empezar la película, se ve a unos tíos corriendo por la calle, les disparan, caen, siguen corriendo, trepan por una tapia y las balas se incrustan en la pared». El estopín está recubierto para que no entre en contacto con la piel del actor, lleva un pequeño depósito de sangre falsa o polvo rojo y tiene potencia suficiente para rasgar la tela de una camisa. «Se puede detonar por control remoto, a quince o veinte metros de distancia si se quiere, de modo que puedes estar detrás de la cámara cuando estalla uno, o dos o tres, los que sean necesarios».

Tratar con los actores y los extras es cosa de Nilo y su equipo de ayudantes de dirección. «Estás tratando con personas», explica Nilo. «Chris se resiste a usar efectos digitales, así que hay mucho trabajo escenográfico que hacer en el propio set, hay que engañar mucho a la vista». Algunos días, había mil trescientos ochenta extras en el rodaje. «Y son seres humanos», añade el primer ayudante de dirección. «Se despistan». Recuerda que en una reunión de producción con otros jefes de departamento dijo: «A lo mejor creéis que estamos haciendo *Dunkerque*, pero para mí esto son doscientos pares de pantalones». «Lo quería decir era que, con el presupuesto con el que contábamos, teníamos doscientos pares de pantalones idénticos a los de la Fuerza Expedicionaria Británica. En los planos cortos, en los que se ve de cerca a la gente, podíamos usar perfectamente a doscientos extras en cualquier momento dado. Había que pagar a los extras las pruebas de vestuario y solo teníamos presupuesto para dos pruebas por extra. Así que, aunque la película trata sobre una cantidad ingente de personas, nosotros solo teníamos doscientos pantalones que servían para dos conjuntos distintos, de modo que íbamos a tener a los mismos tíos delante de la cámara constantemente, iban a verse las mismas caras una y otra vez. Me acuerdo de que lo repetía continuamente, en uno u otro contexto: "Doscientos pares de pantalones, chicos. Esa es la película que estamos haciendo"».

Nathan Crowley y su equipo de producción crearon «hombres falsos», una fila de soldados pintados sobre un lienzo que podía desplegarse y clavarse con estacas en el suelo para llenar el encuadre. «Si tienes personas de carne y hueso moviéndose en ambos extremos», cuenta Nilo, «en medio, delante o detrás... eso lo cambia todo visualmente. Porque se trata de engañar al ojo. Lo importante es cómo percibe las cosas el espectador». Nilo recuerda cómo la playa se «comía» a los hombres. «Era horroroso. La escala los engullía. Y cuando miras las fotos históricas, esa enorme densidad de gente, sobre todo en los barcos, eso no podíamos rodarlo con garantías de seguridad. Aunque hubiéramos tenido tantos extras, habría sido peligroso». Lo cual le hizo reflexionar sobre la realidad de la guerra. «No puedes hacer lo que hace la gente en la guerra. No puedes pilotar un avión como lo pilotaban ellos, no puedes manejar un barco como lo manejaban ellos. No puedes hacer que los hombres se tiren al suelo como lo hacían ellos, porque es peligroso. Resulta que la guerra es una cosa muy peligrosa. Y la única razón por la que la gente hace esas cosas tan peligrosas y arriesgadas es que la alternativa es la muerte». Dicho de otra manera, hay cosas que no pueden recrearse por completo.

El tamaño de la playa planteaba no solo dificultades prácticas, sino también artísticas. «Es difícil plasmar cinematográficamente esas magnitudes», explica Chris. «Cuando íbamos buscando localizaciones, podíamos recorrer a pie once o doce kilómetros para llegar al siguiente escenario». Había que dejárselo claro al equipo de ayudantes de dirección responsable de asegurarse de que el reparto y el equipo técnico llegaran puntualmente a la zona de rodaje. «Tenía que explicarles a los ayudantes de dirección que el hecho de que el espigón se vea desde cualquier punto de la playa no convertía la playa en una localización única. Para ir desde donde estábamos rodando una escena a la base del espigón, por ejemplo, había que trasladar todo el equipo. Teníamos que montarnos en los vehículos, salir a la carretera y meternos en la ciudad para luego volver a salir a la playa. Así que la sencillez topográfica de un set montado en una playa es paradójica, porque parece que todo está cerca y debería estar en un mismo lugar, pero no es así». Ello ayudó a Chris a centrarse en la experiencia vivida en Dunkerque en 1940. «Durante la evacuación surgieron y se formaron pequeñas comunidades enteras, pueblecitos efímeros. Luego la gente desaparecía sin más, desaparecían los individuos».

Chris afirma que los personajes de esta película están escritos «en tiempo presente», porque no tienen pasado ni bagaje conocido. Ello suponía que la diferenciación de personajes debía hacerse mediante el diseño de vestuario, dirigido por Jeffrey Kurland. «Mi labor consiste en ofrecerle al director un vestuario lo más detallado y realista posible», explica. «Luego puede hacer con él lo que mejor le parezca».

Jeffrey empezó por documentarse acerca de los uniformes de la época. Luego pensó en los personajes como sujetos individuales: quiénes eran esos chicos, sus edades, sus experiencias. «Traté de humanizarlos», cuenta. Pero, naturalmente, para cuando llegaban a las playas muchos soldados llevaban ya dos semanas de repliegue. Sus uniformes se habían deteriorado, habían abandonado parte de sus pertrechos o perdido sus armas. Eso dejaba espacio a Jeffrey para la caracterización de los personajes. «El personaje de Tommy posee una desenvoltura que se refleja en cómo lleva el uniforme. Es distinto a cómo lo lleva Alex, un personaje que, por decirlo de algún modo, es más "duro"». Y luego hay un personaje que lleva un uniforme que no es de su talla, lo que no es casual. Es un elemento que forma parte intrínseca del relato, y esa es la esencia del trabajo de Jeffrey.

Elegir al reparto fue un proceso complicado porque para los personajes más jóvenes hacían falta actores desconocidos. «Nuestros directores de *casting*, John Papsidera y Toby Whale, grabaron las pruebas de los actores y después vimos el material», explica Emma. «Posteriormente Chris vio en persona a los actores que le gustaban más». Emma considera que el *casting* de esta película ha sido uno de los más interesantes de su carrera. Es historiadora de formación, el tema siempre le ha fascinado y sentía que «con esta película, que es un tapiz riquísimo de caras y personajes, estábamos insuflando vida a la historia». Pero conocer a todos esos actores jóvenes le hizo comprender una de las realidades más crudas de la evacuación. «No dejaba de asombrarme lo jóvenes que eran todos. Cuando conocimos a Fionn Whitehead, es un chico increíblemente maduro y centrado para su edad, pero es muy joven, solo tiene cuatro años más que mi hijo mayor, y eso me dejó claro lo jóvenes que eran esas personas, atrapadas en unas circunstancias aterradoras».

Además de los recién llegados, en el reparto hay varios actores veteranos: Kenneth Branagh y Mark Rylance, por nombrar solo a dos. Da la impresión de que interpretan a guerreros curtidos en los que puede confiarse, por contraposición a los actores novatos, que interpretan a los jóvenes inexpertos de la BEF. Emma está de acuerdo en que así es. Hay, sin embargo, un actor que, pese a que debute cinematográficamente en *Dunkerque*, es muy conocido en todo el mundo: Harry Styles. ¿Fue arriesgado contratar a alguien tan famoso y que sin embargo no tenía experiencia en el cine? «No, no fue nada arriesgado», concluye Emma, «porque hizo las mismas pruebas que los demás. Y siempre que hacía una prueba nos parecía absolutamente perfecto para el papel, así que no teníamos la sensación de que fuera más arriesgado contratarle a él que contratar a otro». Emma entiende que para algunas personas su fama pueda ser un obstáculo. «Siempre cabe el riesgo de que la gente no vea más allá del personaje público, pero la verdad es que es un actor estupendo. Creo que, cuando le ves en la película, su actuación te absorbe por completo. Deja de ser Harry Styles, igual que Fionn deja de ser Fionn Whitehead para ser Tommy».

Para Nilo Otero, trabajar en una película ambientada en la Operación Dinamo era una ocasión única para dar rienda suelta a su pasión por este periodo histórico. O como dice Chris en su nota de agradecimiento: «Por fin tuviste la oportunidad de dar algún uso a tus saberes arcanos». Nilo explica: «De algún modo, siempre he sido un estudioso diletante de la guerra». El guion se lo entregó en mano Andy Thompson en Estados Unidos para que se encargara de hacer el desglose preliminar. Llevaba el nombre en clave de *Bodega Bay*, porque Chris protege mucho sus guiones. «Yo soy de San Francisco», cuenta Nilo, «así que el nombre me pareció de perlas. Fue como si los alemanes hubieran invadido el norte de California. Eso habría parecido, si me hubieran detenido llevando encima mi plan de rodaje y me hubieran interrogado».

Nilo estructuró el rodaje en veinticinco jornadas de trabajo en la playa. Acabaron en veintitrés. «He hecho muchas películas bélicas», explica, «y con frecuencia hay militares en activo que actúan como asesores de la película, y los primeros dos o tres días se ríen de ti. Pero pasados cuatro o cinco días, siempre se me acercan y me dicen: "Esto se parece mucho a lo que hacemos nosotros"». Nilo es consciente de la diferencia crucial que hay entre la guerra de verdad y las películas de guerra, pero también ve semejanzas entre ambas cosas. «Tienes un equipo de personas que desempeñan una labor muy concreta, en circunstancias y entornos muy diversos. Ese equipo debe ser lo bastante versátil para adaptarse a las circunstancias y al mismo tiempo lo bastante especializado para cumplir la labor que sea necesaria ese día concreto». Las jornadas de rodaje en la playa duraban once horas y todo el equipo trabajaba a la intemperie. Tenían que llevar gafas para que no les entrara arena en los ojos. «Actualmente no hay muchos trabajos en los que estés absolutamente a merced de los elementos», explica Nilo, «y esa playa aparece y desaparece dos veces al día, con la marea. Para mí fue una cosa muy sorprendente, porque en las fotos históricas se ve a una inmensa muchedumbre en la playa. Pues permítanme que les diga que esa playa *desaparece*. Y todos esos tipos tenían que moverse continuamente para adelante y para atrás».

Nilo es posiblemente la persona que, en los últimos setenta y siete años, más cerca ha estado de entender los problemas que plantea organizar una evacuación desde Dunkerque. Ha tenido que vérselas con una enorme muchedumbre, con las mareas, con la climatología, con la escasez de recursos, con la dificultad de acercar los barcos al espigón y a las playas, con los muelles de camiones, etcétera, etcétera. No corría peligro de muerte, pero estaba sometido a una presión considerable para cumplir unos plazos con las mayores garantías de seguridad posibles. Y aunque es demasiado modesto para compararse con Tennant, Ramsay o Wake-Walker, su labor era muy semejante a la de aquellos. De hecho, se encarga de la coordinación de miles de personas. «Yo soy un currante», asegura, «y dependo de que el trabajo en equipo funcione como la seda, que es de lo que se encargan el jefe de producción y sus colaboradores. Planifico el rodaje al minuto, como si dijéramos. Me dedico a eso, a organizar minuto a minuto lo que va a hacerse cada día. Y, de paso, dirijo al equipo de filmación».

Resulta interesante oírle hablar de la meritocracia que surgió en Dunkerque cuando las unidades militares se disgregaron y los hombres tuvieron que valerse por sí solos. Ve en ello un paralelismo con el microcosmos que se crea en un equipo de rodaje, que también posee su propio orden natural. «Obedeces a tu oficial porque es el tipo que va a salvarte la vida, no le obedeces porque le tengas miedo. En Dunkerque reinaba un ambiente de confusión total y todo estaba en el aire. ¿Quién sabía si iban a llegar más barcos? Vives en una incertidumbre absoluta, por lo que resulta muy difícil actuar pensando en el futuro. He trabajado con directores que la primera semana de rodaje me decían: "¿Deberíamos despedir a alguien para que la gente vea que vamos en serio?". Es algo que se hace. ¡Y es una idiotez! Para que un barco funcione bien, no hay que azotar a la tripulación. Hay que predicar con el ejemplo».

Nilo cree que, en una campaña militar real, cuando todo el mundo está armado, el ejército se vuelve extremadamente democrático. «Cualquiera que crea que puede poner en peligro la vida de otros por el simple hecho de llevar una insignia en la gorra, a ese seguro que acaban pegándole un tiro en la nuca». Cuando piensa en cómo se llevó a cabo la evacuación, siente una profunda admiración por la BEF y la Marina Real. «Para mí es impresionante que no se convirtiera en un caos absoluto. Es un ejemplo de disciplina, pero no de la disciplina del ejército en tiempos de paz, sino de la disciplina que imponen las circunstancias».

«Chris dirige el rodaje como ningún otro director con el que yo haya trabajado», explica. «Es el mejor, en serio. Conoce el material que maneja de arriba abajo, tiene una idea muy clara de lo que quiere». Aunque su relación sea la de capitán y contramaestre, Nilo le hace sugerencias cuando cree que pueden ser útiles. «Muchos ayudantes de dirección son en realidad auxiliares de producción, se ocupan del plan de rodaje y el presupuesto. Yo me precio de ser de verdad un *director* ayudante. Llevo mucho tiempo en esto y sé que el trabajo de realización es muy solitario, porque el director es el único que se preocupa por la historia en su conjunto. Chris y yo nos fiamos el uno del otro, y él entiende que, para hacer una película, no se puede pretender controlarlo todo al milímetro. Al final, vas a estar ahí con unos pocos actores y un cámara y va a ser un trabajo colaborativo». Reconoce que, en último término, todo el equipo está al servicio de la concepción que tiene Chris de la película. «Pero si quieres que las cosas salgan exactamente como tú quieres», añade, «vas listo. Chris es quizás el director con una visión cinematográfica más clara y definida con el que yo he trabajado y, al mismo tiempo, percibe lo que está pasando en cada momento y es capaz de adaptarse a los imprevistos de una manera que es una gozada. Es maravilloso poder contribuir a eso de vez en cuando. Y Chris es muy abierto en ese sentido. O te dice simplemente: "No, olvídalo"».

Gary Fettis añade: «A Chris le encanta hacer películas. Es un enamorado del cine. Esta película no era fácil y había veces en que creía que iba a poder contar con determinado número de barcos y luego, de repente, se daba cuenta de que no, de que solo tenía dos porque el decorado del puerto no estaba preparado todavía. Y ponía cara de pena un momento, como un niño, y cinco minutos después ya estaba redirigiendo la situación, diciendo: "¿Cómo resolvemos esto, cómo hacemos?". No se queda paralizado. Y tú tienes que estar listo para reaccionar, tienes que estar siempre alerta para seguir su ritmo».

A pesar de que la película cuenta con un presupuesto multimillonario, como explica Emma: «Nunca hay dinero suficiente. La verdad es que hemos hecho la película con mucho menos presupuesto del que pensará la gente cuando la vea». Cuando Chris y Emma presentaron el guion al estudio, también pidieron la cantidad de dinero que necesitaban, una cifra considerablemente menor que en sus películas anteriores. «Pensamos que eso convencería al estudio. Pero también significaba que tendríamos que echarle mucha imaginación. Es una historia grandiosa, muy vasta, y teníamos que sacar todo el partido posible al presupuesto que teníamos y planificar con mucho cuidado el rodaje. Teníamos que ser increíblemente eficientes». Emma opina que contar con un equipo tan dinámico y versátil fue crucial en ese sentido, pero cree también que las restricciones económicas pueden ser un acicate. «Imponerte un reto así te permite dar con ideas interesantes que no se te ocurrirían si pudieras sencillamente extender un cheque».

Las primeras películas que Emma y Chris hicieron juntos, arriesgando su dinero, pueden parecer muy distintas a las que han hecho después con presupuestos millonarios. «Pero a fin de cuentas es lo mismo. En esas películas no teníamos dinero y el presupuesto nunca alcanzaba para todo. Pero la verdad es que nunca basta, porque siempre tratas de hacer más, de superarte dentro de los parámetros que manejas. Así que en realidad son dos experiencias muy parecidas».

Una de las cosas que más sorprendió a Nilo Otero mientras trabajaba en la película fue el carácter semirreligioso que tuvo la evacuación para gran parte del pueblo británico. «Fue la primera vez que algo salió bien en esa puta guerra», cuenta. «Fue literalmente un milagro. Un milagro real. Y creo que el pueblo británico se lo tomó como una señal de que las cosas podían salir bien». Opina que el público norteamericano lo verá así («¿Cómo no va a ser de otro modo?»), pero cree también que en todo caso se trata de un drama muy atrayente. «La guerra saca lo peor y lo mejor de la gente. Si vas a hacer una película, tienes que hacer algo que valga la pena mirar durante dos horas. Nadie quiere pasarse dos horas viendo cenar a unas personas, a menos que sea un auténtico festín. Tienes que conseguir que esas dos horas sean dos horas de experiencia humana subyugante. Y la guerra, desde luego, encaja en esa descripción».

Considera que el hecho de que Chris haya decidido no dar una lección de historia y haya recreado lo sucedido en Dunkerque como un relato de supervivencia hace que la película sea aún más impactante. «Cuando estás en medio de un acontecimiento histórico, no te das cuenta de que lo es. Para ti no es historia. Es un día más, puede que sea un día más peligroso de lo normal, pero es un día de tu vida. Y luego oyes a Winston Churchill hablando de ti y de tu vida, y resulta que estabas presente en el comienzo de algo muy importante».

Chris confía en que, al transformar la historia en una vivencia personal para el público, la película se convierta en una especie de test de Rorschach. No quiere imponer al espectador una lectura política de los hechos. Eso no le interesa. Lo que le interesa es crear una película universal que nos sitúe en la piel de los protagonistas, ahora que, con la paulatina desaparición de los veteranos, Dunkerque está a punto de dejar de ser un recuerdo vivo. De ese modo, asegura, «la gente encontrará el Dunkerque que quiera encontrar».

Agradecimientos

Hay mucha gente a la que debo dar las gracias. En primer lugar, a Chris Nolan, Emma Thomas y Andy Thompson por prestarme generosamente su apoyo y aliento. Admiro su habilidad y su energía, y he disfrutado compartiendo su visión de Dunkerque.

Para mí ha sido una enorme satisfacción trabajar con el equipo de William Collins: Joseph Zigmond, Iain Hunt, Tom Killingbeck y Steve Gove. Me encantaban nuestras charlas matutinas, a pesar de las apreturas que imponía el tiempo. Mis agentes de United Agents, Jim Gill y Yasmin McDonald, me guiaron con gran destreza a través de este proyecto tan poco corriente.

Son muchas las personas que me han brindado su tiempo y su consejo. Paul Reed, cuyo conocimiento tanto de la historia como del paisaje no tiene rival, ha sido tan generoso como de costumbre. Peter C. Smith sabe más que nadie sobre los Junker 87; nuestra correspondencia ha sido un placer para mí. Pasé un día fascinante con Clive Kidd, conservador de la HMS Collingwood's Heritage Collection, que me mostró equipos de radio y comunicaciones de todas clases. Giles Milton fue muy amable por compartir conmigo sus conocimientos acerca del *desgaussado*, al igual que Dan Wybo, que me habló del rey Leopoldo. Esta incursión en el mundo del cine me ha permitido

357

entrar en contacto con personas tan maravillosas como Desiree Finnegan, Con Gornell y Jason Bevan.

Muchas gracias a Terry Charman, Steven Broomfield y Peter Devitt; gracias también a los National Archives, que me han proporcionado parte de los documentos más importantes e interesantes recogidos en este libro y al National Maritime Museum, que me ha resultado tremendamente útil, igual que el Dunkirk 1940 Museum. Asimismo, también quiero darle las gracias a los archivos de audio e imagen del Imperial War Museum, que han sido, como de costumbre, un magnífico venero de información.

Del IWM quiero mencionar en particular a Richard McDonagh, Richard Hughes, Jane Rosen, Madeleine James y a la agente del museo, Barbara Levy, quienes me permitieron muy amablemente utilizar citas significativas de la colección de entrevistas recogidas en los archivos de audio. Estas estaban relacionadas con William Harding (6323), Edward Watson (7194), Thomas Myers (10166), John Williams (11939) y Leon Wilson (20137).

Deseo expresar asimismo mi agradecimiento a la Asociación de Pequeñas Embarcaciones de Dunkerque por la ayuda que me han prestado. Su archivero, John Tough, contestó a todas mis preguntas, y el excomodoro Ian Gilbert me honró con su compañía mientras viajábamos por el país para hablar con diversos veteranos de Dunkerque.

Este libro ha sido escrito en muchos lugares diferentes. La London Library (es especial la quinta planta, junto a la ventana; guárdenme el secreto) es un lugar excelente para trabajar, así como una mina de oro de libros acerca de esta época. También he invertido muchas horas en la British Library y otras cuantas, bastante más inesperadas, en la evocadora biblioteca del Queen Mary 2 mientras navegaba por el océano Índico. Asimismo, también he llevado a cabo episodios de escritura frenética en otros lugares como el Quatermain's Camp, en la provincia oriental del Cabo, en la habitación de invitados de los Brook o en el ala de maternidad del University College

Hospital; lugares en los que debía haber centrado mi atención en los asuntos propios de cada momento y no tanto a la escritura.

Este último año he tenido la buena fortuna de conocer a un buen número de veteranos. Dos de ellos, a los que visité junto a Ian (Eric Roderick, del Cuerpo de Intendencia Militar Real, y Harold «Vic» Viner, de la Marina Real) han fallecido desde entonces, al igual que Philip Brown (que sirvió en el HMS Sabre y al que me presentó su hija, Joanna Wortham) y Charlie Searle (del Cuerpo Médico Real del Ejército, al que me presentó Nic Taylor).

Mientras escribía el libro, me llegó la noticia de que Colin Ahsford, del Regimiento de Infantería Ligera de Highland, se estaba recuperando de una caída y Les Gray, de los Ingenieros Reales, de una neumonía. Me alegra poder decir, en cambio, que Arthur Lobb, del Cuerpo de Intendencia Militar Real, Arthur Taylor, de la Real Fuerza Aérea, Robert Halliday y George Wagner, de los Ingenieros Reales Ted Oates y George Purton, del Cuerpo de Intendencia Militar Real, y Norman Prior, de los Fusileros de Lancashire, se encuentran con buena salud. Igual que Jim Thorpe, casi con toda seguridad el último superviviente de los civiles que llevaron pequeñas embarcaciones a Dunkerque, y que ahora vive en una residencia de Maryland. Doy las gracias a Dave Wilkins, de la Universidad de Maryland, por hablarme de él. Les debemos mucho a esos hombres. Ojalá vivan aún muchos años.

Visité recientemente a dos pilotos de la Batalla de Inglaterra, Tim Elkington y Tom Neil, que me describieron con enorme viveza la realidad del combate aéreo. Doy las gracias a ambos, así como a Margaret Clotworthy y a Patricia, la esposa de Tim, por su estupenda hospitalidad. Gracias también a Louis van Leemput, oficial retirado de la Fuerza Aérea belga, quien en mayo de 1940, siendo todavía un niño, formó parte de la marea de refugiados que huía de los alemanes y que me hizo partícipe de sus conmovedores recuerdos. Hubo también otras personas que compartieron conmigo sus recuerdos familiares. Susan Cooper, por ejemplo, me refirió los recuerdos de su padre, Jim Baynes, y Lorraine Gill me habló del suyo, Cyril Roberts.

En un plano personal, hay muchas personas con las que me siento en deuda. Quisiera dar las gracias a Keith Steane, mi profesor de Historia en el Lyndhurst House School, que se ha jubilado recientemente. Era un profesor magnífico que conseguía comunicar su entusiasmo por la historia a los alumnos hace tantos años. También quisiera dar las gracias al director actual del colegio, Andrew Reid, por mostrarme tanta generosidad a principios de este año.

Quiero mencionar asimismo a Santo Massine, experto en numerosos aspectos de Dunkerque, cuya paciencia y buen humor me han servido de inspiración. Vaya también mi agradecimiento para las siguientes personas: Osian Barnes, Turtle Bunbury, Will, Anna, Beau y Gracie Brooks, Lucy Briers, Alexandra Churchill, Richard Clothier, Marshall Cope, Victoria Coren Mitchell, Ruth Cowan, Bob y Susannah Cryer, Simon Dinsdale, Ian Drysdale, Bill Emlyn Jones, Bridget Fallon, Megan Fisher, Simon, Robert, Gillian y Lionel Frumkin, Tanya Gold, Edward Grant, Meekal Hashmi, John Hayes Fisher, Nigel Hobbs, Mishal Husain, Simon Irvine, Katie Johns, Edward, Mollie, Olivia, Rosalind y Lillian Keene, Suzy Klein, Paul Lang, Lionel Levine, Judy Levine, Kim Levine, Marshall y Sue Levine (y James, Katie y Georgie), Mhairi Macnee, Charles Malpass, Emily Man, Dru Masters, Jon Medcalf, Paul Miller, David Mitchell, Harry Mount, Duncan Neale, Fred Perry, Jess Redford, Dora Reisser, Andy Robertshaw, Malcolm Rushton, los Rowe (Chris, Sara, Charlie y Matti), Dorothy Sahm, Tanya Shaw, Michael Sparkes, Chris Spencer, Prem Trott, Orlando y Miranda Wells, David Weston, Mike, Annabel, Henry y Arthur Wood, y a todos aquellos a los que me dejo bochornosamente en el tintero.

Agradecimientos

Por encima de todo, quiero dar las gracias a Claire Price, que ha compaginado gran cantidad de trabajo (no remunerado) en este libro con una estupenda carrera como actriz, al tiempo que llevaba en su vientre a nuestro primer hijo. Eso sí que es ser polifacética.

En la página web de Joshua Levine, *joshualevine. co.uk*, pueden encontrarse notas y fuentes adicionales.

Bibliografía selecta

Addison, Paul, *The Road to 1945: British Politics and the Second World War* (Londres: Pimlico, 1994).

Addison, Paul y Crang, Jeremy A. (ed.), *Listening to Britain: Home Intelligence Reports on Britain's Finest Hour – May to September 1940* (Londres: Vintage, 2010).

Barclay, C. N., *The History of the Royal Northumberland Fusiliers in the Second World War* (Londres: William Clowes and Sons, 2002).

Beaton, Cecil, *The Years Between: Diaries 1939-44* (Londres: Weidenfeld and Nicolson, 1965).

Blake, John, *Northern Ireland in the Second World War* (Belfast: Her Majesty's Stationery Office, 1956).

Blaxland, Gregory, *Destination Dunkirk: The Story of Gort's Army* (Londres: Kimber, 1973).

Blitzkrieg in Their Own Words: First-hand Accounts from German Soldiers 1939-1940 (South Yorkshire: Pen & Sword, 2005).

Blythe, Ronald, *The Age of Illusion* (Londres: Hamish Hamilton, 1983).

Bond, Brian y Taylor, Michael (ed.), *The Battle for France and Flanders 1940: Sixty Years On* (Barnsley: Leo Cooper, 2001).

Bourne, Stephen, *Mother Country: Britain's Black Community on the Home Front 1939-45* (Stroud: History Press, 2010).

Brann, Christian, *The Little Ships of Dunkirk* (Cirencester: Collectors' Books, 1989).

Brayley, Martin J., *Los comandos y otras fuerzas británicas en Europa* (Barcelona: RBA, 2011).

Brayley, Martin J., *The British Home Front 1939-45* (Londres: Osprey, 2005).

Bullen, Roy, *History of the 2/7th Battalion, The Queen's Royal Regiment 1939-1946* (Guildford, 1958).

Calder, Angus, *The People's War: Britain 1939-1945* (Londres: Pimlico, 1994).

Calder, Angus y Sheridan, Dorothy, *Speak for Yourself: A Mass-Observation Anthology, 1937-1949* (Londres: Cape, 1984).

Chappell, Mike, *British Battle Insignia* (Londres: Osprey, 1987).

Churchill, Winston, *La Segunda Guerra Mundial* (Madrid: La Esfera de los Libros, 2016).

Collier, Richard, *The Sands of Dunkirk* (Londres: Collins, 1961).

Colville, John, *A la sombra de Churchill: diarios de Downing Street, 1939-1955* (Barcelona: Galaxia Gutenberg, 2007).

Darrieus, Henri y Quéguiner, Jean, *Historique de la Marine Française 1922-1942* (Saint-Malo: Editions l'Ancre de Marine, 1996).

Darwin, Bernard, *War on the Line: The Story of the Southern Railway in War-Time* (Londres: The Southern Railway Company, 1946).

Davis, Brian, *British Army Uniforms and Insignia of World War Two* (Londres: Arms and Armour, 1992).

Dean, Basil, *The Theatre at War* (Londres: George G. Harrap & Co, 1956).

Dickon, Chris, *Americans at War in Foreign Forces* (Jefferson, Carolina del Norte: McFarland & Co., 2014).

Dildy, Douglas C., *Dunkirk 1940: Operation Dynamo* (Londres: Osprey, 2010) [Edición española:

Dunkerque 1940: el ejército británico escapa del cerco. Barcelona: Osprey, 2011].

Ellan, B. J. (Lane, Brian), *Spitfire! The Experiences of a Fighter Pilot* (Londres: John Murray, 1942).

Ellis, L. F., *The War in France and Flanders 1939-1940* (Londres: Her Majesty's Stationery Office, 1953).

Emsley, Clive, *Soldier, Sailor, Beggarman, Thief: Crime and the British Armed Services since 1914* (Oxford: Oxford University Press, 2013).

Engelmann, Bernt, *In Hitler's Germany: Everyday Life in the Third Reich* (Londres: Methuen, 1988).

Fowler, David, *The First Teenagers: The Lifestyles of Young Wage Earners in Interwar Britain* (Londres: The Woburn Press, 1995).

Franks, Norman, *Air Battle for Dunkirk: 26 May-3 June 1940* (Londres: Grub Street, 2006).

Fraser, David, *Rommel, el zorro del desierto: una biografía del mariscal de campo Erwin Rommel* (Madrid: La Esfera de los Libros, 2005).

Frieser, Karl-Heinz y Greenwood, Joan, *The Blitzkrieg Legend: The 1940 Campaign in the West* (Annapolis, Maryland: Naval Institute Press, 2005).

Gardner, W. J. R. (ed.), *The Evacuation from Dunkirk: 'Operation Dynamo' 26 May-4 June 1940* (Londres: Frank Cass, 2000).

Gaulle, Charles de, *Memorias de guerra: el llamamiento (1940-1942)* (Madrid: La Esfera de los Libros, 2005).

Gilbert, Martin, *Finest Hour: Winston S. Churchill 1939-1941* (Londres: Heinemann, 1983).

Godfrey, Simon, *British Army Communications in the Second World War: Lifting the Fog of Battle* (Londres: Bloomsbury, 2013).

Graves, Charles, *The Home Guard of Britain* (Londres: Hutchinson, 1943).

Griehl, Manfred, *Junkers Ju 87: Stuka* (Airlife, 2001).

Grundy, Trevor, *Memoirs of a Fascist Childhood* (Londres: Arrow, 1999).

Guderian, Heinz, *Panzer Leader* (Londres: Penguin, 2009).

Hadley, Peter, *Third Class to Dunkirk: A Worm's-Eye View of the B.E.F., 1940* (Londres: Hollis and Carter, 1944).

Halder, Franz, *The Halder Diaries: The Private War Journals of Colonel General Franz Halder* (Boulder, Colorado: Westview Press, 1976).

Harrison, Ada May (ed.), *Letters from the War Areas by Army Sisters on Active Service* (Londres: Hodder and Stoughton, 1944).

Harrison, Tom, *Britain Revisited* (Londres: Victor Gollancz, 1961).

Harrison, Tom y Madge, Charles, *Britain by Mass Observation* (Londres: The Cresset Library, 1986).

Hayward, James, *Mitos y leyendas de la Segunda Guerra Mundial* (Barcelona: Inédita Ediciones, 2007).

Henrey, Madeleine, *The Siege of London* (Londres: J. M. Dent and Sons, 1946).

Herzog, Rudolph, *Humor in Hitler's Germany* (Nueva York: Melville House, 2011).

Hill, Christopher, *Cabinet Decisions on Foreign Policy: The British Experience October 1938-June 1941* (Cambridge: Cambridge University Press, 1991).

Hinton, James, *Nine Wartime Lives: Mass Observation and the Making of the Modern Self* (Oxford: Oxford University Press, 2010).

Hodson, James Lansdale, *Through the Dark Night: Being Some Account of a War Correspondent's Journeys, Meetings and What Was Said to Him, in France, Britain and Flanders during 1939-1940* (Londres: Victor Gollancz, 1941).

Hollingshead, *La batalla de Francia* (Barcelona: Bruguera, 1974).

Irwin, Anthony, *Infantry Officer: A Personal Record* (Londres: B. T. Batsford, 1943).

Jewell, Brian, *British Battledress 1937-61* (Londres: Osprey, 2005).

Kennedy, John Fitzgerald, *Why England Slept* (Nueva York: W. Funk, 1940).

Keyes, Roger, *Outrageous Fortune: The Tragedy of Leopold III of the Belgians 1901-1941* (Londres: Secker & Warburg, 1984).

Langley, J. M., *Fight Another Day* (Londres: Collins, 1974).

Lestrange, W. F., *Wasted Lives* (Londres: George Routledge & Sons, 1936).

Levine, Joshua, *Forgotten Voices of Dunkirk* (Londres: Ebury, 2011).

Lord, Walter, *The Miracle of Dunkirk* (Londres: Allen Lane, 1983).

Lowry, Bernard, *British Home Defences 1940-45* (Londres: Osprey, 2004).

Johnson, Donald McIntosh, *Bars and Barricades* (Londres: Christopher Johnson, 1952).

Mackay, Robert, *Half the Battle: Civilian Morale in Britain during the Second World War* (Manchester: Manchester University Press, 2007).

McKay, Sinclair, *Dunkirk: From Disaster to Deliverance – Testimonies of the Last Survivors* (Londres: Aurum Press, 2015).

Martin, T. A., *The Essex Regiment 1929-1950* (Brentwood: The Essex Regiment Association, 1952).

Marwick, Arthur, *Britain in the Century of Total War: War, Peace and Social Change 1900-1967* (Londres: The Bodley Head, 1968).

Maschmann, Melita, *Account Rendered: A Dossier on My Former Self* (Londres: Abelard-Schuman, 1964).

Montgomery, Bernard, *Memorias de guerra* (Barcelona: Tempus Editorial, 2010).

Mosley, Leonard, *Backs to the Wall: London Under Fire 1939-45* (Londres: Weidenfeld and Nicolson, 1971).

Mosley, Leonard, *La batalla de Inglaterra* (Barcelona: Folio, 2008).

Newlands, Emma, *War, the Body and British Army Recruits, 1939-45* (Manchester, Manchester University Press, 2014).

Newman, Philip, *Over the Wire: A POW's Escape Story from the Second World War* (South Yorkshire: Pen & Sword, 1983).

Orwell, George, *El camino de Wigan Pier* (Barcelona: Destino, 1982).

Perry, Colin, *Boy in the Blitz: The 1940 Diary of Colin Perry* (Stroud: Sutton, 2000).

Plummer, Russell, *The Ships that Saved an Army: Comprehensive Record of the One Thousand Three Hundred Little Ships of Dunkirk* (Wellingborough: Patrick Stephens Ltd, 1990).

Pownall, Sir Henry y Bond, Brian (ed.), *Chief of Staff: The Diaries of Lieutenant-General Sir Henry Pownall Volume One* (Londres: Leo Cooper, 1972).

Pratt Paul, William (ed.), *History of the Argyll and Sutherland Highlanders, 6th Battalion* (Londres: Thomas Nelson and Sons, 1949).

Price, Alfred, *Britain's Air Defences 1939-45* (Londres: Osprey, 2004).

Priestley, John Boynton, *Postscripts* (Londres: Heinemann, 1940).

Prior, Robin, *When Britain Saved the West: The Story of 1940* (Londres: Yale University Press, 2015).

Rhodes, Anthony, *Sword of Bone* (Londres: Faber and Faber, 1942).

Roberts, Andrew, *Eminent Churchillians* (Londres: Phoenix, 1994).

Roland, Paul, *Life in the Third Reich: Daily Life in Nazi Germany 1933-1945* (Londres: Arcturus, 2016).

Saunders, Andy, *Battle of Britain, July to October 1940: RAF Operations Manual* (Somerset: Haynes, 2015).

Savage, Jon, *Teenage: The Creation of Youth Culture* (Londres: Chatto and Windus, 2007).

Sebag-Montefiore, Hugh, *Dunkirk: Fight to the Last Man* (Londres: Penguin, 2015).

Sharp, Nigel, *Dunkirk Little Ships* (Stroud: Amberley, 2015).

Shirer, William, *Diario de Berlín* (Barcelona: Debate, 2008).

Smalley, Edward, *The British Expeditionary Force, 1939-40* (Basingstoke: Palgrave Macmillam, 2015).

Stewart, Geoffrey, *Dunkirk and the Fall of France* (South Yorkshire: Pen & Sword, 1988).

Stewart, Patrick Findlater, *The History of the XII Royal Lancers* (Oxford University Press, 1950).

Sumner, Ian y Vauvillier, François, *El ejército francés, 1939-45* (Barcelona: RBA, 2000).

Thomas, Donald, *An Underworld at War: Spivs, Deserters, Racketeers and Civilians in the Second World War* (Londres: John Murray, 2004).

Thompson, Julian, *Dunkirk: Retreat to Victory* (Londres: Sidgwick & Jackson, 2008).

Titmuss, Richard, *Política social* (Barcelona: Ariel, 1982).

Tubach, Frederic, *German Voices: Memories of Life during Hitler's Third Reich* (Berkeley: University of California Press, 2011).

Walmsley, Leo, *Fishermen at War* (Londres: Collins, 1941).

Warlimont, Walter, *En el cuartel general de Hitler* (Barcelona: Caralt Editores, 1968).

Waugh, Evelyn, *Más banderas* (Madrid: Alianza Editorial, 1975).

Wilson, Patrick, *Dunkirk – 1940: From Disaster to Deliverance* (South Yorkshire: Leo Cooper, 2002).